智慧財產權與
公平貿易之探討

Intellectual Property Right and Fair Trade

TRIPS 第三十一條修正案研析

王孟筠 著

目次 contents

第一章
緒論

2017年1月23日，WTO祕書長Roberto Azevedo召開與貿易有關之智慧財產權理事會臨時會議，隨著列支敦斯登、阿拉伯國家、越南的同意，已達到WTO三分之二會員國交存接受書的門檻，也宣布TRIPS第三十一條之一修正案（Article 31 bis）正式生效。這是WTO成立22年來，首次經WTO成員三分之二以上同意，成功修改現有協定。

TRIPS第三十一條之一修正案的通過，讓以「自由貿易」為主流的世界藥品市場，釀起朝向落實「公平貿易」發展的新契機。因為，第三十條強制原廠藥授權的議題，一直是TRIPS生效以來最具爭議性的條款。在TRIPS協定成立之初，未能預見開發中國家民眾遭受的傳染病之苦。例如，1990年代一些非政府組織及無國界醫師，開始批評出品愛滋病用藥的主要製藥大廠，透過取得藥品專利保護，造成藥品價格居高不下，對市場藥品價格形同壟斷；治療愛滋病的藥品缺乏親民售價，貧窮國家無法平價取得藥品，普及藥品利用防治愛滋病流行，因而使得國際社會對公共健康與智慧財產權議題有了強烈關注。

自1999年起，TRIPS理事會開始討論藥品取得與TRIPS協定

之關係。非洲國家在2001年要求TRIPS理事會採取行動，開啟了TRIPS理事會一連串的正式與非正式會議來討論這個議題。公共健康與專利權的問題幾乎是杜哈部長宣言的主要問題之一，並且在部長宣言之外，特別再發布「智慧財產權與公共健康宣言」。宣言中提到：「由於公共健康問題之嚴重性，影響到許多開發中國家與落後國家，特別是愛滋病、肺結核、瘧疾及其他重大傳染病，關於這個問題必須成為國家及國際行動之一部分」。最後，於2017年1月23日達到WTO三分之二會員國交存接受書之門檻。第三十一條之一修正案的通過，是低度開發國家在藥品取得案上的一大勝利，相當具有跨世代的歷史意義，其過程亦值得研究與分析。

第一節　與貿易有關之智慧財產權的概念與範圍

　　國際貿易關係中之藥品專利權主要是受到TRIPS協定保護，歸屬在智慧財產權的架構。是故，藥品專利權的構成要件概念與合法利用範疇，常依循TRIPS的政治協定結果而運行。TRIPS對藥品專利權法律規範密度，常透過國際談判或調解結果設定出不同輕重程度的保護與利用措施，以資權衡藥品專利權之權利義務關係的比重。並藉以調控藥品專利權之權益行使來貼近國際公約理想的「自由貿易」原則。所以，探討藥品專利權的國際政治經濟定位之前，有必要先了解TRIPS的概念組成與適用範圍。

　　TRIPS主要包含「貿易面向」（Trade-Related Aspects）與「智

慧財產權」（Intellectual Property）兩個概念。首先在貿易面向的概念上，即指涉跨國商業權益關係的經濟交換活動。若經濟交換活動中頻繁出現嚴重損害或危害跨國商業權利與利益的事實行為，而有接受協定組織的審查調解；或是具有國際貿易談判的必要性，其中跨國商業權益的事實行為，被認定為具有「侵權損害」的性質，就有納為貿易面向的可能。但事實上，經濟交換活動有無侵權損害商業權益，常因所看待商業事證之結果的不同，而有不同判定結果，使得有些經濟交換活動的事實行為未必會「被認定」為貿易面向，反之亦同。

由於貿易面向的本質，係為一種不確定的法律協定概念，常需要綜合經濟活動上的事實行為與背景條件，加以確認其商業關係，判斷可適用的權利與義務範圍。具體來說，例如專利權藥品的製造、販賣（要約之販賣）、使用、限制競爭樣態、專利保護期限、強制授權等有關商業利益關係，便受到TRIPS協定高度保護，歸屬於貿易面向上看重的權益項目。所以，若有不公平貿易爭議事件發生時，其當事人所屬國家對個案在法律要件上的推論見解，未必與發生地國家法律可以一體適用。這容易造成不服貿易判定的糾紛；例如，專利權藥品的販賣，我國認為一經合法上市之後，即可不問在何地販售，皆不涉損及專利權之權益。然而，就美日觀點則採取不同的適用見解，認為專利權藥品在一國合法上市，其專利藥品授權販售的權益，僅止於該國境內，不該類推適用於他地。美、日強調無授權販賣行為與專利權獲利高低的結果，具有條件理論中，貿易因果之關係。

若就經濟實務的角度來看，兩者差異在於美、日專利權大

國，難免顧慮自身外銷商品的匯率、關稅、代理權利金、授權金等可能影響專利權人所屬國的獲益情況。因此，藥品貿易相關面向的適用問題，最終常由糾紛調處機制與國際談判，來省思一系列的經濟交換活動，判定是否屬於貿易壁壘或扭曲貿易等「不公平貿易」行為，確認有無違反國際公約的權利義務事項，以達國際貿易法律「合乎自由貿易目的性」的原則。嚴格來說，貿易面向的概念，雖圍繞在經濟交換活動，但並不已經濟交換活動本身為限。更重要的是，貿易締約大國們怎麼看待與論述經濟交換活動的定位，以及如何證成經濟交換活動與貿易權利義務範圍，具備因果性或關聯性。是故，貿易締約國若認知某國藥品經濟交換活動的行為，影響自身藥品專利權權益「事關至重」時，又可讓多數締約國不加以反對，其藥品專利權的權利與義務範圍，將可能產生變動，要求列入貿易面向，充實保障藥品專利權在國際上權益的地位。

其次，是有關TRIPS協定中的智慧財產權概念，可區分為「智慧財產」與「財產權」兩個部分。由於TRIPS協定並未直接從智慧財產的內涵下定義，而是參考巴黎公約、伯恩公約、羅馬公約相關標準，外延出應受協定保護的智慧財產類型，諸如著作權及其相關權利、商標、地理標示、工業設計、專利、積體電路之電路布局、未經公開資訊的保護、與契約授權中反競爭行為之防制，等八種應受TRIPS協定保護的智慧財產權類型。但一般貿易與法律學者普遍相信，學理上有關智慧財產的定義，係指人類精神活動的結果；然而，相較TRIPS協定中的智慧財產的定義，較傾向解決貿易實務的結構性問題，同時納入商標、地理標示、

未公開資訊之保護、與契約授權中反競爭行為之防制等防止造成不正當貿易秩序的危險行為。是故，保有自由貿易精神的TRIPS協定，除了對智慧財產的支配力賦予保障之外，更是擴及對智慧財產強調「創作在經濟上的財產交換價值」權益維護，重視智慧財產權的排他性權利，未經智慧財產權人同意不得無權使用。

從整體來看，與貿易有關之智慧財產權，其經濟活動若涉及貿易協定陳列之智慧財產權類型，才有資格被協定調解機制所受理，並非所有智慧財產權類型，皆受到貿易協定規範保護。所以，「與貿易有關之智慧財產權」強調的是智慧財產權在貿易協定關係的面向，進而從智慧財產權的範疇中分立出國際談判認有涉入貿易權益的部分，加以進行協定規範，以利維護關聯貿易之智慧財產權。並積極尋求在國際市場受到自由公平的待遇，強制保障智慧財產權權益不受侵犯，以利TRIPS協定的推展。

第二節　與貿易有關之智慧財產權的意義

就國際協定的智慧財產權意義來看，TRIPS的智慧產產保護規範主要是集中在保障巴黎公約、伯恩公約、羅馬公約部分的智慧財產權類型，並非所有的智慧財產權類型都受到保障。同時延續了GATT自由公平貿易，消除貿易壁壘與貿易扭曲的精神要旨。但事實上，TRIPS的時代意義在於，以「公約」創設貿易權益，藉此「保護」智慧財所有權的權益，避免莫名受到經濟交換活動的侵害。是故，TRIPS所首要關心的是，貿易上智慧財產權類型的侵害行為與受害結果的因果關聯，藉此防範貿易行為造成

扭曲貿易結果。

自1995年TRIPS協定生效後，智慧財產權權利人所屬國，不斷要求提高智慧財產保護密度，同時擴張智慧財產權的貿易權益範疇。希望讓智慧財產所有權的行使，一方面可以不受國家力量干預；一方面可以受到國家力量的基本保障。然而，隨著智慧財產行使所有權適用範圍的擴大以及國家力量深化著力在智慧財產的保障層面，這使強調貿易自由競爭的TRIPS受到了質疑，認為TRIPS協定雖有自由貿易競爭的機會，但自由競爭的機會，未必能帶來自由貿易的結果。

學者Alex Nicholls指出，強調新自由主義理論根據，去除管制與促進私有化的原則而設置的自由貿易協定規範，有多數是支援適用在已開發國家的發展條件。對於中低度開發國家來說，理論先存的國家經貿條件假設，要不是欠缺就是不足。[1]意味TRIPS協定雖有自由競爭機會，卻較不關注中低開發度國家，缺乏自由競爭的先天條件，造成中低開發度國家享有競爭機會，卻沒有充分的競爭條件。且相關自由貿易協定許諾中低開發度國家，得採行貿易補貼措施，以資貿易之公平性。但其效果多半僅在提供必要的競爭條件，於實際上之行為則未完全符合自由貿易充分競爭的精神。

截至2016年底，全球共有1,180萬件有效發明專利。2016年，全球專利授權數量增長了9%，總授權量達到130萬件，其中，歐洲專利公約（EPC）成員國的增長幅度最大，達到25%。根據國

---

[1] Alex Nicholls & Charlotte Opal, *Fair Trade: Market-Driven Ethical Consumption.* (London: Sage Publications, 2005),pp.17-20.

際貨幣組織（IMF）發布的《世界經濟展望》，預計全球經濟會在2018年和2019年連續實現3.7%的增長，不過增長的均衡性變得更差，未來面臨的風險也會提高。[2]若以經濟合作與發展組織高收入會員國之已開發國家的標準來看，美國、歐盟專利公約成員國、日本、韓國已持有全球專利權比例76%，全球專利案件有近3／4的數量，集中在已開發國家手中，數量相當驚人。

專利權集中在已開發國家的條件下，配合TRIPS協定運作，智慧財產權所創造的財富，更容易透過自由貿易的保護措施，集中在已開發國家以及跨國企業。受惠於智慧財產權的保護，專利權產品價格的漲跌，就特別容易受囿於企業商業利益的考量，而非只是因市場競爭因素，直接使價格產生變化。結果是，造成貿易運作，在生產端與消費端出現貧富階層化的差別待遇。

不過，強調自由競爭的智慧財產權貿易，難免因貿易保護措施，自然出現不公平現象。但是，貿易不公平現象若是在貿易過程中，因智慧財產權保護措施的濫用，持續有利於特定一方，造成阻礙階層流動的結果，可能影響世界貿易朝向富國越貴、窮國越貧的極端化發展，帶給中低發展國家，更不利發展智慧財產權的條件。同時，若因協定實務運作持續欠缺節制無限上綱強調保護權益，造成專利權產品價格居高不下，阻礙貨暢其流、物盡其用的市場運作，人類反而不因智慧受惠向前發展，而受囿於保障智慧裹足不前。一些攸關促進人類發展福祉的專利權，僅有權益保護卻欠缺合理利用，公共利益價值的創造將陷入困境。

2　中國知識產權局，〈2017年世界五大知識產權局統計報告〉，P1, P51。

第三節　與貿易有關之智慧財產權與公共利益的衝突

隨著TRIPS貿易架構對專利權權益日漸完善，充分提供了保護作用。不過，觀察TRIPS近20年的實務運作，發現藥品專利權的保護措施，卻意外造成瘧疾、愛滋病、結核等重大疾病專利藥品之出售價高而不可攀，且缺乏替代專利藥生產出平價堪用的學名藥，使得瘧疾、愛滋、結核氾濫的中低發展國家，因為明顯欠缺製造藥品的能力，或藥品製造能力不足之故，而陷入無藥可用的困境。且對合法輸入與平價取得藥品，顯得力有未逮，不能夠有效抑制疫情蔓延，維護生命健康權益。

國際醫界團體與中低發展國家，呼籲藥品專利權權益的保護與公共健康人權的利用，必須取得充分權衡。反映有必要調和財產自由權與公共健康人權，在私有財產權益與公眾生命權益的衝突。2001-2008年期間舉行的杜哈會議，便將TRIPS貿易架構中藥品專利強制授權案，納為談判討論重點。希望透過修正藥品專利的強制授權制度，幫助無能力製藥及製藥能力不足的會員國，可以順利獲得授權合法生產重大疾病用藥。同時，讓醫療品質落後的國家，可因藥品專利強制授權，取得平價的學名藥。

秉持不同意見的國家，則認為強制授權制度對藥品專利權，讓國家能以確保公共利益或重大危急為事由，在不經藥品專利權人的同意之下，強制授權第三方取得藥品專利，同形架空藥品專利權人的專利所有權。同時，強制授權制度無法排除第三方持續

對專利的侵害程度。特別是，國家強制授權第三方之身分，非為強制授權國之國民，而為外國人。意味著欠缺法定明文要件約束的強制授權制度，僅需專利權註冊國家認定有確保公共利益的必要，就能強制授權指定第三人承接專利，且又無妨止強制授權專利濫用的機制，不免引起製藥產業的寒蟬效應，不願繼續投入資源心力研發新興藥品，反而衝擊公共衛生利益。結果是，杜哈會議談判破裂，使得強制授權案方興未艾，同時造成TRIPS談判停滯不前近10的時間。直至2017年，TRIPS強制授權案才又出現重大改變。使得人們對藥品強制授權制度中，智慧財產權的保護概念產生改觀。

第四節　GATT協定脈絡中的專利權

　　1883年《保護工業產權巴黎公約》的出現，可以說是規範專利權保護與利用的濫觴。時至今日，仍不乏相關研究學者援引巴黎公約原則，辯證智慧財產權的觀念真諦，剖析專利權保護與利用的適法範疇，探究國家對專利權行使，保護制度與利用的必要時機。不過，巴黎公約具體的國際合作歷經第二次世界大戰後，帶來國際關係合作的局變，再加上關稅暨貿易總協定（General Agreement on Tariffs and Trade，簡稱GATT協定）的出現與盛行，其後雖轉變為世界貿易組織（WTO），依舊受到國際行為者趨之若鶩，蔚為貿易談判主流場域，深刻影響藥品專利權發展走向。相形之下，巴黎公約在國際貿易的交流運作愈顯式微。於是乎只得另尋他徑，選擇從GATT協定的脈絡作為發軔，探究專利

權在GATT協定到WTO的脈動，掌握智慧財產權架構，對藥品相關專利權的趨勢。

一、1948年GATT協定中的專利權

探究GATT協定的起源，有必要理解二次世界大戰結束後，歐陸各國、美國及蘇聯，戰後國際政治經濟脈絡。1945年二戰宣告終結，飽受烽火破壞的歐陸各國，陸續進入重建整治階段。然而，戰後歐陸經濟重建的初期進展，一度沒有好轉跡象；百業蕭條的歐陸各國，因為糧食短缺與高失業率問題，自然引起一股股民怨無處宣洩，形成動盪歐洲社會安定的潛在力量，影響了歐陸正要起步的經濟建設工作。不由得讓飽嘗流離失所的戰地民眾，人心惶恐安全感再次流逝，人人普遍又開始自危了起來。歐陸國家與民眾欠缺彼此信賴的行為思維，連帶影響國際貿易失序現象叢生；加上美蘇於1948年柏林危機前後的交手過程，留下的政治心結沒有解開，深化美國、西歐集團與蘇聯、東歐集團之間的猜忌矛盾。這引發東西歐國家貿易活動，受到政治因素影響而壁壘分明。結果是，想要直接以國際貿易路徑，在歐陸推行自由貿易合作，通暢東西歐資源交易活絡景氣，加速歐洲經濟重建的想法，已經是越來越不具可行性了。

歐陸自由經濟發展的停滯與蘇聯嚴守住鐵幕陣線，成為冷戰發作的導火線，使得歐陸瀰漫詭譎多變氛圍。1946年各國在倫敦商議籌辦，象徵自由經濟精神的國際貿易組織，唯其推動過程始終遭受，戰後嚴峻的政治經濟現實挑戰，促進自由貿易發展的國

際組織，最終未能如願及時來成立。痛感國際政治經濟僵持不下的焦慮壓力，美國杜魯門政府經由美元本位（布雷敦森林體系）另闢蹊徑，聚焦國際金融領域，涵蓋關稅與國際貿易的活動，由國際貨幣基金組織（IMF）與國際復興開發銀行（IBRD）來為「自由經濟」發展作支援，分庭抗禮「計畫經濟」，戒慎恐懼蘇東國家策略於未然。以美國意見為首的國家，於1947年建立了以共同締約削減關稅、消除商貿壁壘為宗旨的多邊協定，宣揚經由協定方式進行國際合作，整頓彼此戰後留下的經濟殘局，揭櫫GATT協定簽署運作。

　　美國策動倡議的GATT協定，最終以「暫行適用議定書」的方式，以供簽署成員得以援引。[3]就法律與行政的觀點，審視GATT協定在暫行適用議定書的設定，多半指出欠缺國際法人格（international law personality），沒有擁有正式國家的身分認證，不能視為具有權利能力的行為主體。再者，暫行適用議定書被定性為「臨時性協定」，嚴格沒有國際組織法的適用餘地，所以簽署國僅能以締約方（contracting parties）自居，而非擁有國際組織法中，所謂成員國（Member states）的權利保障地位。[4]不過，就國際政治而言，欠缺國際組織法規保障的GATT協定，若要爭取存續下去的空間，反而更需要依賴各締約方於談判桌外的對外政策，維繫凝聚集體行動向心力。對各國而言，GATT「臨時性協定」成案，意外且自然成為世界過渡，欠缺國際貿易組織時期，

---

[3]　顏慶章著，《揭開GATT的面紗：全球貿易的秩序與趨勢》（台北：時報文化，1989），頁1-5。
[4]　黃立、李貴英、林彩瑜等著，《WTO國際貿易法論》（台北：元照出版，2009），頁9-12。

重要的國際互動橋樑；提供戰後經濟健全的美國，發展貿易與政治結盟的契機。

　　GATT協定所訂定的內容精神，以及美國對外貿易政策的周旋行動，無不反映二戰落幕不久後美國對於發展國際自由經濟的堅定態度。同時，建立起共同的貿易利益與經濟願景，促成與締約方國家，形成共謀生路的臍帶連結關係，也對蘇聯在國際政治發展的動向，崛起一股新的國際政治合作勢力來制衡蘇聯對外政策帶來的國際政治效果。不過，GATT協定最終的成案結果，也確立了締約方終究必須承諾與接受自由（貿易限制關稅化、削減關稅）、非歧視（不得無故差別待遇）、多元化的基本原則。在此原則下，締約方國家的對外政策，雖不見會亦步亦趨著美國走，但也不會怠慢輕視，美國結合對外政策與貿易策略的影響結果與用意。

　　戰後背景下成立的GATT協定，在專利權的規範上，雖無直接點出智慧財產權保護架構的概念，也說不上是對智慧財產權作直接安排。但以智慧財產權，解釋援引的條文也非沒有存在。如第一條第一項「一般最惠國待遇的輸出入優惠」、第三條第十款有關「電影片輸出入配額在國民待遇之內地租稅與法規的例外原則」、第四條「電影片的特殊規定」、第十二條第三款第三項「為保護收支平衡時之限制，必須保證不禁止商業樣品、專利、商標、版權或其他類似程序之限制措施」、第十八條第十款「經濟發展之政府協助不得禁止商業樣品之輸入或禁止採行專利、商標，版權或其他類似程序」。1948年版GATT協定，對智慧財產權著墨的法律安排相當有限。此時美國等富強國家，沒就此多作

深究的動作。所以，實際上因為沒有對智慧財產權，協商出的具體要求結果，智財權因而懸置缺乏定見，就變相得端賴締約方國內法律而定。

但此次協定中有關專利權的協定，則可留意第二十條的一般例外原則規範。認為有關協定第二條第四款的締約成員告知輸入獨佔行為、及第十七條國營事業獨佔行為、以及專利權、商標版權的保障與防偽措施，若不涉無故差別待遇原則，且不構成國際貿易的變相限制，即不屬協定限制的議論範圍內。[5]換句話說，保障專利權的行為事實，一旦受協定二十三條第二款，經大會調查裁決的程序，「被認定」涉及違反協定基本原則時，自屬專利權益受損一方的締約成員，可以援引協定為意思主張。那麼專利權也就適用GATT協定的架構，而非完全獨立在協定規範週界之外。這同時也確立了專利權是基於政治協商的結果再先，而後才在智慧財產權的法律架構，探討專利權於貿易保護與公平利用的適用時機。

不過，自1948到1962年間歷次的回合，在美蘇冷戰態勢日趨明朗的氛圍，無形中增加各國在選邊站的壓力。這股壓力直接倒向美蘇，對於各國關稅與貿易的收放態度，牽動了貿易雙邊國家的政治經濟動向。特別是極力於戰後廢墟重振，需要經濟能量的國家，更是無可厚非的必須顯示自身立場。因為關稅及貿易總協定，縱使有處理爭端的法律安排，但是裁決過程曠日費時，加上

5　中華民國經濟部國貿局，〈一九四七關稅及貿易總協定〉，*https://www.trade. gov.tw/cwto/Pages/Detail.aspx?nodeID=363&pid=332173*，瀏覽日期：2019.06.08。

協定並不具有裁罰權力，協定事實的發展趨於有利向富強國家靠攏。[6]

　　此段時間的GATT協定，則是專注討論在獲取國家收入增加的關稅，以及實體貨物貿易之問題，密切關心與富強國家的經濟合作關係，盤算各自國家的政治經濟利基。GATT協定多數談判時間，花費在關稅與貿易爭議的糾結。結果是欠缺富強國家拋出專利權議題，多數的締約方國家也未分心在專利權問題，對專利權進行充分的討論，延續GATT協定在1948年所認定的第二十條例外原則觀念，並未有異動。

　　從整體來看，1948年GATT協定的法律安排，可以分成關稅與非關稅兩類領域。初期的議題運作，主要側重處理關稅領域的邊境貿易壁壘課題，採取廣義寬容的協定原則，以相對柔性手段友善締約方，以解決低度開發國家自由經濟發展的問題。其涉入主權運作的爭議較小，干涉國家內部運作的幅度較淺。非關稅領域的專利權項目爭端，則伴隨於有關實物項目的關稅貿易談判結果，一同接受協定法律安排，在沒有將專利權項目單獨送進談判桌逐條磋商的情況下，僅於要求各締約方國內處理專利權項目時，其事實行為不要違背自由、非歧視、多元化的原則底線，變相寬容與便利締約方，自身對專利權項目的立法。

　　固然，1948年的關貿總協定的說得上是立意良善，而富強國家居中亦顯大器慷慨。不過，隨著安錫回合、托奇回合、日內瓦

---

[6]　Emran Ahmed, Sharmin Islam & Priyanka Das Dona, "The Effectiveness Of The GATT Through Its Major Achievements And Failures As Well As The Performance Of The Creation Of WTO," *International Journal of Economics, Commerce and Management*, Vol. 3, Issue 5 (2015), pp.1323-1324.

第四回合、迪隆回合的進程運作下來，富強國家對關稅領域要求越加鉅細靡遺。締約方免不了動輒得咎，談判項目與日俱增，逐步擴及相關專利權的非關稅領域。學者Stiglitz與Charlton指出關貿總協定第十八條，臚列談判相關經濟發展之政府協助的法律議程設定，在實際的運作經驗，讓富強國家可以選擇性冷處理締約方建言，甚而漠視忽略，邊緣化低度開發國家（less developed countries）於實質貿易談判問題的意見。[7]持著相反觀點的學者，則肯定GATT協定的架構安排，已相當尊重開發中國家的經濟發展問題。[8]

雖說前述學者皆不反對GATT協定有其存在的必要性，只是對協定談判的安排，有著大異其趣的見解。實際上，反映的是各國在談判桌內外，對裡子（利益）與面子（尊重）的折衝樽俎，莫過反映各國不同時代觀的對外認知，這些國家對外政策的作風，並不會一層不變，勢必得反映國內對保護專利智財權議題，在不同時下所呈現的壓力。

二、富強國家對外經貿策略的不變

世界經濟在1945年到1973年之期間，逐漸在戰後廢墟重建中持續復甦，隨即進入快速攀升的階段。[9]GATT協定所推動的「降

---

[7] Joseph E Stiglitz & Andrew Charlton, *Fair Trade for All: How Trade Can Promote Development.* (Oxford: Oxford University Press, 2005), pp.43-45.

[8] Ruth L Okediji, "The International Relations of Intellectual Property: Narratives of Developing Country Participation in the Global Intellectual System," *Singapore Journal of International & Comparative Law*,Vol. 7 (2003), pp.320-325.

[9] 傅學良、恒黎莉編，《當代世界經濟與政治》（新北：崧博出版事業有限公司，2017），頁101-110。

低關稅、刺激貿易」運作方針，致使每回談判的結果仍持續讓締約方頗有微詞，多數時候也是帶著不滿離開談判桌。不過，隨著貿易活動熱絡，經濟果實接二連三浮現。這不只讓締約方國家可已經濟更加繁榮，更可以透過協定關稅手段來嚐到貿易帶來的經濟果實。這似乎也為締約方增添，某種程度的經濟自信。讓英美等富強國家主張推行「自由經濟」的對外政策，有了一個「經濟成績」可給締約方與國內作交代，獲得持續推廣多邊協議架構的有利機會。締約方對於美國在國際政治中老大哥（Big Brother）形象越發深刻，將美國貼上富強國家意見領袖的標籤。

但1960至1970年越來越多國家與國際動向，不再是非得要分屬美蘇對抗集團行列。戰後世界經濟不斷成長的情勢，印度、埃及、南斯拉夫、印度尼西亞、阿富汗、剛果、黎巴嫩、古巴等部分GATT協定的締約方，自覺不樂見自身國家得貼上非美即蘇、不戰即屈就的標籤，選擇奉行獨立自主的觀念。於1961年起集結發起簽署「不結盟運動」（Non-Aligned Movement），對國際社會倡議反對任何形式的霸權殖民活動、消除經濟不平衡發展、廢除國際貿易不等價交換的制度，帶給了以蘇美意見馬首是瞻的政治局勢。一些微妙的國際政治變化始於1960年前後，陸續浮現新的國家觀點解讀。各國的國際情勢觀點開始轉變看待GATT協定方式，連帶影響所採取國際行動皆出現。有別於以往的策略途徑，國際政治經濟局勢，潛在醞釀南北格局（North-south Divide）發展。

雖然「不結盟運動」在1960至1970年之期間啟發低度開發國家追求獨立自主的外交政策，不受霸權主義國家干涉的國際政治

觀，促成了一股不容小覷的國際勢力集合，一度與美蘇集團形成「兩強一大」的時局壓力，但外在受限美蘇兩造形勢比人強的因素，結盟運動的內在，缺乏凝聚組織願意前仆後繼的利基。這讓不結盟運動的政治觀念，並未完全參與國地氣產生對接，透過集體一致的國際行動，帶來讓成員心悅誠服的具體成果。是故，不結盟運動的組織性行動，常是心有餘力不足顯得鬆散。

其後，在各國當時情勢演變判讀之下，不結盟運動儼然被視為，對當時國際局勢作出反思。這股思潮並未能策動西歐各國及日本等，因戰後貿易經濟崛起的新興富強國家加入，擴大國際社會支持的基礎。實際上，經過時間證明，不結盟運動對國際政局，製造了一段有驚無險的期間。最終發現不結盟運動，主要仍是政治意義大於政治實質的成分居多，現實上整體對外展現的力量勢能，仍不勝美蘇格局的根本。例如，運動期間創始大國印度，依舊慣例與蘇聯密切交好。如此言行不一致的舉動，誘發不結盟運動成員疑心矛盾。

所以，當時的國際政局觀察，主要仍以圍繞美蘇兩極的局勢，分解不結盟運動了帶來的政治作用。但值得留意的是，不結盟運動所留下的國際互動路徑，卻在日後推動藥品專利公平利用的議題，留下低度開發國家合縱連橫的合作伏筆。只是1960至1970年間，各國仍多半將目光聚焦各GATT締約方於貿易談判享受到的經濟果實。而受到GATT協定貿易結合政治的交織作用，不結盟運動的成員國很難沒有不心動。自然的，將1967年GATT協定談判推往達到二戰後，多邊貿易談判架構的第一次波峰。甘迺迪回合62國出席參與貿易談判合作的陣容，國際上無不引人矚

目，同時觸發了越來越多國家行動者競相走告，認識貿易談判合作的動態，瞭解談判合作的得失，關注判讀多邊貿易談判架構的動向。

學界仍認為甘迺迪回合的成功，在於對延續國際經貿合作的經驗具有承先啟後作用，也為日後1979年東京回合加深國際經貿合作的契機。檢視甘迺迪回合的談判成果，除了帶來普遍優惠制度（general reciprocity）、平均關稅稅率調降36%之外。對於專利權來說，應屬此次回合首度觸及複雜難解的「非關稅障礙壁壘」（Non-tariff barriers）議題。例如反傾銷以及排斥或歧視外商投標政府契約等問題。這些項目提供日後，GATT協定締約方發軔談判非關稅議題的一個關鍵性基礎。甘迺迪回合的協定成果，吸引更多國家投石問路，加入談判的意願跟著提高。

甘迺迪回合的協定結果，約莫運作到了1960年代中期，自覺協定政策推行動態無不扭曲貿易，缺乏了善盡公平對待的締約方，針對GATT協定有關「政府補貼的規定」、臨時進口限制下的「逃避條款」、「政府的出口限制」、「國際貿易爭端調停」等關鍵領域，提出不是被忽視，就是不符時宜的檢討發聲，鋪陳眾家締約方認識，協定已有調整加強的需要。這一股聲浪並沒有降低非締約方國家前仆後繼參與GATT協定的意願，這些遠近因素反而促成近百位外交部長齊聚，多達102國締約方出席參與，開始1973年起東京回合，對關稅、扭曲國際貿易的工農產品、以及非關稅障礙壁壘的談判等，爭議緊扣貿易扭曲的項目。

隨著東京回合揭幕，締約方國家們正處在制定一個忠實履行協定義務，且滿足國家政治需求之法律、行政命令、準則的過渡

時期。所以，多數締約方將目光聚焦在美國的行動，因為美國自認權力分立制之繁瑣及不確定性，更勝合議制一籌，進而預備採取批准法律改革行動，成就更較其他國家透明的程序，[10]平息美國經貿政策雜音，順利談判承諾落實國內，取信協定締約方國家。

面對談判中有關專利權之商業仿冒（Commercial Counterfeiting）與貿易糾紛調停制度的爭議壓力。美國政府似乎作好了準備，視其為一場「沒有虛飾的嚴肅談判」（no pretense of serious negotiations）。[11]東京回合第二年的談判進程，美國也為總統通過了1974貿易法（Trade Act of 1974）賦予捷徑權限（fast-track），就談判貿易協定內容，提供一個快速審查的立法程序。美國國會必須在法定90日內投票表決，總統所送交的貿易協定案，且國會不得增刪內容或是冗長發言。即對協定案同時施行「包裹表決」（package vote）以及「限期立法」（guillotine）的措施，早日確立協定案去留。

貿易法亦規定總統有責任，在非關稅協議簽訂之前諮詢國會，讓協定內容所涉及的委員會，可以商討協議內容，以便明瞭協議實施後，可能引發的政治效應。並提倡透明化的國會審查，其中眾議院籌款委員會、參議院財政委員會更是負責起，審核協定內容的重任。此項權力雖有限設定實施期限，但仍可以視需要修法延長。[12]同時，美國國會提供組成自民間部門的諮詢委員

---

[10] Thomas R. Graham, "Results Of The Tokyo Round," *Georgia Journal of International and Compara -tive Law*, Vol.9, No.2 (1979), pp.159-160.

[11] Thomas R. Graham , "Results Of The Tokyo Round," *Georgia Journal of International and Compar -ative Law*, Vol.9, No.2 (1979), pp.155-158.

[12] 1974年《貿易法》捷徑權限（fast-track），首次設定之期限為1974至1980屆滿；又因1979年《貿易法》的修正，延長至1987年。隔年1988年《貿易法》修

會，讓出席東京回合的國會指定議員與談判官作資訊交流。這些國會立法動作，實質上讓美國總統對於美國國內，坐實擁有主導關稅與非關稅之貿易壁壘的權力，得讓談判結果快速施行，以向國際建立威信。

擁有貿易法作為後盾的美國，在東京回合的過程中，倡導一國商業仿冒的制度，是會造成貿易阻礙或扭曲的影響的看法，因此認為有必要協議簽署商業仿冒協定。但就結果來看，有趣的是相較於推動商業仿冒協定（Code on Commercial Counterfeiting）的草案辦法，美國面對印度等開發中及低度開發國家，反對商業仿冒進入GATT協定保護自由貿易的範疇，卻是顯得力有未逮。反倒是成功促進採取貿易糾紛調停制度辦法，來回應締約方指出的貿易保護不足及不公平問題。

於是，美國整合歐洲國家，對智慧財產制度討價還價的聲音，提倡以強化保護自由貿易措施為由，在談判過程中討論修正有關協商、監督、爭端處理機制的辦法。策動促成於協定第二十二、二十三條之締約方磋商權利、締約方磋商要件、爭議調解程序暨授權報復等，不作更動的既存制度基礎上，另外增加「關於通知協商解決爭端與監督諒解書」的協定制度，倡議貿易糾紛調停制度可以因完善而獲得確保，同時建議隨由締約方自由簽署。只是當時沒有國家願意從艱鉅談判贏得的勝利，受迫他國談判結

正通過，又延長至1993年，但因應世界貿組織成立，再延至1994年4月暫停。直至2002年《貿易法》修正，再度重啟此項總統貿易談判的權柄，至2007年。是故，快速通道權限，被視是加持美國總統貿易談判優勢，可移作安內攘外的重要法律依據；自東京回合起，經歷烏拉圭回合、WTO坎昆、香港會議等重要的談判時期。時至2012年歐巴馬政府（Obama government）亦曾詢求國會黨籍同僚重啟此項權力。

果的辦法而失效。結果是對於貿易糾紛調停制度，多數已開發中國家的締約方，儘管機靈選擇接受，但對商業仿冒協定，則留下已開發國家與開發中及低度開發國家為求保護自由貿易與追求公平貿易的分歧意見。其中，沒有完成任何協定來保護有關專利權的諸種措施。

　　東京回合裡，美國對於保護專利權貿易的立場上，產生了矛盾。在有關專利權貿易課題中，代表GATT協定處理實際運作，算是賦予締約方權限規範，有利促進第一線防堵盜版商品的商業仿冒協定。但對此美國的選擇行動，卻是從一開始的倡議到後來，留下爭議，沒有簽定的結果產出。不同於前述行為的轉變，美國對於協商、監督、爭端處理機制，卻是始終堅持保護貿易的立場選擇，行動上整合歧見，且排除有關保護智慧財產事項爭議，進入貿易糾紛調停制度的談判，力促通過位階於協定上游，具備對GATT協定運作有裁定地位的協商、監督、爭端處理機制。

　　若以追求保護貿易之利益的角度來看，美國對於專利權之商業仿冒與協商、監督、爭端處理機制的選擇過程，並未完全忠實一致追求保護貿易之利益，其行為選擇並非圍繞在保護締約方貿易利益。特別是以當時美國本事在談判桌上，若有心要定調保護貿易利益協定，應該不算困難。但美國反而在談判桌上懸下爭議，力促有關GATT協定權力運作的協商、監督、爭端處理機制通過，並開放締約方自行簽署，方便運作策略性聯盟形成，而非只為追求保護貿易之利益，[13]並爭取美國於蘇美格局中的不敗地位。

---

[13] 王琇慧，〈世界貿易組織「智慧財產權爭端解決」之法律與政治策略探討〉，《智慧財產季刊》，第142期（2010.10），頁36-40。

實際上，美國對於議題選擇的結果，則有利於美國在談判桌外以意見形塑偏好形成，連結談判桌內外的意見匯聚，而非僅是在談判桌公平公開協調。這就追求保護締約方集體的貿易利益來說，反映美國一系列選擇行為的前後不一致，顯現不盡然理性的政策抉擇模式。帶來有利美國在離席談判桌之後，對外政策運作空間。印度、巴西等開發中及低度開發國家，開始對自由貿易保護專利之協定改觀。認識自由貿易保護的推展，反而不能使開發中及低度開發國家，改善來自自由貿易市場的所得。開發中及低度開發國家為了協定，還是得負起和已開發國家一樣的義務負擔。

　　更重要的是，已開發國家在協定爭議中，對貿易糾紛享有更大的運作裁量空間優勢。無論是針對已開發國家的國內市場或是從外交政策上，對貿易糾紛調停制度的敲打施壓，無不對非已開發國家造成不公平貿易結果。而且對此問題，每每在就位談判桌後，開放締約方有權表示意思，但空有意見實則膠著。往往欠缺有能力的國家，出面定調市場推展運作，帶來較為平均分享貿易果實的時局，這無不引起開發中及低度開發國家質疑聲浪關注。

三、智慧財產權保護議題中：南北國家集團行動的 聚與散

　　東京回合結束不到一年，在1980到1985年之間美、蘇格局的針鋒，隨著雷根總統（Ronald Reagan president）就任，雙方原本各自較勁而僵持的和緩局勢，開始有關鍵性的變化。美國觀瞻蘇

聯1970年末一系列冷戰軍事行動，直至1979年底蘇聯揮軍出兵阿富汗，美國府方不再容忍蘇聯的看法爆發，雷根政府也明確採取擴張軍備的強硬對抗，不止是美、蘇格局持平。雷根更認為是一場分明善惡的戰爭，勢必要為美國拿下勝利。[14]美、蘇幾次交手的勝敗結果，國際政治勢頭此消彼長，國際列強評估美國已佔盡先機，早晚將孕成「美走強、蘇走弱」的國際政經新局面。相較二戰結束初期，此時期美國在國際上的舉止，已不再是個持盈保泰的老大哥形象。

雷根總統主政後，美國窮兵黷武所費不貲，政府赤字攀升新高點。對於商業投資活動減稅輕賦，傾向去除政府干預，鼓勵企業花錢投資，放任美國貿易自由發揮，期盼增加企業營利所得，穩定美國財政稅收，貿易市場吹起一股雷根經濟學的思潮。實際上，稅收仍不及窮兵黷武開銷速度，美國向外大行舉債，以解方孔之急。1988年前後，從世界債權國轉變為最大債務國，背負2.6兆美元，且國債佔GDP總額比例，從26%拉昇到41%，[15]當時1美元可兌台幣28.59元。結果，蘇聯屈居下風態勢明朗化，美國軍情壓力大幅減緩，而財政經濟問題成了美國政府內在的主要壓力源之一。

世界貿易市場的互動，自東京回合留下專利權納入GATT協定保護的爭端，並未隨著談判回合閉幕，鬆懈各國對自由貿易保護活動的多相傾軋。相關智慧財產權的貿易扞格，沒有因東京回

---

[14] 鄭保國，《美國霸權探析》（台北：秀威資訊，2009），頁244-246。

[15] Washingtonpost,Reagan Policies Gave Green Light to Red Ink. http://www.washintiongtonpost.com/wp-dyn/articles/A26402-2004Jun8, Browse date:2017.11.

合貿易糾紛調停制度修正而和緩下來，多數GATT協定締約方為求自保，減少經濟貿易傷害，實行非關稅保護主義政策，無不衝擊雷根政府以對外投資增加國家經濟成長的佈局策略。而歐洲國家採取了區域安排（regional arrangements），自成一格降低歐洲境內貿易摩擦，結盟歐洲經濟市場力量對外制衡非友善歐洲市場的貿易政策。國際政治經濟的合縱連橫關係，形態上開始有別於1940-1970年代傾向，國家行為者各別拉攏國家行為者的互動，也開始出現區域化（regionalization）的國家經貿關係互動，當時西歐單一市場計畫推動，即倡議歐盟草創便是一個明顯的例子。

面對智慧財產權之專利權等貿易保護問題，美國與西歐的意見與經貿行動步調，越來越趨於相近一致。反觀印度、巴西、中國等反對智慧財產權納入GATT保護框架之意見，各國雖有一定的共識，但是彼此經貿政策行動，卻持續互有大小摩擦。而在比較利益的行動思維下，經貿利益摩擦所衍生之非零和中的零和結果，就容易被放大檢視。反對智財權保護國家之間彼此過往貿易合作的經驗結果，就不免被拿出來細細推敲，造成各自有各自的行動思慮，並未出現有如西歐整合市場，於貿易關係產生分進合擊的力道，形成除害興利的合作形態。

相形之下1980-2000年之間，反智慧財產權保護GATT協定國家的經貿利害關係，能共患難卻不盡然能同享福。衍生經貿利害問題上，搭便車的國家多，共識行動能共同負擔的國家少。其國際政治關係顯得鬆散不無分立，突顯反智慧財產權保護GATT協定國家的行動困境。到底這些國家在當時，多屬開發中或低度開發經貿條件的國家，難免窮國與窮國進行貿易，可以互相蒙利已

實屬不易。但要彼此要持續興利，擴大獲益的經濟成果，此時若缺乏擁有消費實力的國家市場配合，恐怕現實上存在相當難處。

不同於反智慧財產權保護立場的國家，美國、西歐、日本等GATT協定締約方們，則共同以非關稅保護保護主義盛行、雙邊貿易數量限制、聯合市場排他，衝擊多邊貿易體系運作為事由，策動於1986年9月召開烏拉圭回合（Uruguay Round）擴大探討議題範疇，使得協定討論項目更達歷年之最，頗有為GATT作總體檢的態勢。其後，保護智慧財產權的協定過程雖有波折，但仍在已開發國家同心戮力，將智慧財產權推至國際貿易保護領域。影響藥品專利權發展動向甚鉅，就屬智慧財產權保護架構、爭端解決、設立WTO議題的項目。

美國倡議將智慧財產權議題，引進GATT協定的貿易保護動作，試圖從原先GATT協定第二十條專利權、商標及版權的「例外保護」標的，逐漸擴及著作權及相關權利、產地標示、工業設計、積體電路之電路布局、未經公開資訊之保護、相關契約授權中反競爭行為之防制等面向的智慧財產權標的。改變了例外保護的貿易協定原則，進而採取積極且擴大保護的原則。對此，反智慧財產權保護GATT協定國家，對於美、西歐、加拿大、日本等已開發國，推動擴大保護的動作，要求開發中與低度開發貿易對手國家，引發了GATT締約方會前激烈的探討。

1986年開啟烏拉圭回合，經歷美國雷根與老布希總統（George H.W. Bush）主政，長達8年的談判時間。此期間國際局勢亦產生重大變化，蘇聯瓦解、東歐諸國獨立，象徵了美、蘇格局的終盤，軍事安全戰略趨緩，美國雄居上風的國際政經局勢儼

然明朗化。同時，經濟安全戰略問題卻也逐年獲得重視，形成由美國引領已開發國家集團。加上開發中及低度開發國家集團，例如中國、印度、巴西、俄羅斯等潛在超級大國。醞釀轉向南北國家格局（North-south Divide）發展態勢，揮別美、蘇兩極的新時局即將到來。

自烏拉圭回合拉起序幕，美國為主導的國家集團，對於智慧財產權納入GATT協定保護的傾向在談判過程中越顯堅持，談判的過程便不停策動整合，已開發國家集團支持TRIPS協定帶入GATT的運作。美國於談判桌外更在1988年時，修正美國綜合貿易競爭力法案（Omnibus Trade and Competitiveness Act of 1988）第182條針對美國貿易國，凡生智慧財產權保護不當的事實，授權美國貿易署於6個月內應與該國進行諮商解決，即特別301調查程序知開啟。實際上這樣的授權，讓具有優越經濟實力的美國，有機會結合貿易與政治策略，來對自身貿易經濟互動國家施壓。

持對立意見締約方，印度、巴西、中國的立場動向，被視為是關鍵性角色的國家。不過，此時這三個國家相同的特色，雖是大國，但內在經濟能量尚屬虛弱，卻成為談判上的潛在隱憂。其他反對方國家，像是智利、南韓則以拒簽歐洲版本的TRIPS最低標準保護草案，抗議該標準只投其美、歐、日所好。[16]表示相似立場的國家，印度、巴西、阿根廷、埃及、馬來西亞、奈及利亞、古巴等，則認為智慧財產權問題在當時的經驗，並無關直

---

[16] SUNS South-North Development Monitor, Third world countries spurn EEC trips proposals. http://www.sunsonline.org/trade/areas/intellec/04070090. htm, Browse date:2018.5.

接阻礙貿易運作；理由在於1980年之前GATT協定第二十條引用來，解決貿易壁壘糾紛的情況並不多見。

對此，印度強調在貿易協定中所新設智慧財產權保護項目，原屬世界智慧財產權組織（WIPO）之事務，智慧財產權之保護行為與貿易壁壘或貿易扭曲的結果，兩者在GATT協定的觀念中，其關聯性不甚直接，智慧財產權據理無涉GATT協定，就過去GATT協定的精神來看，草案羅列的智慧財產權項目，實屬於不算合法排除的貿易壁壘項目。[17]巴西更進一步主張智慧財產權無論是以參與國際協定形式，或是國內立法形式，理應由締約方自主決定，保護的形式不宜加以干預，並對農業與藥品專利保護化的衝擊表示嚴肅關切，[18]反映著智慧財產權與GATT協定的關聯性與必要性提出嚴正質疑。美國則認為應給予專利權20年的保護期限，建議專利保護化到期之後，可透過強制授權將個案專利技術轉移出保障期。[19]同時，美國也給予印度、巴西提供補償與技術教育訓練的承諾。結果是烏拉圭回合談判運行的頭三年，因為已開發國家與開發中及低度開發國家分歧意見的僵局，使得智慧財產權納入GATT保護的談判一度停滯不前。

然而在布魯塞爾會議前夕，美國不惜於1989年對印度、巴西祭出特別301條款，直至美國單邊貿易報復產生貿易影響作用。[20]

---

[17] Elizabeth K. King, "The Omnibus Trade Bill of 1988: Super 301 and its Effects on the Multilateral Trade System under the GATT," *University of Pennsylvania Journal of International Law*, Vol. 12 (1991), pp.268-274.

[18] Terence P. Stewart, *GATT Uruguay Round: A Negotiating History 1986-1994* (Berlin: Springer Netherlands Press, 1993), pp. 496-500.

[19] 賴源河，《貿易保護下之智慧財產權》（台北：黎明，1991），頁34-37。

[20] Office of the United States Trade Representativs, The U.S. Special 301 Reports. https://ustr.gov/sites/default/files/1989%20Special%20301%20Report.pdf,

但美國亦承諾加長開發中及低度開發國家等南方國家集團，在TRIPS協定的過渡適應期、以及改善GTAA協定爭議處理機制，[21]讓南方國家集團意見領袖的印度、巴西不免動心，談判才又有轉圜的變化。時至1990年烏拉圭回合，在布魯塞爾會議的談判期程，進入探討界定TRIPS協定保護項目範圍的階段，但受美國居中制衡與周旋的作用使得會議，擬定成立多邊貿易組織（即WTO）與促成TRIPS協定草案成形的結果。

經過幾番波折，北方國家集團仍成功將TRIPS協定，納入多邊貿易屬性的組織作為保護項目之一。而南方國家集團的經貿利益，不得不顧忌北方國家集團進口貿易的利害折衝，在議題主導上，顯得力有未逮。1995年WTO開始運作TRIPS協定後，看似對南北國家集團皆保有延續GATT協定利益的空間，存在同中求異、互謀其利的可能。但實際上，對於藥品專利權來說，由美國所引領北方國家集團仍佔有主導優勢，反而是透過建立新組織，調整TRIPS協定保護目的，逐漸融入現行的國際遊戲規則。但此舉並直接未化解藥品專利權問題潛在的糾紛。

隨著TRIPS協定保護的運作，美國配合特別301條款的措施，得以向貿易對手國施壓配合。同時，美國國內的保護智慧財產權制度，也提供美國原廠藥商，可以將有關藥品專利權受損的案件，反映給美國政府境外貿易機關加以協助，最後由貿易代表署（USTR）視違反智慧財產權保護情節輕重，擬定所謂一般觀察

Browse date:2018.5.
[21] 陳潔、趙倩，《WTO與知識產權法律實務》（長春：吉林人民，2001），頁7-9。

名單、優先觀察名單、優先指定國家，透過調查協商要求貿易對手國配合保護，若對手國仍不配合保護，則將可能受到貿易報復。屆時對手國輸入美國市場的重要獲利產品項目，將被課以高額的關稅，對其經貿活動施壓，以抑制美國所謂「海盜王國」歪風。

是故，TRIPS協定生效後，許多尚未申請原廠專利認證的藥品，紛紛透過申請註冊成為原廠專利藥，受到TRIPS協定的保護。但是，市場上深受開發中及低度開發國家等南方國家集團的醫療依賴，較為便宜的學名藥開始減少。造成開發中及低度開發國家，公共衛生健康問題拉起用藥緊張。一些南方國家集團的民眾，曾採取引進大量原廠藥水貨的方式，解決學名藥藥荒問題，但由於水貨雖是正版製造商品，但沒有原廠授權銷售，北方國家集團的商業團體認為有違TRIPS協定貿易規範，無不要求北方國家集團正視南方國家集團的貿易舉動，也引起南方國家集團發起檢討聲浪。因為礙於商業考量未必有原廠藥，樂意到當時較為貧困的南方國家市場授權銷售。

南方國家集團似乎開始知覺烏拉圭回合後，經驗上並未如過去GTAA協定的運作結果。TRIPS協定對於相關專利權的貿易限制，以及過渡期間的承諾，僅有部分可獲得實益，多數是看得到用不著。反而讓南方國家集團，深感受害弊端大於獲益。雖然，南方國家集團透過世界貿易組織會議發聲，認為TRIPS協定貿易中的強制授權應該修正，將有利解決南方國家集團學名藥藥荒的問題。但仍在1999年WTO西雅圖會議，因為南北國家集團意見糾結未見分解而敗下陣來，造成南北國家格局的智財藥品對立。

雖然，2001年南方國家集團於WTO杜哈會議，成功促成「TRIPS協定與公共健康宣言」通過，據此可要求TRIPS協定應兼容公共健康利益。2003年時又推出決議「TRIPS協定與公共衛生杜哈宣言第六段」，同意製藥能力欠缺的會員國，可以進口所需藥品。TRIPS協定給予公共健康利益必要性的利用空間。

不過，自1995年WTO步入軌道後，美國超級大國的地位，在南北國家格局中日益鞏固，但適逢2001年杜哈會議爭議不休，持續南北國家集團意見分歧，僵局長達12年未有具體協定出爐，WTO多邊貿易運作進展不如預期。美國則轉以推動自由貿易架構（FTA）簽定，並配合智慧財產權「加碼」（TRIPS-plus），使得藥品智慧財產權，在貿易協定保障要件更加細密。例如，藥品強制授權，在TRIPS協定規範中，專利保護期限一到，沒有限制與專利藥同款的學名藥，必須經過仍於存續期間之專利權人的授權同意，學名藥才能申請上市。但與美國簽訂之自由貿易架構，所採用的智慧財產權「加碼」（TRIPS-plus），由原廠藥轉為學名藥的藥品，在上市時必先獲得，保障期間的藥品專利權人同意，這將導致強制授權制度落實窒礙難行。

2003年後南北國家集團中，美國經濟雖不比1990-2000年間的表現，接連遭逢次貸風暴、2008年雷曼兄弟、受累歐洲國債問題呈現疲弱狀態，但對國際的政治經濟影響力，至今仍有舉足輕重的地位，即便南方國家集團有中國、印度、巴西等經濟大國崛起，其國內握有國際權力與財力的組織並不比美國。因此，即便在2005年時，南方國家集團在中國、印度、巴西、南非等合作主導，已經對藥品強制授權提出修正草案，稱之為TRIPS第三十一

條之一修正案。但仍到了2017年才真正通過修正案,有機會讓藥品落實公共健康利益。同時,打破南方國家集團的相對弱國,無法反轉國際經貿困境的刻版印象。

第五節　TRIPS源起:當專利權進入智慧財產保護架構

　　根據前述有關專利權在GATT協定中的演變,不難發現智慧財產權國際保護架構,並非隨著智慧財產權制度的產生而產生的,而是國際經濟貿易關係不斷發展的結果,深化在智慧財產權保護的進程中將貿易的專利權吸收近架構,也是經濟霸權國家與相較弱勢國家博弈競合結果的呈現。

　　美國在專利經濟發展初期採取的是,較為寬鬆的智慧財產權保護策略,面對GATT協定的運作。直到1970-1980年代,美國經濟發展到了一定階段,積累了相當突出的經濟實力後,即逐漸感覺到WIPO對智慧財產權的規範保護不足,造成美國的發明被開發中國家無償使用,帶來自身國家經濟損失與財政來源稀釋。於是美國開始把智慧財產權保護,提升至國際經濟戰略地位的一部分。其嘗試運用技術落差的距離,營造一個技術壁壘,牢靠其在國際競爭中的優勢地位,並且積極綢繆與主動奔走,倡議建立統一受貿易力量照拂的國際智慧財產權保護體系,把歐美觀點的智慧財產權保護制度,致力推廣於國際互動關係中適用,反映出國內利益團體對於國家政策施壓的影響力。

　　1986年4月美國提出將TRIPS協定列入GATT烏拉圭回合

（Uruguay Round negotiations）談判議程，且在1986年9月展開新一回合多邊貿易談判。此次談判自1986年開始，來到1988年以後受美國加緊策動這一談判議案進度，直至1993年12月才完成。烏拉圭回合總共耗時7年，成為GATT協定史上談判內容項目最為廣泛，協定結果最為深遠的談判回合。各締約方集中聚焦在貨貿、服貿、智慧財產權、爭端調停制度等項目的談判。

就其中相關智慧財產權項目來看，烏拉圭回合的談判過程，比過往更是直接觸及探討智慧財產權的貿易保護標準的界定、執行保護措施以及智財權貿易糾紛制度等新興的實務問題。這些協定的變遷使得國際智慧財產權保護效力的範疇，[22]從協定傳統中專利、商標、著作權的例外保護作為，改以智慧財產權類型表列的保護方式，延伸涵蓋積體電路佈局、產地標示、營業祕密維護等新議題。同時，參考相關智慧財產權的國際協定，諸如巴黎、羅馬、伯恩及華盛頓公約，充實GATT在智慧財產權保護上，各別項目領域應遵守義務內容。

隨著智慧財產權保護制度，越來越看重自由貿易權益的保護。現今，因為智慧財產權的國際保護，美國成為最大貿易權益保護的得利者。根據世界智慧財產權組織（WIPO）公布的統計顯示，以2015年來看，全球「有效專利」總計有1,060萬件，其中來自美國專利，佔了整體比例的24.9%，約1/4的數量，緊接著是來自日本的專利佔18.3%，第三是中國專利13.9%。[23]美國也成為

---

[22] 蔡明誠，〈從WTO貿易智慧權協定觀點看國際智慧權保護標準之發展〉，《律師雜誌》，第243期（1999.12），頁19-30。

[23] WIPO, "World Intellectual Property Indicators-2016", *http://www.wipo.int/publications/en/details.jsp?id=4138*, Browse date: 2017.07.01.

推動加強智慧財產權國際保護的最主要倡導者,並且不鼓勵WTO
其他會員透過「強制授權」或其他任何類似方式侵害美國業者之
智慧財產權。美國雖然(表面上)支持TRIPS賦予的強制授權機
制。但是,美國對於貿易對手國是否將強制授權國內法化,則不
特別表示明確的要求意見,甚而傾向不支持對手國以國家政策高
度加以承諾,推廣強制授權制度施行落實。尤其是對強制授權制
度的事前諮商程序,作出強化諮商強制授權的協調制度設定,方
便專利權人與需要強制授權的國家,可以透過協調制度的過程,
公正平等的授權專利,明確區分彼此權利與義務的限度。[24]

一、GATT之前的世界智慧財產權管理

TRIPS是GATT在烏拉圭回合談判下的產物,烏拉圭回合談判
前,世界智慧財產權制度,實際上乃由許多條約共同維護著。
其中保護世界智慧財產權的制度與組織,最為完善且最具規模
的國際團體,莫過是出於1967年於斯德哥爾摩簽署之「建立世
界智慧財產權組織公約」,而因應成立的「世界智慧財產權組
織」(World Intellectual Property Organization, WIPO),簽署國期
待WIPO能夠統籌管理國際上的智慧財產權條約,[25]並於1974年12
月成為聯合國的一個附屬機構,以促進各國在智慧財產權事務的
合作,並視國際需要提供跨國組織必要的協助,站在全球性的立

---

[24] 沈國兵,《與貿易有關智慧財產權協定下強化中國智慧財產權保護的經濟分析》
(北京:中國財政經濟出版社,2011),頁218。
[25] 倪貴榮,〈WTO智慧財產權保護與公共健康議題之發展趨勢〉,《經社法制論
叢》,第16卷第31期(2003.1),頁129-158。

場，為智慧財產權提供跨國保護。截至2017年WIPO已累積有199個會員國簽署加入，其組織成員的背景，有來自巴黎保護工業產權聯盟、伯爾尼保護文學藝術作品聯盟、聯合國會員國、聯合國專門機構、國際原子能機構、「國際法院規約」締約國，以及受WIPO大會邀請之成員國。[26]

　　烏拉圭回合談判之前的1986年3月，美國13家主要公司必治妥施、杜邦、富士通、通用電子、通用汽車、HP、IBM、Johnson & Johnson、默克、孟山都、輝瑞、洛克威爾和華納（Bristol-Myers, DuPont, FMC Corporation, General Electric, General Motors, Hewlett-Packard, IBM, Johnson & Johnson, Merck, Monsanto, Pfizer, Rockwell International and Warner Communications.），[27]組成了「智慧財產權委員會」（Intellectual Property Committee，簡稱IPC），推動將TRIPS納為烏拉圭回合談判議題，並在1988年結合日本KEIDANREN（Japan Business Federation，日本經濟團體連合會），以及歐洲UNICE（Union of Industrial and Employers Confederations of Europe，歐洲工業及資方聯盟，包括歐洲22國的33個會員組織）共同提出一份名為「Basic Framework of GATT Provisions on Intellectual Property」，建議GATT能通過一部獨立的智慧財產權法典，[28]為智慧財產權提供保障。

---

[26] WIPO, "Members' Profiles", *http://www.wipo.int/wipolex/en/national.jsp*, Browse date: 2017.06.18

[27] Peter Drahos and Braithwaite John, "Three tests of US trade policy on intellectual property rights", *http://www.nthposition.com/threetestsofustrade.php*, Browse date: 2003.7.

[28] Intellectual Property Committee, Keizai Dantai Rengōkai, UNICE., *Basic Framework of GATT Provisions on Intellectual Property: Statement of Views of the European, Japanese and United States Business Communities.* pp.1-196, 1988.

烏拉圭回合近七年的談判期間，美國、歐盟、日本等工業化國家，逐漸形成泛智慧財產權保護的陣營。其接連指出「世界智慧財產權組織」的管理成效，已不敷智慧財產權國際體系的需求。意指就貿易領域來說，國際智慧財產權的管理方式，恐有青黃不接之嫌。其中指出國際仿冒商品日益猖獗，缺乏法律有效管理，遏止大批山寨貨物流竄市面，增加國際經貿關係的緊張。故主張將智慧財產權，納入GATT協定議題討論，以資作出有力的保護。1986年烏拉圭回合談判初始階段時，已開發國家認為導致「非關稅貿易障礙」問題的相關「智慧財產權」保護議題，應該列為討論與立法規範的範疇，始能達到公平的自由貿易目標。開發中國家以及低度開發國家的觀點則認為應優先處理自由貿易及降低關稅的議題，不必再擴大及於其他議題。反對意見則認為，智慧財產權保護制度，若沒有完整的配套，對多數科技弱勢的中低度發展國家來說，反而不是保護而是阻礙科技弱勢國家的經濟發展，更加不利弱勢國家；造成的是，南北國家貧富落差的擴大。是故，不支持新闢智慧財產權保護議題，納入多邊貿易談判體系。

　　在1990年，TRIPS協定工作組成員之間的全面談判正式展開，並產生了5個不同的草案檔，它們分別來自美國、歐盟、日本、瑞士以及由14個開發中國家組成的集團，[29]1990年11月22日，GATT的智慧財產權工作組提出了第一份協定草案。其中，許多問題仍有待解決，包括醫藥品的專利保護，強制授權制度，

---

[29] Terence P. Stewart, *GATT Uruguay Round: A Negotiating History 1986-1994* (Berlin: Springer Netherlands Press, 1993), pp. 501-43.

商業祕密，版權以及過渡安排等等，[30]已開發國家與開發中及低度開發國家圍繞藥品專利問題發生的分歧，是當時談判面臨的最大的困難之一。WTO貿易與智慧財產權組幹事Adrian Otten就曾強調：「藥品專利既是整個談判中的核心問題之也是南北兩個集團之間談判的核心問題。」如果不為包括藥品在內的幾乎所有技術領域提供20年的專利保護，就不可能產生TRIPS協定，而如果沒有TRIPS協定，烏拉圭談判似乎也無法成功。

這個分歧的觀點最後在1994年以妥協的方式達成協議，即在WTO的架構下加入TRIPS協定，並要求各會員國應制定或修改其國內法至符合該協定之標準，開發中國家以及低度開發國家則提供過渡期條款，允許他們的智慧財產，在其他國家享有該國家符合WTO／TRIPS標準的保護，但自己國家的智慧財產權法可以有一段過渡期間，在未來11年才須符合國際標準，也就是2006年1月1日屆滿為止。最終協定結果是，與貿易有關之智慧財產權協定（Agreement on Trade-related Aspects of Intellectual Property Rights，簡稱TRIPS協定）於1995年1月1日與WTO同步生效。

二、GATT之後智慧財產權的轉變

TRIPS協定中智慧財產制度的首要特色，在於對貿易的智慧財產權設定了一套「最低保護標準」，藉此要求WTO會員國應將自身的國內法律，提升至TRIPS協定各項要求的保護水準。諸

---

[30] Terence P. Stewart, GATT Uruguay Round: A Negotiating History 1986-1994 (Berlin: Springer Netherlands Press, 1993), pp. 478-89.

如，要求會員國之國內法，給予專利權人之智慧財產保障期限，至少必須是20年起。對於著作權人之智慧財產保障時間，則為不能低於終身再加上50年的智財保護期限。

其實在TRIPS協定制定之前，國際社會已在WIPO架構下維持一套相當完備的國際智慧財產權保護規則，但仍需啟動談判將智慧財產權納入WTO體制的原因在於政治因素。TRIPS協定是已開發國家成員和開發中國家談判妥協的結果。關於烏拉圭回合中智慧財產權談判產生的背景原因可歸納為以下幾項：

第一、烏拉圭回合談判前智慧財產權保護存在「參與度不足」的問題。雖然，世界智慧財產權組織，在智慧財產保護工作上向來不遺餘力，且發揮一定的管製作用，但仍無法滿足已開發國家的政治經濟需求。因為世界智慧財產權組織的各種公約或條約的「締約國數量都有限」，導致這些條約和公約的法律約束力缺乏普遍性，如關於工業品的外觀設計，商標的國際註冊等，僅有20-30個締約國；且有些重要已開發國家認為WIPO的許多條約對智慧財產權的保護缺乏一致性標準，規則和條約義務制訂也不嚴謹。

第二、烏拉圭回合談判前智慧財產權保護存在「涵蓋項目不足」的問題。這些智慧財產權公約締約時間較早，涵蓋範圍有限，很難對已開發國家中許多新的發明創造如機體電路，生物技術，電子軟體，新研發藥品，新形式的影視（影音）平臺等發明起到確切有效的保護作用。

第三、烏拉圭回合談判前智慧財產權保護存在「強制力不足」的問題。WIPO及其條約都缺乏強制其締約國遵守、履行條

約的機制，各國法律和實踐對智慧財產權的保護標準不一致，尤其是已開發國家和開發中國家之間的差異更大。這和當今世界科技和經濟的發展情況並無不同。科學技術發達的國家與經濟繁榮的國家有著高度的重疊性，且都是擁有智慧財產權數量領先的國家，一個國家如果擁有較多高水準的智慧財產權規範，不僅有利於提高本國的技術水準，促進本國的經濟發展，而且還能增加本國的無形貿易出口收入。

第四、烏拉圭回合談判前智慧財產權保護受「美國化」的影響。「國際智慧財產權保護」，其實最初緣由來自「美國智慧財產權保護」政策。美國作為智慧財產權主要所有者和輸出者的角色，強勢要求開發中國家提高智慧財產權保護標準，以防止國際貿易中美國智慧財產權被侵犯。因此，美國希望透過進一步加強智慧財產權的國際保護，促使開發中國家提高智慧財產權國內法的保護標準。第二次世界大戰後，美國成為科技發展水準最高的國家，其經濟發展已不是依賴農業和製造業等傳統產業，所以成為最依賴於通過智慧財產權的保護來促進保障其經濟的國家。

智慧財產權在烏拉圭回合談判中是所謂的新議題之一，當時由於經濟活動全球化增加，來自工業化經濟與跨國公司對保護智慧財產權的要求日增，但卻僅有世界智慧財產權組織（WIPO）負責與專利相關的協定與管理。但WIPO之權責並未凌駕簽訂協定會員國之權力，而允許各會員國「自行決定」專利保護實施範圍。例如在當時有許多國家並未將藥物列入保護範圍，因此國際間缺乏一個能夠強制執行的權力機構。顯而易見的，此時極需一個強而有力的組織進行管理。特別是，適逢GATT開始朝往發展

成WTO的過渡期間，各會員國即已完成TRIPS協定，其成為智慧財產權領域中範圍最廣泛，且具有強制約束的國際協定。[31]

烏拉圭回合談判帶來了WTO的成立結果，實際上，卻是坐實了GATT在國際經貿關係上的舉足輕重，GATT締約方們也因為WTO之故，名正言順取得法制化與國際組織的地位，WTO成員們，不再以非國家身分的地位從事貿易談判。而從GATT走向WTO的過程同時也提供了一個機會，重新評估這個在布列敦森林體系下設立了近五十年的姐妹國際實體機構的成就和不足之處。最重要的是，WTO爭端調解機制的仲裁約束力，被賦予高過GATT的約束程度。WTO爭端調解機制設計的合法報復措施，將對各會員國更具約束力作用。因此，當時預期將有利於WTO督促執行相關的各項國際貿易規範。TRIPS在1995年1月1日與WTO同時生效，成為WTO規範下的一環，各會員國在修改相關智慧財產權法條時的「最高」遵循指標，所有會員國必須共同遵守。

早期的智慧財產權公約往往發起國不多，影響力也不大，影響的範圍也相對較小。例如，1883年簽訂的《巴黎公約》，當時只有11個國家，且大多集中在歐洲。這種開放性的各國自願加入的多邊公約的性質，決定了早期智慧財產權公約在適用地域範圍上開始不可能很廣，這樣的自發性公約型式容易受到世界政治，以及經濟發展的不平衡和全球化浪潮等客觀條件制約了這些公約的影響。相反的，TRIPS的狀況就大不相同。WTO成員一開始就包括了世界上絕大多數國家，沒有加入的國家佔很少數。且沒有

---

[31] 江素慧、黃文鴻編，《全球化與公共衛生》（臺北：巨流，2006），頁125-126。

加入WTO的國家和地區，一旦成為WTO會員國就必須受TRIPS的約束，其適用的地域範圍廣度，約束的國家數量，都是以往的智慧財產權公約所無法比擬的。

TRIPS協定是在已開發國家的極力推動之下達成的，其體現和代表的主要是已開發國家的利益，對於經濟、科學技術相對落後的開發中國家來說，接受TRIPS協定是被動選擇。TRIPS協定以前的公約大多是開放型的，是否加入由各國自主決定，不參加某個公約只會影響到別國對本國智慧財產權的保護，對貿易並無影響。所以，即便WIPO仍不斷推行智慧財產權，可以獲得各國承諾的支持與生效，但簽署其管理條約的國家成長數目依舊有限。

但是，隨著WTO介入智慧財產權保護領域，這種狀況發生了變化。其主因在於，受到經濟全球化發展影響，各國很難拒絕加入WTO，抗拒融入世界經濟的趨勢；然而，一經加入WTO，成為WTO會員國後，則須承擔WTO協定所賦予的各項權利與義務，WTO協定對會員國賦予之義務。整體而言，WT會員國就必須恪遵WTO規範。雖然有些國家將國際協定視為國內法而直接加以適用，但多數國家就WTO協定所規範之內容，均視為非自動執行（non-self-executing）協定條款，須透過國內法之製訂或增刪，符合並忠實執行WTO協定所規範責任義務。

此義務包括接受TRIPS協定在內的所有項下協議。例如，TRIPS協定明確規定，所有成員必須遵守《巴黎公約》、《尼泊爾公約》、《羅馬公約》的條款。所以，WTO會員國除了要接受TRIPS協定的內容，同時還必須概括承擔，相關智慧財產權保護的國際協定的義務內容。只要是WTO的成員無論之前是否加入上

述四個條約，都必須遵守其相關規定。[32]WTO之協定及其附屬協定並不僅限於關稅方面，若以TRIPS相較WTO的貿易協定及服務協定，不難發現，其中最大的不同之處，在於TRIPS不僅是作出原則性政策的協議，還更進一步明確化，提出相關的細項標準。

　　事實上，WTO會員國對於造成貿易公平問題的因素，其實是千頭萬緒。關稅障礙因素，原料進出口問題、貨幣調控、勞安、環境等議題，皆與貿易公平問題息息相關，智慧財產權保護，不過是一個必要環節，而非立即必要的環節。但在貿易實況中，智慧財產權商貨的輸出國，多為已開發國家（developed country）；智慧財產權商貨的輸入國，多為低度開發國家（leasted-developing country）的發展傾向越來越顯著。然而，TRIPS雖表明有對接各國際智慧財產協定基礎，且在此基礎上作強化規範的動作。但是，TRIPS具體的運作，則是對WTO成員國家們，不問各國際智慧財產協定對其成員國家的待遇差別，採取一致性而傾向齊頭式的作法。但這處理方式未能處理開發中國家與已開發國家因經濟發展程度落差，在TRIPS架構下衍伸出的問題。

第六節　TRIPS藥品強制授權的問題焦點

　　就WHO的統計資料庫觀察，無可否認TRIPS架構的建立煞費苦心且立意良善。但實施多年後，卻造成對開發中國家疾病控制形成反效果。是故，關注到藥品強制授權，在自由貿易權利與公

---

[32] 田曼莉，《開發中國家實施TRIPS協定研究》（北京：法律出版社，2012），頁53。

平貿易利用的權衡輕重，似乎攸關開發中國家疾病防治與管制的成效。其次是，第三十一條修正案從2001年底，在WTO第四屆的杜哈回合通過《TRIPS協定與公眾健康宣言》至2017年1月23日成為通過的議案，全程歷時14年，已開發國家立場的轉變，如何造成中間不同時期的談判結果走向，值得我們去探討研究。

因為，若依據TRIPS協定第三十一條f款規定，有能力製造「學名藥」的出口會員，「得」免除只能主要供給於會員國內需求之義務，讓欠缺製藥能力之國家，亦可透過進口方式取得經強制授權所製造之藥品，而不違反TRIPS協定規範。但至2018年底之統計，目前全世界最致命的三種傳染病瘧疾（Malaria）、愛滋病（HIV／AIDS）和結核病（Tuberculosis），在非洲地區依然是全世界愛滋病死亡率最高、新生感染人數最多之地區，是否TRIPS修正案在實施過程中法規，仍一直有不完善之處存在？為何經過多次磋商回合，WTO與各會員國仍舊無法促成共識？之中存在哪些發展困境與推展挑戰？

其二，「TRIPS第三十一條修正案作為研究核心」，經過相關文獻、法規分析，強制授權的失敗受到哪些不同國家、不同經濟發展程度的國際、國內因素導致？而TRIPS第三十一條修正案實施後又會帶來哪些影響？並設定「第三世界國家」為焦點研究對象，觀察其在歷次修正會議的參與程度、立場及態度，藉此研究並分析有哪些因素會受到強權國家的政策影響。再者，TRIPS協定第三十一條之一修正案（Article 31bis），於2017年1月23日正式生效後，此修正案的實施已排除先前強制授權之藥品無法「出口」到開發中國家的障礙，但開發中國家，特別是南撒哈拉

沙漠地區能否因第三十一條之一（Article 31 bis）修正案實施而取得所需藥品？未來是否還存在其他影響因素？理應探究分明。

特別是，2017年是TRIPS協定成立22年來，最具有突破性改變的一年，TRIPS在1995年1月1日與WTO同步生效時，加入的國家並不多，TRIPS協定第六十五及六十六條特別允許開發中國家，有權延緩相關義務之履行至2000年才生效，少數低度開發國家在後來的協商談判中可延至2016年才履行TRIPS之義務。因不同經濟層次的國家加入該協定的時程有極大時間落差，所以履行TRIPS的問題就需不斷的修正與討論。

是故，從TRIPS實行的經驗歷程，我們發現TRIPS影響國家疾病控制的動態，值得檢視的國際政治經濟問題。首先是，2017年通過的TRIPS協定第三十一條之一（Article 31 bis）修正案是對強制授權的擴大解釋，並針對開發中國家、最不發達國家給予更明確的申請規範。開發中國家也對於該修正案有極大期待，對於該修正案提出的前期原因，及後續成效是本研究首要瞭解的研究問題。因此，本書將以開發中國家傳染性藥品取得為探究實例，分別從國內政治（如：領導者的觀點、專利藥廠的立場）及國際政治〔如：FTA的成立（TRIPS-plus）、新古典現實主義的外交現勢〕角度觀察，分析國家與TRIPS議題連結時的角色及影響。

再者，欲瞭解TRIPS協定第三十一條之一案的修正意義，必須觀察分析為何WTO與各國在歷經多次努力後，開發中國家與已開發國家之間仍難達成共識，這其中遭受哪些困境與挑戰？此外，是否能藉由這些研究觀察中，理解開發中國家合作策略與思維？此部分將結合已開發與開發中國家的回應，與不同談判時期

彼此互動中去研究。藉此觀察並分析哪些因素會成為談判成功的關鍵。

最後是，將開發中國家作為研究對象的核心，但對照角色是同時具有「已開發國家」、「超級強權」及「專利輸出最大國」之性質聚合於一身的美國，其對智慧財產權政策，所持之立場歷程的轉變，受到哪些國內外壓力因素的影響。而美國的態度對TRIPS協定第三十一條之一修正案，又會造成哪些作用。因此，本研究將以「美國」作對探究對象，同時蒐集加拿大、歐洲地區、泰國、巴西、印度對開發中國家強制授權取得藥品態度做研究對照，觀察其在WTO貿易談判立場及態度。

第七節　TRIPS修正案的研究途徑、架構及流程

一、研究途徑

本書的研究核心主題為探討TRIPS第三十一條之一修正案對開發中國家影響之議題。將以「新古典現實主義」為本書理論核心，其認為國際體系的位置，國家是對外政策的首要驅動因素。國際體系既不像攻勢現實主義，所描述的霍布斯式的關係，也不像守勢現實主義認為的平衡。因為，處於無政府狀態中的國家，不容易從國際體系中，綜觀出自己的全貌，國家只能根據自己的主觀經驗，進而去解釋充滿各種不確定性的國際政治現實。

「新古典現實主義」結合TRIPS議題分析，其研究途徑將聚

焦在三大討論範疇：

（一）新古典現實主義結合「傳統現實主義」與「新現實主義」之概念說明國家的動機會隨經濟、外交等現狀而改變。

（二）霸權國家可以解釋世界秩序，霸權強國如果滿意現狀（經濟利益分配），就會維持現狀；倘若不滿意現狀，則採取政策行動，以達權力平衡。

（三）分析由已開發國家（美國）主導之WTO架構對開發中國家產生之代價。

第二、新自由主義反對國家的干預，支持私有化，強調完全自由市場的機制並不符合當今國際政治經濟的脈絡走向。

第三、新古典現實主義補足了構建主義沒有正視的權力和利益等變項。

本書透過當代的國際關係理論分別從霸權國家權力運用的觀點、跨國公司經濟利益的觀點以及國際合作，經濟全球化的觀點來針對TRIPS條款作分析。在經濟全球化的過程，霸權國家是不可避免的角色，在國際協調和合作機制發展的同時，強權政治和霸權主義仍然以各種形式，對開發中國家的主權和安全造成新的衝擊與挑戰，影響經濟全球化的平穩發展。[33]

TRIPS在1995年與WTO同時生效，該協定第三十一條之一的修訂。主要是TRIPS推行後，發現中低度開發國家製藥能力欠缺，而無法透過既有的專利藥品強制授權設計，加以解決中低

---

[33] 馮特君 主編，《當代世界政治經濟與國際關係》（北京：中國人民大學，2000），頁71。

度開發國家國內，所遭遇到的瘧疾、愛滋病、肺結核公共衛生危機。雖然，WTO於2001年曾公開「TRIPS協定與公共衛生宣言」，對各國倡議化解中低度開發國家的用藥難題。並於2005年通過，增修TRIPS協定第三十一條之一的規範，同意許諾將強制授權的專利藥品，可以合法的輸入到製藥能力欠缺的會員國。但同時也要求各進出藥品的會員國，必須確保藥品的輸出入，應合乎公共衛生之目的，避免藥品因為再出口、未依規範進口以及轉銷等問題，造成貿易扭曲。雖然，WTO此舉有改善強制授權的設計，但相關的國際公共衛生組織，仍指出公共衛生危機的問題，到底WTO仍必須面對中低度開發國家如何透過強制授權，促使製藥業友善轉移技術，建構中低度開發國家的製藥能力。

是故，在研究主題上，以TRIPS第三十一條之一修正案為研究核心，並觀察其一系列修訂過程對開發中國家、已開發國家的影響。雖然WTO成立之前有相關智慧財產權組織、公約等規範著世界上與智慧財產權有關之事務。但TRIPS仍是目前，最具約束力的國際智慧財產權公約，因此不可不重視。此外亦針對美國、加拿大、歐洲地區、泰國、巴西、印度等國家來做一個比較，說明貧窮的開發中國家與富裕的已開發國家在面對藥品議題時貿易政策的不同。此外在強制授權的例外條款當中，被授權國與授權國的差異地位產生的不平等性也是本書分析的重點。

二、研究架構

　　歸納涉及國際智慧財產權變遷的學理基礎，以國際行為者
（Agent）的動態性作標準來檢視，主要可以將國際關係理論，
區分為以「利益互動」為導向的新自由主義（neoliberalism）、[34]
以行為「主觀互動」為導向的建構主義（constructivism）、[35]及
以出發自「權力觀念」為導向的新古典現實主義（Neoclassical
Realism）。[36]藉由三者的研究觀點，來對TRIPS協定第三十一條
之一修正案發展，設計與建立起研究架構，以利分析TRIPS協定
下的藥品專利權會從自由貿易的保護發展，轉向往第三十一條之
一修正歷程的發展，使得藥品專利權，未來將受到強制授權規
範，讓專利原廠藥轉為學名藥投向市場競爭。

　　新自由主義（neoliberalism）認為TRIPS協定可以持續運作，
主要來自藥品專利權，對於已開發國家行為者來說，有可觀的經
濟利益，在有利可圖的驅使下，行為往往會選擇自由貿易的「保
障」，維繫藥品專利經濟好處不失，支持反對國家對藥品專利權
的干預。因此，就新自由主義觀點，看TRIPS協定的發展，藥品
專利權保護制度之所以可以「常存」，主要是因已開發國家的行
為者們，前仆後繼尋求持續獲利的選擇行為，選擇行為不斷強化

---

[34] 夏傳位，〈新自由主義是什麼？三種理論觀點的比較研究〉，《台灣社會學》，
第27期（2014.6），頁157-159。
[35] 袁易，〈對於有關國家身份與利益分析之批判：以國際防擴散建制為例〉，《美
歐季刊》，第15卷第2期（2000.3），頁268。
[36] 廖舜右、蔡松伯，〈新古典現實主義與外交政策分析的再連結〉，《問題與研
究》，第65期（2013.9），頁49-52。

原廠藥保護制度，不願放手藥品專利權的獲利，而有了規律的保障藥品專利權行為。但新自由主義並無法解釋，這些多數利之所趨的行為者，為何會冒出違背自己經濟利益的念頭，對自己選擇保障藥品專利權利益的行為產生顧忌，而不再規律出現保障藥品專利權的行為。

　　就建構主義來看TRIPS協定第三十一條之一修正案，認為修正案的通過，主要根據來自「主觀互動」的經驗所導致。對於已開發國家行為者來說，若認識到事物的不同，知覺情勢之所趨，行為不會一直汲營於自由貿易保障。行為能透過主觀學習，獲取不同的事物認識，建構不同於以往的主觀經驗，而對藥品專利經濟的善惡得失，帶來想法改觀，進而在行為轉向支持國家對藥品專利權採取干預。所以，依循建構主義「人行為的複雜，反映身處環境之複雜」的觀點，來看TRIPS協定的發展，藥品專利權保護制度的規律性所以會「生變」，主要是因已開發國家的行為者們，基於豐富的閱歷學思所致，而有改變保障藥品專利權現況的念頭與行為出現。不過建構主義仍無法說明，主觀經驗受藥品專利權保障利益常年薰陶的已開發國家，促使其「改觀」支持修正案通過的因素何在，何時又能讓他們付諸實行改觀後的行動。由於建構主義所謂的「主觀互動」，其學習反思機制的動態，往往受到學習客體所引導，長期下來多少有著前事不忘、後事之師的思路。

　　是故，面對不可知的未來時局，行為者主觀縱使有了新見地也未必去作，卻也無動於衷。作了也未必令人心照神交，凝聚共識落實行動。事實上，更可能思索自身行動之後，會不會造成

對方的壓力，而對主觀互動造成適得其反，徒生投鼠忌器的心理狀態。雖然，建構主義解釋行為者對事物產生「改觀」的主要理由，在於行為者擁有學習反思機制，對事物會有自建（self-organizing）作用，彷彿行為者透過類似「格物」便能夠「致知」的模式思維。那些沉迷藥品專利權保護的行為者，對專利權事物的思維，無論有來由或沒來由，都可以在學習反思機制，「自發明白」領悟，而對事物認知產生「改觀」。建構主義形同一個自證預言（self-fulfilling prophecy）的過程，[37]而形成學習反思機制，行為者能經過反求諸己的方式，同時達到改變認知形成，或形成認知改變，有著既因且果的循環論證關係。所以，建構主義無法進一步說明，原是多數支持保障藥品專利權的已開發國家，對自身既存的學習反思機制，已開發國家因何及何時會豁然生起「改觀」的主意，在理論上明白指出主觀認知改變的時機與造成認知改觀的具體因素，接受違反自身主觀互動經驗的矛盾，轉投支持TRIPS協定第三十一條之一修正案通過。

為了尋求解決TRIPS協定發展於「常存」與「生變」的學理問題，選擇透過以「權力觀念」為導向的新古典現實主義，連結建構主義與新自由主義之間，在TRIPS協定發展所產生「常存」與「生變」的矛盾隔閡中補充解釋。來對第三十一條之一修正案的分歧意見作分析，建立一個「常數中存變數、變數中有常數」的研究架構，近而解釋為何已經行之有年的保障藥品專利權，

---

[37] Alexander wendt, "identity and structural change in international politics", in Yosef Lapid and Fri edrich Kratochwil .eds, *The Return of Culture and Identity in IR*. (London:Boulder, 1995), pp.229-237.

會在2017年產生強制授權的變動。就新古典現實主義的「權力觀念」來看，TRIPS協定發展。認為其中智慧財產權保護，雖然是依法授予權益保障，但實則帶有壟斷性質的專有權力，在一定時間和產品範圍內，阻絕市場競爭挑戰。

是故，就權力來說，如果權衡得不好，甚至導致嚴重失衡，就會造成負面效果。另外，由於擁有專利這種獨占權往往使跨國企業，可在某一特定市場上形成價格壟斷或者銷售支配地位。如果有關企業的壟斷地位或者支配地位被用來實施反競爭的行為，通過不正當地拒絕許可他人使用智慧財產權，以消除或減少自己在特定市場上的競爭對象。或在許可他人利用其專利權的過程中，附加了某種限制正常競爭的條款，以獲取壟斷利益等行為。所以，新古典現實主義來說，印度等開發中國家，透過了權力的論述，形成與論壓力，規訓行為觀念帶來改變。再者，已開發國家行為者，若對與論壓力無動於衷，則可加諸結合經貿與政治的對外政策，來刺激已開發國家行為者，正視調解分歧意見的重要性，聚合新觀念落實行動，產生知行合一的作為。所以對新古典現實主義而言，TRIPS第三十一條之一修正案的產生，即是在「權力觀念」互動下，打破壟斷原則的刻板觀念，而給予開發中國家強制授權條例。

本書的論述架構如下：

首先，在新古典現實主義為主軸的核心前提下，本研究探討：（一）TRIPS協定下藥品專利保護的利與弊；（二）開發中國家與「特殊及差別待遇」；（三）強制授權的形成等三個影響因素作分析。

其次，為了論證此分析架構的實施成效因素，故於後檢視美國、加拿大、歐洲地區、泰國、巴西、印度等國家強制授權實施情形。同時，也利用這些國家案例來驗證新古典現實主義的國際關係解釋。最後，透過本論文的研究將能深入瞭解TRIPS第三十一條之一修正案的歷史脈絡與產生因素，並且發掘新的研究議題（圖1-1）。

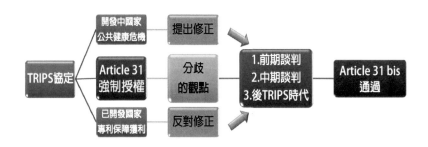

圖1-1　研究架構圖（資料來源：作者自行繪製）

三、研究流程

TRIPS條款屬於全世界國家皆涉及的議題，範圍相當之浩瀚。唯研究寫作付梓仍由不得，達到上窮碧落下黃泉之境界，僅能盡致歸納相關TRIPS條款修正案與當代國際關係理論之書籍、政府單位的出版品、研究機構的調查報告、學術期刊、新聞報導、網站資料、政府組織及非政府組織資料，第三世界國家愛滋病傳染情況、所需藥品取得情況等現有文獻進行系統性的分析。期望能從其中整合出第三世界國家所需藥品價格高昂的問題癥結與

TRIPS協定第三十一條之一修正案為何短期內無法解決開發中國家無法平等取得所需藥品之問題，祈盼讀者諒察。

　　是故，在研究時間點上，本研究鎖定TRIPS的生效日，1995年1月1日為研究時間起點，至WTO祕書長Roberto Azevedo於2017年1月23日召開TRIPS理事會臨時會議，宣布TRIPS協定第三十一條之一（Article 31bis）修正案，已達到WTO 2/3會員接受書門檻，於2017年1月23日正式生效迄今。本書在文獻與資料的收集上有特地著重於最近幾年較新的數據資料統計，但是礙於收集資料的有限，且有關第三世界國家藥品價格問題所涉及的議題相當的廣泛，控制疾病的各種行為體互動其實包含國際制度、IGO、NGO、已開發國家、低度開發國家等因素。

　　在此本書只針對WTO架構下因TRIPS條款的實施，開發中國家與已開發國家之間的結構關係導致第三十一條之一修正案實施成效不佳來做比較探討。本書主軸以「TRIPS緣起」作為研究起點，觀察並研究「專利主要輸出國家」及「被動接受專利輸入國家」對其議題的回應。其中，本書將緊扣「開發中國家與特殊及差別待遇」及「國際健康人權」制定背景原因與「藥品專利保護造成的公共健康」現狀產生的矛盾做進一步探討分析。

第二章
TRIPS協定的變化：
國際關係理論視角的觀察

第一節　當前的世界經濟與政治

　　當前世界政治與經濟的動態，深受國際體系合縱連橫。其形成的外交結果是，對世界市場要求，必須滿足「自由貿易」。力促自由貿易實現，更是已開發國家在談判桌上，為了站穩自身陣腳爭取好處，頻繁引用且司空見慣的訴求。然而，TRIPS的修正案，讓偏重自由貿易發展的藥品市場協定，出現了革新性的變例。

　　2017年TRIPS第三十一條之一修正案的實施，讓強調藥品專利權益的自由貿易國，不再僵持愛滋藥品專利的維護。世界藥品市場的運作規則，因開發中國家們的群策群力，轉圜已開發國家對自由貿易的堅持。世界市場增添了一筆，促成「平等貿易」的實例。愛滋病氾濫的開發中國家們，於充斥自由貿易的愛滋藥品市場中，消除愛滋病藥品專利權，帶給他們在醫療人權上，所受的差別待遇困境。

　　以「自由貿易」為常態的世界藥品市場，向來對藥品專利權大力維護。開發中國家藉由TRIPS第三十一條之一的修正，改變了

自由貿易國對愛滋藥品專利的看法，促成自由貿易市場，體現少見的「平等貿易」。愛滋藥品平等貿易協定讓昂貴的愛滋治療藥物，轉向了平等貿易發展，有機會平價惠人。

自由貿易的藥品專利權談判，開發中國家能成功對TRIPS第三十一條之一帶來修正的契機。這說明了下列四個國際體系的基本義涵，為何能讓藥品專利權，在自由貿易規律暢行的國際體系，能夠有機會產生一個不同以往的局變結果：第一，國際體系的本質趨於模糊而沒有確定性，國與國之間是在一個無政府的狀態，帶來一種未定型的局勢。多數國家主要仍需要，以主觀經驗和認知，解讀沒有定數的國際政治現實構成。國與國之間是走向衝突，抑或是走向合作，必要端詳具體的條件而定。亦即不斷琢磨推敲，特定時期國家的關係，以及外交政策動向，總結出對自身國家居中的輕重權衡，最後自渡迷津。

第二，處在國際體系互動，曖昧未清的國際社會成員，成員之中沒有一個化零為整的統治權力。在無政府狀態的不確定環境下，國際社會成員會塑造有益於實現自身好處的環境條件。國際社會中的國家，自然是舉足有輕重的成員之一。是故，國家會以佔進獲益地位作為目標，依其所能採取各種不同的政策。像是國家大戰略、結盟偏好、軍事政策、危機處理等對外政策的策略。

不過，一個國家要祭出對外政策的前後，對外政策的外部環境，也會受國內因素影響。對外政策均可能因為國內團體施壓，而影響國家對外行為的動向。換句話說，對外政策實踐的過程，國家一方面得調合國際社會關係隱晦未定的處境；一方面得承受

政策外部環境中，國內團體施予的壓力，以及壓力爆發的代價，拿捏對外政策的分寸。

第三，國家思量國際決策，沒有近憂必有遠慮，對外政策凡事得掂量，國內外情勢的風向。且事事無常的國際社會，對外政策的過於不及，都不足成事。是故，經濟強權國家更有可能棄捨對爭議地區的控制，再經由簽訂自由貿易協定等方式加以應對，避免整體經濟事務推展，因過當的外交動作引發風波，翻擾原本就濁清不明的國際現狀。且若有節外生枝將愈加難越難，料想國際社會未來走向，反而壞了國家想盤算的好事。相反的，對國際既存現狀發動挑戰，若是一個貫徹帝國主義國家，採用武力機會就會高一點。也就是說，帝國主義國家的對外政策，動武是一個主觀必要的方案選項，而非是一個最終客觀備案選項。

第四，國家對外政策的成形，固然有其主觀經驗給定的方案偏好，但仍得呼應國內因素構成的聚合壓力。因此，同一時間點下，對外政策的方案，並非一成不變，仍不斷有所更迭，或生成新選項，反映國家並不是單一理性的實體，而係不必然理性的聚合實體。是故，總體實力相當的國家，其對外政策的決策行為，會由於眼前看到政治結構之不同，其相關的對外行為亦可能有所不同展現。也就是說，一國對外政策的認知，不僅受到國際體系權力分配影響，也受到國內因素的時間壓力所影響，決策不能不去思維福禍相隨的問題。因此，對外政策的成形與決策行為，若沒有分析國內政治過程，而僅依憑國際體系權力結構的分配，無法理解評估國家的行動。所以，只有通過多層次的分析，才能完整有效地解析對外政策行為。

第二節 國際關係主流三大理論的檢視

　　TRIPS第三十一條之一修正的結果，係受到國際社會、國際體系、國內政治三個層次交相作用所生的結果。是故，透過檢視三個層次互動過程的國際關係學理依據，讓我們能理解置身在眾國之中的國家是如何，確立自身在國際互動中的位置（position），折衝樽俎自由貿易與公平貿易問題，最後促成藥品專利強制授權通過。因此，有必要了解現今國際關係三大理論「現實主義」、「自由主義」及「建構主義」的背景與發展，以利掌握目前解讀國際關係互動的脈絡與義涵。

　　國際關係研究最初主要始於一般政治現象的研究，它構成政治學研究的獨特領域。蘇格拉底、柏拉圖、亞里士多德等西方政治學家在他們的經典著作中，都論述了希臘城邦關係，他們的人性論、正義論和國家觀都對往後的國際關係研究，產生了淵遠流長的影響，啟發後人對於國際關係的哲學觀點。不過，古希臘的城邦互動觀，距離現今的國際關係互動觀，仍有所不同；追求形而上的城邦哲學思想，國際關係重視國家實然面的觀念，兩者之間存在著迥然不同的時代精神。直至法國布丹（Jean Bodin）提出主權理論，才有了現代所謂「國家」概念的雛形。

　　西方國際關係學理淵源中，有關國家理論的直接源泉，學術領域普遍認為，係來自近代西方政治思想家布丹（Jean Bodin）的主權（sovereignty）理論，其代表作《國家六論》，與霍布斯等人同為西方絕對君主制理論的集大成者。布丹因而被視為政治

科學之父，他建構了國際關係學的基礎，其不斷完善的國家主權學說，成為了現代國家以及世界民族國家體制的理論支柱。布丹認為主權是「在臣民之上，不受法律節制的最高權力」。主權擁有者，除了上帝的旨意和自然法之外，任何人的法律都可不必遵守，因為法律是由主權所創造的。主權擁有者不必然是君主，也能是國會。布丹的國家主權概念，包含了有設立官署和規定其職務的權力、立法和廢法的權力、宣戰與媾和的權力、接受請願的權力、生殺之權力等。[38]

荷蘭學者格勞秀斯（Hugo Grotius）則豐富了布丹的主權理論。他將主權分為對內主權（國內最高統治權）與對外主權（對外獨立權），並從國際關係的角度確認主權國家是國際活動的主體，本書的主要分析單位也是主權國家的概念。格勞秀斯的主要貢獻是系統闡述國際法理論，國際法是各國共同訂立的，有約束力的國際規範，用以調整國際關係，維持正常的國際秩序。

格勞秀斯在海洋法與國際合作方面主張公海是可以自由航行的，為荷蘭突破西班牙和英國對海權的壟斷提供理論基礎（《海洋自由論》）。他確立了主權國家的國際法主體地位。以格勞秀斯為代表的近代國際法理論及其實踐奠定了國際關係和國際法的基本準則：主權平等，領土完整，國家獨立，互不侵犯，不干涉內政，和平解決國際爭端等重要原則。

格老秀斯認為即便沒有上帝，或即便有上帝人間之物與其無關，自然法也行之有效，他引用很多古代文明（希臘、羅馬、猶

---

[38] Frederick Copleston, *A History of Philosophy* (New York: Doubleday, 1953, 1993), 3:325.

太等）神學家、歷史學家、詩人、修辭家與聖經的例子，證明許多事情是「萬民同意」的人性。這種方法論本於亞裡斯多德「自然的本質，應從優良的事物中，而非從腐爛的事物中尋找。」[39]

近代國際法理論是西方國際關係學的理論淵源之一。在近代西方政治思想的傳承中，西方國際關係主要是沿著理想主義與現實主義兩大思想路徑發展而來的。這兩大思想流派有一個共同點：它們都根植於人性論之中，從人性的善惡去分析個人與個人之間，國家與國家之間的關係。由於對人性的不同解釋，引申出兩種不同的思維方式和政治主張，而人性本惡的影響更為深遠，它強調人的生存慾望會轉化為獲取權力的意志和擴張慾望，因此，國家間的敵視，衝突和戰爭是無法避免的。從人性本惡論引申出來的「權力論」成為西方國際關係理論的主流觀點。[40]

理想主義學派認為各個共和體制的國家結成國家聯盟和世界公民權利的觀念，是構成永久和平的必要條件。國家法，國際法和世界法，以及國家間締結的公約是永久和平的保障，只有在法的基礎上才能使政治與道德結合起來，實現合理的制度和世界的永久和平。康得（Kant）在《論永久和平》等著作中從哲學高度深入分析後認為人類向善，自然演進，政治與道德合一等三大法則是根絕戰爭的充分條件。儘管後來康得逐漸感覺到永久和平難以實現，但仍要努力去建立一種國際關係，是不斷接近永久和平的狀態。康得的哲學思想代表了理想主義的最高理想和目標。

---

[39] Richard Cox, *Hugo Grotius*, in Leo Strauss and Joseph Cropsey, eds., *History of Political Philosophy* (University of Chicago Press, 1963), PP.344-53.

[40] 俞正樑，《國際關係與全球政治》（上海：復旦大學出版社，2007），44-52頁。

現實主義者以國家利益，權力平衡為思想主軸，馬基維利（Machiavelli）所著《君主論》一書提出了現實主義的政治理論，其核心特徵是重視權力，利益衝突的政治觀以及對人性的悲觀理解。馬基維利認為人性充滿邪惡、自私，會不斷追求權力、名譽與財富。由於人心貪婪、反覆無常、會奪取利益，為了防止人類無休止的爭鬥，國家才應運而生。所以馬基維利認為政治與道德是分離的，他把國家視為純粹的權力組織，統治者只應考慮結果是否有利而無需考慮手段過程。而且無論在任何時候，都不要容忍一個強大的外國得勢。君主要鞏固自己的權勢，就應當專心致力於戰爭，否則他便會失去領土。任何統治者都應該視軍事問題為頭等大事。

20世紀國際關係學誕生之後，「權力平衡」成為現實主義理論的基本概念。所謂權力平衡，是指國際力量的分布大致相等時才可防止任何國家變得過度強大，從而把自己的意志強加於其他國家。權力平衡經常遭到追求霸權國家的破壞，在此種情況下，其他國家紛紛加強自己的力量，或通過結盟增強力量，建立起新的平衡，新的權力平衡有利於維持國際社會的相對穩定，但不能根本解決問題，也就是國際關係其實是「大國協調」的事實。

近代西方關於國際關係的思想與理論有三個明顯的特點。首先是，國家被置於分析的焦點上，國家中心論成為後來現實主義的權力政治學派提供了最多的核心概念。第二，戰爭與和平是國際關係研究中最首先關注的議題。第三，歐洲中心論，無論是研究領域、理論分析或是概念，均轉化成西方中心主義，其實就是

美國中心主義。[41]

　　本書界定國際關係三大理論為：「現實主義」、「自由主義」及「建構主義」。其中，分別針對三大主義的理論背景及其發展整理概述，將其主要的文獻論述歸納整理如下。

一、現實主義（classical realism）

（一）現實主義理論及其發展

　　1939年英國學者愛德華・卡爾（Edward Hallett Carr）發表了《二十年危機（1919-1939）——國際關係研究導論》（The Twenty Year's Crisis (1919-1939)：An Introduction to the Study of International Relations）一書，對第一次世界大戰後的國際關係作了系統的理論概括，卡爾抨擊理想主義下「烏托邦式的國際主義」是空洞且不存在的。因為，人類應當面對政治鬥爭的現實。卡爾提出權力是政治活動的主要因素，政治權力是不可分割的，政治行為必須建立在權力與道德的某種協調之上。現實主義學派的興起，是兩次世界大戰和冷戰時期的歷史產物。漢斯・摩根索（Hans Joachim Morgenthau）1948年出版的《國家間政治——權力鬥爭與和平》（Politics Among Nations — The Struggle for Power and Peace），建構了完整的現實主義理論體系，對第二次世界大戰及戰後初期國際關係作了重要的理論總結。

---

[41] 王逸舟，《西方國際政治學：歷史與理論》（上海：上海人民出版社，1998年版），頁33-35。

（二）古典現實主義主要論點

主張人性本惡，行為者必須盡力擴張一己的短程利益，國際間必然產生衝突，發動戰爭使用武力可以是理性的，因為國家可以藉由戰爭得到短程利益。

國際社會處於無政府狀態（Anarchy）、國際政治是一種權力鬥爭，國家會最大限度地追求其權力或安全，並且理性追求國家利益（Pursuit of Interest）。

現實主義對理想主義的批判為對國際問題的研究完全憑主觀意志，不願對複雜的國際關係進行實際分析（例如利益和權力）。

國家是國際體系最重要的成員，其他任何國際行為者均無法替代，因此被稱為「國家中心論」（State center）。國家是理性單一的實體，所有國家在國際社會的本質與行為皆是相同的，不受國家政體性質和國內政治運作等因素的影響。

每個國家追求的目標皆為權力之極大化（Maximize its Power），當所有國家都為求生存而追求安全目標時，一國增加安全的行動卻構成另一國的安全威脅，因而形成「安全困境」。

權力的目的是強迫他人依自己的意思行事，讓其他行為者作為跟不作為的能力。權力分配決定國際體系運作與國家對外關係，各國在國際權力結構所處的位置將決定其在國際關係的角色和地位，若發生偏離，會遭致懲罰並付出重大代價。強調「相對權力」及軍事力量的重要。

政治權力的重要性高於道德意識型態，以及其他經濟社會層面，權力是國家最重要的談判籌碼，國家運用權力目的在促使

一個國家採取理性的決定與行動，「軍事力量」是很重要的權力工具。

摩根索繼承了自馬基維利，霍布斯和洛克以來關於國際社會處於自然狀態的思想理論，認為國際關係同樣受到人的本性和自然法則的支配。由此形成了政治現實主義的三個基本觀點：

第一，人的私慾和生存意志在政治上就表現為權力的意志，國家權力便是這種人的權力意志的擴大。

第二，鬥爭和衝突是國際關係的基本特徵，它來源於世界的自然狀態，在無政府狀態下各國利益不可調和，國際關係只能以「權力」和「利益」為軸心，理想主義的民主和道義，在現實世界裡是不可行的；

第三，國際關係理論應該著重研究和反映社會和世界的現狀如何（to be），而不能像理想主義那樣強調，應該如何（ought to be）的理性原則。摩根索的理論是權力政治理論，以國際社會無政府狀態為邏輯起點，在此起點下，國際政治本質是一種零和遊戲，他以「權力」和「國家利益」為核心的基本原理，強調國際政治的本質是權力，及利益的衝突。[42]

（三）古典現實主義侷限性

1. 過分強調權力與國家所處的不安全環境，使得軍事擴張與武器競賽成為合理。
2. 並未給予權力或利益一個適當的界定。

---

[42] 金應忠、倪世雄，《國際關係理論比較研究》（北京：中國社會科學出版社，1992），頁62-63。

3. 沒有考慮到非國家行為體，國際政治運作並不全然依據現實的原則來運作，在國際政治運作中，可看到戰爭、衝突、緊張、不合、妥協、合作、結盟與和平，在這些類型中，權力與利益並非唯一的原則。

4. 把國際政治和國內政治截然分開。

現實主義可說是一個內容豐富而多元的研究典範（paradigm），涵蓋了以人性為出發點的古典現實主義（classical realism）-古典現實主義認為國家潛藏的權力欲是天生的，國家會盡可能的權力最大化。此外，國家以成為霸權國為其終極目標。

探討國家在國際體系結構造成各國對外政策不同為立論核心的新現實主義Neorealism（結構現實主義Structural Realism），以及認為可藉由權力平衡的方式來維持安全和平；較為樂觀的「守勢現實主義」（defensive realism），認為無政府狀態的國家間存在敵（權力擴張者）友（安全維護者）關係，國際社會存在有安全合作空間，國家間的意圖可相互溝通-守勢現實主義認為國家所欲追求的權力是，國家安全得以獲得保障的狀態下，不追求比現狀更多的權力，國家維持一種均勢的狀態。

對無政府狀態較為悲觀的「攻勢現實主義」（offensive realism）認為無政府狀態在不同國家在國際社會中的角色相同，追求目標也相同，國家間只有利益衝突問題-攻勢現實主義認為國家所欲追求的權力和古典現實主義相同，盡可能的權力最大化，國家以成為霸權國為其終極目標。

二、自由主義（liberalism）

（一）自由主義理論及其發展

　　自由主義代表人物傑瑞米・邊沁（Jeremy Bentham）、大衛・李嘉圖（David Ricardo）、詹姆斯・穆勒（James Mill）宣導經濟自由、契約自由和競爭自由，提出國家應奉行放任主義，賦予更大的自由活動餘地。自由主義的核心內涵是對經濟與權利的強調。它認為國家和個人有生產與消費的權利，有締結契約關係的權利，有購買出售產品的權利。它的基石是私有財產、市場經濟和國際政府較少的干預。

　　自由而平等的國家之間如何既保有相互衝突、互不相容的生活觀與世界觀，又同時生活在一個穩定而公正的社會？這就要對「秩序良好的社會」有新的理解。秩序良好不再是社會歸依於某種基礎性的道德信念，而是共同認可的一種政治的正義觀念：這種正義觀念、既是各種主流性的宗教、哲學與道德學說間的共識焦點，也是西方國家三百年來整個公共思想運動──以宗教寬容為標誌的宗教改革是其開端，而基本自由權優先性得到憲法的確立是其完成的最後結果。

　　自由主義追求保護個人思想自由的社會、以法律限制政府對權力的運用、保障自由貿易。其淵源首先要從17世紀英國革命作為起點，洛克（John Locke）在其著作《政府論》《論宗教寬容》中，第一次系統地闡述了自由主義的政治主張：

　　保障個人自由，生命權、自由權、財產權是公民天賦的，

不可剝奪的基本權利，在法律允許的範圍內，人民盡可以自由行動。洛克主張政府的權威只能建立在被統治者擁有的基礎之上，國家的建立基於社會契約，國家權力必須受到限制。國家實行法治和分權，推行代議制民主。其宣導者面臨的主要任務是反對封建專制，爭取個人的政治權利，爭取民主權利和憲政政府，所以，自由主義最早具備的內涵是政治自由主義。

18世紀，歐洲自由主義的大本營從英國轉移到法國。如孟德斯鳩（Baron de Montesquieu）、邦雅曼‧貢斯當（Benjamin Constant）和托克維爾（Alexis-Charles-Henri Clérel de Tocqueville），他們進一步發展了洛克的自由主義思想。他們強調健全法律制度，保證公民的各項自由，認為對自由的侵害最甚的莫過於專制制度，基於此提出了分權的理論。這些思想與1789年法國《人權和公民權宣言》（Déclaration des Droits de l'Homme et du Citoyen，簡稱《人權宣言》，1789年8月26日頒布），是18世紀最典型的自由主義宣言，一起促進了近代自由主義的形成。美國對自由主義理論的貢獻最主要的是憲政主義，主張社會契約論，反對君權神授，喚起了民眾的自我意識。

到19世紀中期，歐洲的主要國家和美國大致完成了政治自由主義的任務，建立了憲政政府（constitutional government），對個人的基本權利有了法律上的保障。人民逐步享有了選舉和參與政治的權利。代議制民主（Representative democracy）在西方主要國家建立並得到鞏固。

自由資本主義時期的自由主義，資產階級革命勝利後，隨著自由主義思想在政治生活中的不斷鞏固，它的原則也日益擴大

到經濟領域，關注政府應以何種方式介入經濟，經濟自由主義的理論開始形成。一個國家最好的經濟政策是經濟自由主義，即國家對私人經濟活動不加干預，採取自由放任的態度。政府的職能僅在於提供必要的保障，使個人追求利益的行為有可靠的外部環境。經濟自由主義理論適應了當時資本主義自由競爭的需要。

英國資產階級革命後，生產力得到快速發展，經過工業革命後，生產技術優於世界上的任何國家。這時的工業資產階級，在經濟上不需要政府的說明和支援，工業生產的社會化程度還不高，壟斷還沒有形成，因此，自由主義的自由競爭、自由貿易的政策非常適合新興資產階級的需要，打破了封建經濟的封閉格局，為資本主義經濟發展創造了條件，促進了社會生產力的發展。但過分強調放任主義，限制政府的調節職能，私營經濟盲目發展，宏觀調節失靈，也導致社會矛盾日益尖銳。

在自由主義歷史中，約翰‧彌爾（John Stuart Mill）提出三個理由，具體反對政府干涉的情況：

由個人操做事務比政府操做事務在效率上更勝一籌。

有一些事情，雖然表面上由個人操控未必比得上政府官員操控的效果好，但是仍適合由個人而非政府操控。

不必要增加政府的權力，會帶來極潛在的禍患。

在政府的權力限制方面，彌爾主張應該不宜過量地將一般活動轉入政府，以避免權力過於集中於政府。

彌爾的思想具有繼往開來、承上啟下的意義，為新自由主義開闢了道路，他的主張成為傳統自由主義向新自由主義過渡的橋樑。

1970年代以前的新自由主義（New Liberalism，主張國家干預的自由主義）傳統自由主義已經不再適應資產階級的需要，以希爾‧格林（Thomas Hill Green）為代表的英國新自由主義於19世紀末形成於英國，在1933年，羅斯福政府重新定義了自由主義，美國羅斯福總統（Franklin. D. Roosevelt）就任後推行羅斯福新政（The New Deal）。

　　在羅斯福新政之前，信奉自由主義的美國並不認為政府應該對經濟危機承擔最大責任。可是，在經濟大蕭條的時代，自由主義的原有理念捉襟見肘。因此，羅斯福新政在擴大了政府職權的同時也豐富了自由主義的內涵。一個顯見的例子就是，羅斯福總統提出的「四大自由」理論：言論自由、信仰自由、免於匱乏的自由，以及免於恐懼的自由，也在如今理所當然地成了自由主義的重要組成部分。羅斯福也使自由主義從自由放任的古典階段過渡到國家有限干預的現代階段。

　　杜威（John Dewey）又將自由主義的精神更加發揚光大，其主要觀點是由於個人是社會的基礎，因此所有個人都應該擁有實現目標所需的基本要件，例如教育、經濟機會、遇到無法解決的災害時的保護。對社會自由主義而言，這些要件也被認為是權利的一部分。從中小資產階級的利益出發，修正自由主義理論，調和個人利益與社會利益的矛盾，提出國家干預經濟以限制壟斷資本的發展，給勞動者以適當權利，緩和資本主義內部矛盾，維護資本主義制度。[43]

---

[43] 郝名瑋、張凡 譯，伊曼努爾‧華勒斯坦 著，《自由主義的終結》（北京：社會科學文獻出版社，2002），頁7。

新自由主義與自由主義的不同在於，首先，重新認識個人與社會的關係，個人與社會相互依存的關係決定了個人利益和社會利益的一致；其次重新認識自由：自由是積極的，自由不再是天賦權利，也不再是實現功利原則的手段。而是一種目的、是人和社會的自我完善。還有重新認識國家干預理論：國家是保護和維持個人自由的條件，國家的職能是拆除對自由的各種障礙。

　　二戰後初期的新自由主義發展到一種鼎盛狀態，為了實現戰後復興，英、美等主要資本主義國家進一步加強國家作用，建設「福利國家」（Welfare State），國家干預的自由主義成為「福利國家」理論的重要基礎。福利國家的主要任務是：通過稅收和社會保障制度降低收入分配的兩極分化，實現社會財富的公平分配，消滅貧困。提供全面的社會服務，提高全社會的普遍福利。新自由主義在第二次世界大戰後盛極一時的發展，保證了西方資本主義國家1950-70年代經濟的持續發展，也埋下了經濟危機的禍根。新自由主義隨著西方「福利國家」在1950年代和60年代的興盛而不斷擴大影響，也隨著「福利國家」政策在1970年代的破產而漸趨衰微。

　　1970年代以後的新自由主義（主張回復古典自由主義的新自由主義）也有人把「新古典自由主義」稱為「自由至上主義」。在西方政治思潮發展史，通常把他們稱為自由保守主義，而西方經濟學界則多把他們稱為新自由主義者。

（二）自由主義主要論點

　　羅爾斯（John Rawls）在《政治自由主義》中提出，秩序良

好的國際社會是一個穩定的、在基本的道德信念上同質性的、在
社會生活各方面存在廣泛共識的社會，但是在現代國際社會中，
互不相容、無法調和的宗教、哲學與道德學說，多元地共存於民
主制度的框架之內，而且自由的制度本身就鼓勵著不同學說的多
元化，並視之為自由社會的永恆狀況。

　　自由主義和民主之間的關係可以用邱吉爾的一句名言來形
容：「民主是政府的最壞形式，但例外的情況是，在嘗試過其他
形式皆行不通的時候。」[44]簡而言之，民主就其本身而言除了是
對個人自由的保證外，無異是群眾的暴政。新的自由民主制一詞
則主張了兩者之間較現實上和諧的關係。[45]

　　自由主義的主要觀點如下：
1. 自由主義強調國際社會的無政府並不等於無秩序。
2. 自由主義認為國家是國際體系中的主要行為體。
3. 自由主義認為國家是國內社會利益的集合體，並不是單一
　 而理性的行為體。理性的行為能夠拋開個人一時得失追求
　 自己所屬群體的長程利益。認為戰爭是不理性的，在戰爭
　 中國家經常落得兩敗俱傷，認為權力來自於當事人尋求和
　 運用彼此之間的共同利益，權力的基礎不在於強制他人，
　 而是得到想要的結果。

---

[44] The Official Report, House of Commons (5th Series), 11 November 1947, vol. 444, cc. 206-07.
[45] Anthony Alblaster, *The Rise and Decline of Western Liberalism* (New York: Basil Blackwell Press, 1984), p. 353.

4. 自由主義者認為互利和合作是國家共生的更有效的手段。反對政府干預經濟生活，但國家也必須發揮一定作用，即實行有限度的放任主義。開明國家的職能是積極的，但建立強有力的政府也需防止權力的專斷。應建立代議制的立法機構，約束行政機構。

新自由主義（neoliberalism）主要觀點如下：

1. 同意現實主義的某些基本假設。例如新自由主義認為國家可以被視為單一行為者，並理性的追求自身利益，但現實狀況並不需要那麼悲觀，國家仍然可以進行合作，因為這麼做符合他們的利益。

2. 國家能夠學習運用制度追求雙贏結果，減低欺騙或占對方便宜的可能性。國家能夠創造彼此可以接受的規則、期望與制度，從而採取互惠互利的行動。

3. 國家不應該主動發起戰爭，只能以戰止戰。在國際貿易方面，國家要先開放國內市場，然後再視其他國家反應關閉部分市場。

4. 國際制度的出現是個關鍵。國家能夠在裡面明白如何取得更高層次的理性，用遠見取代短視的想法。對於現實主義（尤其是新現實主義）的批評，由於重視制度，故又稱新自由制度主義。

5. 新自由主義是從體制觀察國家如何合作的博奕檢證。理論結構源自國際關係自由主義（liberalism）的進步思想和制度主義（institutionalism）的訴求與觀點。

6. 國際社會的主體除了國家，尚包含其他各種主體，各種主體的各得其所與充分合作，有助於國際社會獲得秩序與和平，承認國際社會之間有合作與善意，但進一步要求重視國際組織的動能。

7. 國家是國際社會主要的個體，基於國際社會的需求而建立國際制度，國際制度並不會因國際權力結構的改變而必然的發生變化。國際制度如體制一旦建立，可以對國家行為或國際行動行使獨立的影響，並可從博奕理論（game theory）「囚徒困境」（prisoners' dilemma）的基本模式，恰當反映國際社會合作的困難，和對國際制度的需求。

（三）自由主義侷限性在於

自由主義解釋力不足之處：

自由主義作為一種思想流派，自由主義是在亞當・斯密（Adam Smith）古典自由主義思想基礎上形成和發展。但後來發生在整個資本主義世界的大蕭條，將主張國家干預的凱因斯主義推向政策層面，自由主義受到挑戰，所提倡的「快速的私有化、快速的自由化、快速的政府角色最小化」，皆是美國應對經濟全球化的基本主張。國際金融危機的爆發，暴露了自由主義的局限性和弊端。主要體現在一下三方面：

1. 在經濟理論方面，自由主義將對自由化、私有化和市場化的推崇推向極端，1980年代末90年代初以來，隨著「華盛頓共識」（Washington Consensus）的形成與推行而盛極一時。自由主義認為自由是效率的前提，私有化是推動經濟

發展的基礎，反對任何形式的國家干預，是過度忽視政府的積極作用。

2. 在政治理論方面，古典自由主義在價值觀上對於平等，公平基本價值的追求無法解釋國際政治體系、權力結構的變遷。無論是供給學派還是貨幣主都是以資本利益為中心。例如，貨幣主義的經濟政策在原則上把投資行為作為唯一的，要放在絕對優先地位的行為方式，也就是要把資本的利益放在首要地位。自由主義思想建立在平等的前提之上，多少帶有理想主義色彩。[46]

3. 在戰略和政策方面，自由主義認為全球經濟一體化可能實現。但現實的經濟全球化並無法排除政治和文化的多元化、在地化，更不等於全球經濟、政治、文化一體化。

三、建構主義

（一）建構主義理論及其發展

建構主義是當今國際關係理論研究中的主要流派，它與現實主義、自由主義共同稱為國際關係三大主流理論。如果說現實主義關注的焦點是權力，自由主義強調的是交易成本，那麼建構主義則把文化作為其主要研究理論。建構主義者認為，任何一個社會人的行為都被約定俗成的社會傳統、社會習慣和個人身分來制約或改變。建構主義反對只講主體或只講客體，而是重視主客體的互動，即實踐活動，這種實踐當然沒有完全上升到社會學意義

---

[46] 張才國，《新自由主義意識形態》（北京：中央編譯出版社，2007），頁48-49。

上的實踐。「建構主義」一詞的出現可追溯到美國學者彼德‧伯爾格和湯瑪斯‧魯克曼在1966年出版的《現實的社會建構：論知識社會學》一書中。[47]

建構主義起源於20世紀冷戰結束後，1987年，立場較為溫和的後現代主義學者考那利在《全球政治的認同與差異》一文中提出，解構必然同時與建構互相結合。1989年，著名的國際政治社會學者奧那夫出版了《我們締造的世界》一書，運用了吉登斯（Giddens）等人的「結構化理論」，以能動-結構（agency-structure）的「雙重不可通約性」或「共同決定的不可通約性」為切入點，提出以跨學科的方式研究世界政治，也首次在國際關係學上使用了「建構主義（constructivism）」一詞。[48]

亞歷山大‧溫特（Alexander Wendt）在1990年發表了他的期刊文章指出「無政府狀態是國家建構造成的：實力政治的社會建構」，為新學說奠下了基石。當今世界中的主流觀點是現實主義，現實主義學者普遍認為國與國之間受到權力政治（power politics）的深刻影響。而溫特的著作則認為連實力政治也是由社會觀念建構成的，所以對現實主義學說的根基有很大挑戰。1999年，溫特出版《國際政治的社會理論》（Social Theory of International Politics）一書，認為無政府狀態是由國家造成的，國際架構並非只是限制在國家的行動上，事實上也包含了國家媒介的本體和利益所促成的行動，這為建構主義建立起較為完善的知識體系。

---

[47] Martha Finnemore. *National Interests in International Society* (New York: Cornell University Press, 1996), p. 4.
[48] 郭樹勇，〈試論建構主義及其在中國的前途〉，《世界經濟與政治》，第7期（2004.07），頁21-28。

很多建構主義學者通過仔細考量個體和組織的目標、威脅、恐懼、文化、身分和其他因素來分析國際關係。溫特認為，組織或國家的行為都是社會建構的，並不遵循一個不變的秩序或原理。溫特提出的建構主義的兩條核心原則是：第一，人類的社會結構是由人類社會的主流觀點塑造成的，而不是由物質力量驅使成的；第二，社會舞臺上出現的角色受到的影響來自於他們的身分和興趣、而不是本性。[49]總體上講，建構主義強調世界的社會本體和國際體系的文化屬性，以及文化、規範、認同、實踐、主體間性、知識等社會性因素在國際關係中的作用。[50]

建構主義的發展經歷了兩個發展階段。即80年代的「解構」階段和90年代的「建構」階段。80年代各種反實證主義和人文主義思潮泛起，羅伯特·寇克斯（Robert Cox）等借鑒、強調人類對於解放的需要，因為國家減少了在提供個人服務和安全上的角色。因此，這種「批判」的國際關係理論是以國家為中心的。其應用批判社會理論和後現代理論，對居於主導國際關係地位的新現實主義展開了長時間、多方位的抨擊，將其基本概念如無政府狀態、主權、國家、制度、權力、利益、安全等逐一解構，並賦予了新的含義，這長達10年的理論批判可稱為「解構階段」。

1989年前後，奧那夫、溫特等學者意識到「只破不立」的理論「批判」不能代替理論「建設」，應該在「解構」原有主流國關理論的同時，汲取各種理論的精華，包括新現實主義和新自由

---

[49] Alexander Wendt. *Social Theory of International Politics* (Cabridge: Cambridge University Press, 1999), p. 1.

[50] 倪世雄，《當代西方國際關係理論》（上海：復旦大學出版社，2001.07），頁227-228。

主義的長處，進行一次國關理論的整合，開始重視國際關係運行規律研究和實證研究，建構主義也進入了「建構」階段。

建構主義雖然不時從語言學、心理學和後現代主義汲取知識，但主要採取社會學方法。建構主義並不排斥方法論個體主義（即經濟學方法論），有時還宣揚個體從結構中的解放，但主要關注的還是社會化及其產物對於個體的構成作用，強調國際關係中的社會化與制度化。塗爾幹（Émile Durkheim）的社會事實理論、韋伯（Maximilian Emil Weber）的政治社會學、米德（George Herbert Mead）的符號互動理論、哈貝馬斯（Jürgen Habermas）的社會批判理論以及吉登斯的結構化理論，都是建構主義的主要方法論來源。從社會學方法出發，建構主義實際對國際關係進行了全面的國際政治社會學解讀。

建構主義的基本概念是國際政治文化、國際規範、國際認同。文化、規範與認同皆由社會建構而成，均指國際行為體在社會互動過程中形成的一系列共識。離開了這些共識，人們就無法解釋國際關係中任何事項的意義。在權力結構與資訊環境一定的情況下，文化的意義就會明顯上升。

（二）建構主義主要論點

建構主義理論從人類存在的社會方面進行觀察，認為人是存在於社會，社會關係規定了人的社會存在，社會存在的人構成了整個世界。人類社會的結構主要決定於共用的觀念（ideas）而非物質「結構」。因此，國際關係實質就是一種社會關係。

1. 關於國際政治的驅動因素，構建主義認為它主要來自角色

之間通過構建而產出來的互主性共識（the intersubjectively shared ideas）、規範和價值觀，這些因素影響和規定著國際政治中國家行為體的具體行為。構建構主義不是根據行為體背後起作用的實力分配和權力結構，而是從規範改變的角度來看待冷戰，認為蘇聯在二戰後不願接受先前傳統的歐洲諸國家體系所確立的組織規則，加上當時的美國違反了傳統的民族主權觀念，發揚普遍主義和自由主義開放的做法打破了約定的規範，這是冷戰形成的主要原因。

2. 關於觀念化結構的作用，建構主義重視角色之間相互作用所形成的觀念化的結構對角色行為的制約和規定作用，並將這種結構看作一種因果性變數。與新現實主義和新自由主義不同的是，建構主義認為結構對角色具有構建性，而不僅僅是調整性影響。也就是說，結構引導角色在相互作用的過程中重新界定它們的利益和認同，甚至是角色本身。例如，它們是誰？它們的目標是什麼？它們應該發揮什麼樣的作用？

3. 新現實主義和新自由主義這兩種建立在實證主義基礎之上的理論都假設國際關係具有一個外在的客觀現實，可以透過自然科學的方法加以揭示。而建構主義否認存在一個外在的自然和客觀的國際關係現實，認為國際關係是結構和角色共同相互作用的結果。建構主義反對新現實主義和新自由主義將結構和角色二元割裂開來的實證主義哲學觀，但十分重視角色和結構之間的互相構建的關係。

結構根據利益和認同構建角色，但結構也被認同的代理人的

廣泛社會實踐所製造和改變。在建構主義者看來，結構不是那種角色無法對它產生作用的、具體的、物化的形態；相反的角色必然對結構作出回應，並且產生作用。應該說，建構主義將角色認知引入國際關係的研究中，開拓了一條獨立於各種主流國際關係理論之外的研究思路，從而初步演繹出其構建國際關係新理論。[51]

（三）建構主義侷限性在於

建構主義還存在缺陷和不足，例如：

1. 在強調社會實踐的重要作用時，建構主義走向了一個極端，宣稱人類現實存在的所有方面都由廣泛的社會實踐所形塑和決定。但物質力量確實是存在的，它也會對角色的行為產生獨立的因果性作用。作為一個自建（self-organizing entities）的角色，一國在與其他國家發生作用之前就擁有某種基本的利益。

2. 建構主義沒有正視如權力和利益這些「物質」變數的客觀存在，並進而探求在何種程度上這些變數由觀念化的過程所構建，這在相當程度上削弱了它的解釋力和預測力。因此，溫特試圖在繼承建構主義基本內涵的基礎上建立一種體系理論，以克服建構主義的上述不足，進而從根本上改變結構現實主義的根基，而描繪出一幅嶄新的國際政治理論畫面。為此，溫特將他在1999年出版的專著取名為《國際政治的社會理論》，以此與新現實主義國際關係理論大師Kenneth Waltz的《國際政治理論》相對應、相抗衡。

---

[51] 盧現祥，《西方新制度經濟學》（北京：中國發展出版社，1996），頁115。

第三節 各國競合下的TRIPS協定

一、新古典現實主義下的世界秩序

傳統現實主義（Realism）者認為國際體系是無政府狀態，國家是國際體系最重要的成員，且大國才是影響國際事務的主要行為者，以自利的觀點來看待國際關係。[52]現實主義學派從權力的角度解釋國際關係，認為國際體系的本質則是無政府狀態，[53]經濟活動的目的是在為政治服務，所有經濟的行為都是為了讓國家得到最大獲益，並在安全與政治利益上有所提升。基本上，現實主義者認為國際體系就是一個相對獲利（relative gains）的零和遊戲（zero-sum games）。[54]

1970年Waltz提出體系（system）層級的新現實主義（Neo-realism）觀點，其認為在國家的層級之上還有更重要的影響者，就是「體系」，[55]新現實主義認同國際經濟的關係具有重要性，但是其影響力是單向的由國家指向經濟體，國家在這個關係中是處於主導地位，朝對自身有利的方向去控制、操作經濟的走向。

---

[52] 歐信宏、胡祖慶譯，Joshua S. Goldstein著，《國際關係》（臺北：雙葉，2003），頁50-99。

[53] 歐信宏、胡祖慶譯，Joshua S. Goldstein著，《國際關係》（臺北：雙葉，2003），頁52。

[54] Joseph M. Grieco, "Anarchy and the Limits of Cooperation: A Realist Critique of the Newest Liberal Institutionalism" *International Organization*, Vol. 42, No. 3 (1988), p.499.

[55] Waltz, Kenneth N., *Theory of International Politics*. Reading, Mass: Addison-Wesley Pub. Co, 1979. Print.

新現實主義者認為就算是在經濟全球化的場域下，國家仍是國際社會中最主要的行為者，是擁有龐大資源的強國支配著跨國經濟，國際間基於國家權力進行互動的遊戲規則並未發生根本的改變。基本上，新舊現實主義都是屬於典型的國家中心論者，認為國家是國際體系的基本政治單位，不認同國家間相互依存關係的概念。

　　古典現實主義是強調國家層次的簡約理論，新現實主義是著眼於國際體系層次的系統理論，而「新古典現實主義（Neoclassical Realism）」則是結合上述簡約理論加系統理論的綜合型理論，認為促使國家傾向權力競逐的因素中，國內因素佔很大的成分，外交談判是相當重要的化武為和的環節，新古典現實主義相當關注國家對外政策和行為的解釋（包括了國家的戰略、軍事政策、經貿政策、聯盟偏好以及危機處理等），認為要分析國家對外政策必須結合外部環境與國內影響因素。

　　新古典現實主義擴大了現實主義典範的解釋範疇；彌補了自由主義過度強調自由、及私有化為推動經濟發展的基礎，忽視國家積極作用的不足；以及完整了建構主義沒有正視的權力和利益等變項。可說是在現實主義理論的內部，興起的一個明確走出對外政策理論建構路徑的新分析方法。

　　新古典現實主義為本論文主軸，新古典現實主義雖然也以國際之間是無政府狀態為前提假設，認為國家的主要目的就是生存，國家之間有強國弱國之區分。但是新古典現實主義亦強調國家的企圖與動機並非是永久固定不變的，國家之間會因為體系結構以及國家因素的關係，產生出「滿意現狀」與「不滿意現狀」等情況。

在新古典現實主義的架構下，霸權強國如果滿意現狀，也就是滿意其所處的國際權力、經濟利益分配的結構，就會採取維持現狀的行為。如果不滿意現狀，則會採取權力平衡的政策行動。弱小國家如果滿意現狀，則會採取服從現狀下國際強權的秩序，假如弱小國家不滿意現狀，就很可能採取同盟等方式，站在不滿意強國集團的對立面。

因此，從新古典現實主義的角度來看，權力平衡只能算是通則性的概念，「利益平衡」（balance of interest）才更能有效解釋國家的行為。

綜上所述，新古典現實主義對國際關係主要論點包括：

第一，關於無政府狀態。新古典現實主義接受現實主義的無政府狀態的前提，但它並不賦予無政府狀態以特定的內涵。其雖然承認無政府狀態的存在，但並不看中無政府狀態對國家行為的影響，而是認為國際體系的性質相當模糊，無政府狀態屬於某種不確定的狀態，安全沒有所謂缺乏或充足的問題。國家只能根據自己的主觀經驗和認知去解讀充滿著各種不確定性的國際政治現實。國家間是否形成衝突或合作要看當時具體的情況，即特定時期國家間關係和外交政策行為等因素。[56]

第二，關於權力。新古典現實主義並不單一地談論權力和安全問題，認為國家不僅關心國際權力分配，而且也追求國家利益和國際影響力，國家會設法在國際無政府狀態的不確定環境下，塑造有利於該國利益實現的環境。為了達到這一目標，國家可以

---

[56] Gideon Rose, "Neoclassical Realism and Theories of Foreign Policy," *World Politics*, Vol. 51, No. 1 (October 1998), pp. 144-172.

採取各種不同的政策。其次，國家間相對權力變化也是國家行為的重要動因。新古典現實主義雖然也把體系結構因素當作重要分析變數，但它更為看重從單元層次關注國家之間的相對權力的變化，認為當一國的相對權力增加時，該國在國際社會的外交活動與企圖也會增加，而相對權力削弱時則會相對減少。

第三，關於經濟戰略。霸權興衰歷來是國際政治理論探討的重要議題，霸權更替理論和權力轉移理論都從體系層次討論了霸權國衰落和挑戰國的興起對戰爭與和平造成的影響。[57]正在崛起的國家採取改變現狀的經濟戰略會影響衰落中的霸權國家國內政治聯盟的形態和力量。挑戰現狀的自由主義國家會增強霸權國國內自由主義聯盟的力量，因而傾向於奉行合作戰略。因此，面對自由主義國家的挑戰，霸權國更有可能放棄對爭議地區的控制，通過削減國防開支、協調財政和貨幣政策、就軍備限制協定進行談判、簽訂自由貿易協定等方式加以應對。相反的，如果對現狀發起挑戰的是一個帝國主義國家，霸權國家內部經濟民族主義的力量會得到強化，它們會推動霸權國採取懲罰戰略，在各個地區抵制挑戰國。[58]

第四，關於國內因素對外交決策的影響。新古典現實主義肯定國際權力分配的意義，認為從長期來看，國際體系的權力分配能夠對國家的外交政策提供解釋，在有限的選擇空間中，決策者選擇不同的外交行為可以在短期內對國家的發展造成重大的影

---

[57] Robert Gilpin, "The Theory of Hegemonic War," *Journal of Interdisciplinary History*, Vol. 18, No. 4 (spring 1988), pp. 591-613.

[58] 陳志瑞、劉豐，〈國際體系、國內政治與外交政策理論——新古典現實主義的理論構建與經驗拓展〉，《世界經濟與政治》，2014年03期，頁111-128。

響，因為國家不是單一理性的實體，國與國之間應對國際關係的方式也會不同。總體實力相當的國家，由於政治結構不同其行為亦可能不同。在國內政治過程中，國家能力是重要因素之一，外交政策總體上來說不是直接由國家權力而是由國家能力決定的。一國對外政策行為不僅受到國際體系權力分配的影響，也受制於國內諸多因素，離開剖析國內的政治過程而單純依賴國際體系中的權力分配無法理解和評估國家的行動，只有通過多層次的分析，才能完整有效地解析外交政策行為。[59]

二、新古典現實主義之外交

新古典現實主義從Wendtian的建構主義，Andrew Moravcsik的自由主義理論，和Robert Putnam的「雙層賽局」（two-level game）自由主義出發，彌合三個分歧：空間（國內―國際），認知（事物―觀念）和時間（現在―未來）來說明因為結構（如Waltz和Wendt使我們相信的）而使得國家必須做某些事情；了解國內利益集團想要國家做什麼（正如Moravcsik和Putnam所提出的）也是不能令人滿意的。地緣政治結構是國家外部的約束力。然而，國家政策制定者認知的層次影響了該結構的實施。國家層級的政策制訂者也會受到國內經濟壓力的影響。[60]

新古典現實主義是1990年代以來現實主義理論內部興起的重

---

[59] 王公龍，〈新古典現實主義理論的貢獻與缺失〉，《國際論壇》，2006年7月，第8卷第4期，頁36-41。

[60] Michiel Foulon, "Neoclassical Realism: Challengers and Bridging Identities," *International Studies Review*, Vol. 17(2015), pp. 635-661.

要分支。與強調國際結構作用的新現實主義相對，新古典現實主義主張將國際體系和國內政治結合起來，分析歸納內部結構如何對外在威脅和機遇進行過濾，國家領導人如何評估威脅、制定戰略、動員社會資源以支持這些戰略，以建立一種解釋國家行為的外交政策理論。

這一現實主義理論分支的興起是源自於對古典現實主義和結構現實主義的反思與融合，在原有的基礎上進行理論創新。結構現實主義擅長解釋國際政治結果，但因其過於宏觀和抽象而難以解釋具體的國家行為，古典現實主義則忽視了國際體系的主要因果作用，也不符合嚴格的社會科學研究方法要求，使其難以適應當代國際關係理論發展的需要。

新現實主義的結構理論為國際關係理論的發展做出了巨大貢獻，但其抽象和宏觀的國家結構難以解釋國家的具體行為。解釋力的不足主要體現在兩個方面：

1. 結構現實主義不能解釋結構穩定時國家採取某項具體外交政策的原因。

2. 結構現實主義無法說明不同國家對結構變化及其方向認同一致時為何會採取不同的外交政策的原因。

新古典現實主義認為產生這種解釋不足是由兩個方面原因造成的：

1. 新現實主義認為國家都有同質性，國家是追求效用極大化的單依理性行為者。忽略了權力之外的其他行為者因素。

2. 新現實主義把國家看做是「黑箱」，認為國家利益是行為

的動機，國家行為由國際體系結構加以解釋，導致只能對結構及其變化做出回應。

相對於古典現實主義，新古典現實主義一方面肯定其對國內的差異性和影響外交政策的諸多國內因素的考慮的作用，另一方面認為古典現實主義為了提高解釋力需要引入「國際體系」因素的作用，此外還需要藉助現代社會科學方法論，必須提出清晰且可檢驗的假設。

新古典現實主義透過現實主義的理論核心以及建立區別於古典現實主義和新現實主義的因果邏輯，提出了自己的研究綱領。

1. 新古典現實主義的研究主軸是外交政策，這意味著所有影響外交政策的因素。包括體系因素和國內因素都被納入新古典主義的研究視野。

2. 新古典現實主義認同現實主義的基本假定，例如國家中心論、無政府狀態的不確定性和競爭性，以及權力是維持國家生存的必需存在。

3. 新古典現實主義在借鑒新現實主義和古典現實主義理論的基礎上，提出「國際結構」通過影響國內約束和精英認知等干預變項，可作用於外交政策的制定和執行的基本理論。

在對新現實主義和古典現實主義的優缺點進行分析之後，新古典現實主義希望透過建立獨立的研究途徑發揚二者的優點，彌補二者的不足之處。其基本理論架構為，肯定國際結構對外交政策大方向的決定性作用，但由於國內因素的影響，結構訊息不能準確完整地傳達給決策者，或者結構本身未必能提供準確訊息。因此，要理解外交政策，必須解釋國內因素帶來的影響，以及如

何影響結構訊息的傳達和回應。

　　基於此，新古典現實主義的理論構建重點是「國際結構壓力」、「國內因素」和「國家行為者」三者之間的關係。在承認體系因果作用的前提下，新古典現實主義重新帶回到現實主義理論中，並且提升了其理論化程度。這種研究路徑的轉向符合1990年代之後國際關係研究的發展趨勢，可以視為一種進步的轉化。總結新古典現實主義之外交論點：

1. 國家處於國際體系核心位置，國家的相對力量、權力大小是對外政策的首要影響因素。

2. 國際體系既不像攻勢現實主義所說的霍布斯式的世界，也不似守勢現實主義所認為的平穩的世界，而是相當模糊的概念，處於無政府國際體系中的國家很難看清楚安全是缺乏的還是充足的，它們只能根據自己的主觀經驗去解讀充滿著各種不確定性的國際政治現實。因此這種影響是間接和複雜的，也就是說，體系因素和單位因素對國家對外行為都會產生影響，因此，才稱新古典現實主義。

3. 國內層次變數有兩點重要性：

　　　第一，對外決策皆由領導人精英做出，因此領導人對象對權力的認識相當重要。

　　　第二，權力分析必須考量國家與社會的相對力量，及國家與社會的結構，因為這些因素決定著可以分配給對外政策的國內資源的比例。[61]

---

[61] 劉豐左、希迎，〈新古典現實主義：一個獨立的研究綱領？〉，《外交評論》，第4期（2009），頁127-137。

三、新古典現實主義與TRIPS協定議題相關論述

智慧財產權保護之所以成為重要的貿易議題，主要是因為美國及歐洲等若干已開發國家，逐漸面臨開發中國家製造業強大的競爭壓力。此等競爭壓力一方面來自已開發國家逐漸喪失若干產品的競爭優勢地位，另一方面卻是由於許多開發中國家大量的仿冒其智慧財產權專利。

在工業化日益發達的今天，各種產品與服務之生產銷售流程常須跨越不同的領域，各國對智慧財產權保護程度的不同。例如，若進口國法律對智慧財產權提供保護的程度較高，則出口國擁有智慧財產權保護的商品就可以在進口國獲得豐厚利潤；反之，若進口國法律並未對智慧財產權提供妥善的保護，則進口國極有可能發生仿冒該具智慧財產權產品的行為，造成出口國家廠品製造商極大的損失。因此，美國及歐體等若干已開發國家均極力主張應將智慧財產權保護納入多邊貿易體制中，成烏拉圭回合重要的談判項目之一。

現今的國際貿易活動很難找出與智慧財產權無關的貿易行為。從加工製造業、生物工程、通訊和電腦軟體發展等高階技術產業，投資人都從技術貿易中賺取巨額的商業利潤。但是知識產品的易傳播性和易複製性導致冒用產品標識、盜版、擅自使用他人專利的不正當貿易行為屢屢發生，嚴重影響了國際貿易的發展，使正當合法的經營者權利受到侵害，導致國際貿易領域的不公平競爭。而以往的智慧財產權國際保護條約主要由世界智慧財

產權組織（WIPO）來管理，與WTO的體制並無關係，這樣貿易領域內的智慧財產權就沒有專門的制度和機構加以規範和協調，因此，TRIPS協定的產生連接了國際貿易與智慧財產權，為智慧財產權與國際貿易搭建了有效溝通的橋樑，對於智慧財產權在國際貿易中的保護，具有開創性的歷史意義。

TRIPS協定的多邊規則和爭端解決機制一定程度上也制約了已開發國家利用單邊行動恃強凌弱，使成員國不論國力強弱均可援引該機制來解決糾紛，有助於形成一個相對公平的貿易環境。但TRIPS協定的產生在已開發國家與發展中國有著不同的觀點。美國、歐盟、日本等國家在加強國內的智慧財產權保護的同時，強烈要求提高智慧財產權國際保護水準，強烈建議將智慧財產權納入到WTO體系內，建立智慧財產權國際保護的統一標準以實現貿易公平，擴大智慧財產權保護範圍，強化對智慧財產權權利人的私權保護，對保護不利的，存在智慧財產權侵權行為的國家施以嚴懲。

美國認為一些開發中國家對美國智慧財產權保護不利，使其技術被無償使用，經濟利益遭到巨大損失。因此，以美國為首的已開發國家力主締結TRIPS協定以創設一套多邊規則體制下大多數國家必須遵守的世界上智慧財產權國際保護水準最高，保護範圍最廣的國際條約。TRIPS並非僅止於貿易條約，事實上更是一項外交談判的預期結果，在該條約的促使下，全世界以一個全新的標準對已開發國家的智慧財產權予以保護，也就是更好的維護了已開發國家的利益。

開發中國家認識到在這個以知識經濟為主導的時代，要想

加快國內經濟的發展必須引進先進的國外技術。因此，已開發國家所主張的加大智慧財產權國際保護力度，無疑給開發中國家利用現有技術設置了難以逾越的障礙。況且開發中國家由於資金不足，技術人員短缺等原因，要想在短時間內擁有各領域內大量的自主智慧財產權也是不容易實現的。

大部分開發中國家對制定TRIPS協定持反對態度，它們認為「保護智慧財產權的代價」和「收益在國家之間的分配」是不平均的。短期壟斷利潤和長期知識產品增加帶來的收益幾乎都為已開發國家保留，而開發中國家卻要付出代價。開發中國家可用來與已開發國家交流的，需要世界範圍內廣泛保護的智慧財產權並不多，要其承擔與經濟最發達、技術最先進的國家一樣的國內法保護義務，不僅喪失了建立智慧財產權制度的自主權，且對國家的行政和財政均造成巨大負擔。過分強化對權利人私權的保護，且造成權利人權利的濫用，不利於公益事業的發展。

TRIPS協定是在美國的威脅下，開發中國家做出讓步的結果，TRIPS較多地反映了已開發國家的意圖，對於開發中國家來說，其總體保護水準極高，在非常多方面超過了現有的國際公約對智慧財產權的保護水準。在美國的知識發展戰略中，美國的國家利益、企業利益是第一考量，開發中國家只是處於擴大其知識消費市場的從屬地位。

智慧財產權的法律保護成為現代經濟的主要基石之一，也是維護國家利益的戰略性武器。以電子資訊技術、生物技術和航空航太技術為代表的新技術革命浪潮席捲全球，智慧財產權戰略對於維護國家經濟、科技優勢及增強國家競爭實力的至關重要性，

它已不再是傳統法律意義上的民事權，而是獲得國家及產業競爭優勢的主要手段，成為國家產業發展戰略的重要組成部分。

在南北半球之間一直存在不公平的現象，從經濟的治理則更可發現。新自由主義政策主要在於鬆綁法令的限制，例如外資的貨幣交換、國家之間的資金流通、以及跨國公司的設置等。然而，國際財務貿易的遊戲規則至今仍然忽略了國家之間的結構性不公平管道。既然正式的管道無法引起迴響，南北之間的不平等分配唯有訴諸社會運動，於是反對全球化的NGO組織便群起抗爭，並追求資源的合理分配。

在二次大戰後，世界各國在經歷了政府干預經濟造成的利與弊之後，已否定了完全放任的自由經濟制度可以解決所有經濟發展問題的論點，而開發中國家通常除了以國家政策強制干預之外，並無法與已開發國家的比較優勢抗衡。貿易自由化的過程中也隱藏著風險和危機，即使是已開發國家之間也因各項優勢資源發展的不平衡不斷產生新的摩擦和矛盾，但其目標皆在藉著比較優勢，在技術上更新，以獲取更大市場的利益。

第三章
TRIPS的發展變革探討

第一節　世界專利制度發展簡史

　　世界專利制度是當科技發展和商品經濟規模發展到一定程度的時候必然有的產物，它的發展也經歷了相當漫長的過程。世界上最早的一項專利是由英王亨利三世於1236年向一位市民頒布的特權。這項特權允許這位市民染製各色的布料，有效期是15年。不過，這只是封建特權的反映，並不是現代意義上的專利。

　　現代專利制度的雛形是來自1474年3月19日，由義大利的威尼斯共和國頒布了世界第一部專利法《發明人法》，這是世界第一部專利法，之後，專利制度在歐洲逐漸建立和強化，這也是現代專利法的基本典範和代表。該法主要是保護玻璃製造業，其規定：任何在本城市製造的前所未有的、新而精巧的機械裝置，一旦完善和能夠使用，即應向市政機關登記。在10年內沒有得到發明人許可，本城市其他人不得製造與該裝置相同或相似的產品，如有任何人製造，上述發明人有權在本城市任何機關告發，該機關可以命令侵權者賠償100金幣，並將該裝置立即銷毀。上述規

定表明威尼斯共和國的專利法已經包含了現代專利法的一些基本因素，為現代專利制度奠定了基礎，著名科學家伽利略就在威尼斯取得揚水灌溉機 20 年的專利權。[62]

現代專利制度誕生於 17 世紀的英國，從 16 世紀到 19 世紀，英國持續了近三個世紀的圈地運動。在 16 世紀時，隨著圈地運動而使喪失土地的農民日益增多，由大商人所創辦的集中的手工工場逐漸發展起來，達到了僱 1,000 名以上工人的規模。到 17 世紀時，僱幾百名工人的手工工場已經非常普遍。這些手工工場並不限於毛紡織業，在採礦、冶金、製鹽、造紙、玻璃、制硝、啤酒等部門，都建立起很大的手工工場。

英國工場手工業的發展，不僅表現為生產規模的擴大，而且還表現為技術上的巨大進步。因此，17 世紀的英國資本主義經濟有了迅速發展，新技術成為有效的競爭手段，資本家紛紛要求以國家法律形式確認發明的私有財產地位。於是，1623 年英國的國會制定「壟斷法」（Statute of Monopolies）宣布第一個發明人可被授予最長達 14 年的獨家製造新工業品的特權。該法廢除了過去封建特權制度，同時建立起對真正的發明予以專利保護的制度。壟斷法規定：專利只授予真正的發明人，授予專利的發明必須具有新穎性。專利權人有權在國內壟斷發明物品的製造和使用權，凡違反法律、妨礙貿易及損害國家利益的專利一律無效。「壟斷法」成為現代專利制度誕生的指標，它包含的一些基本內容及原則規定，為以後各國制定專利法提供了範本，對資本主義專利制

---

[62]　《科技與法律》2004 年第 1 期，〈解讀專利制度的緣起〉，*https://www.douban.com/group/topic/3156864/*，瀏覽日期：2017.05.08。

度的建立產生了重大影響。

　　英國經歷資產階級革命後，更進一步完善了專利制度。專利法開始要求發明人必須充分陳述發明內容並予以公佈，以此作為取得專利的條件，也因此，專利制度就以資產階級契約的形式反映出來，同時也有了專利說明書。繼英國之後，許多資本主義國家也先後實行專利制度，頒布了專利法。

　　美國在建國之初的1787年9月17日在費城召開的制憲會議上獲得代表的批准，通過美國憲法（Constitution of the United States），1788年，美國憲法正式生效，此憲法奠定美國政治制度的法律基礎。根據這部憲法第一條第八款第八項明確制定了版權法和專利法的立法依據（版權與專利條款）具體規定為：為發展科學和實用技術，國會有權保障作者和發明人在有限的時間內對其作品和發明享有獨佔權。1790年4月10日，美國總統華盛頓簽定了《美國專利法》，並指定由國務卿、國防部長和司法部長負責審查有關發明能否授予專利權。1793年修改後的《專利法》將原實行的審查制改為註冊制。

　　法國的國民議會於1791年通過第一部專利法，法國大革命後，於1808年頒布並實施了世界上第一本民法典，並於1992年將當時的23個與智慧財產權有關的單獨立法彙整成一整套智慧財產權法典，至今25年餘，該法典隨著法國經濟及技術發展，不斷的進行調整與更新，因此就智慧財產權領域中，法國始終處於領先，是一套先進及成熟的法律。[63]

---

[63] 簡敏丞，〈淺談法國智慧財產權法〉，*http://www.zoomlaw.net/files/15-1138-14401,c1132-1.php*，瀏覽日期：2017.05.08。

在1805年之前，荷蘭是一個共和國，其議會在個人的基礎上依特殊情況授予專利。在1809年，荷蘭最早的通用專利法建立，此專利法是給與被指名為荷蘭國王的拿破崙兄弟權利，在創新上授予專利。1810年，拿破崙將荷蘭合併到法國，更現代的法國專利法開始生效。奧地利從1810年起實施專利制度，第一部《專利法》始於1899年。奧地利每年受理1萬件左右的申請案，批准專利為7,000多件，專利的有效期為自公告日起18年。

1812年，俄羅斯通過了第一部專利保護法，但這部專利法在1919年被廢止了。按照1991年以前生效的蘇聯法律，幾乎所有的發明都屬於國家所有，由國家給予發明者證書加以保護，這項證書不需要支付任何費用，但任何人不能出售這項發明或出售使用這項發明的許可權，因為它已經是國家財產。[64]

印度最早的專利法出現於1859年，即印度成為英國殖民地第二年。當時英國統治者制定專利法的目的是為了保護英國專利持有者的利益在印度區域內不受侵犯，從而控制整個印度市場。隨後，英國殖民者又相繼頒布了「1882年專利及設計法」，「1888年發明及設計法」以及「1911年專利及設計法」。其中，「1911年專利及設計法」是印度第一部關於專利保護的綜合性立法，該法一直實施至1970年才被「1970年專利法」取代。[65]

加拿大於1869年制定了首部聯邦專利法，後來，加拿大的智

---

[64] 劉向妹、袁立志，〈俄羅斯智慧財產權制度的變革和現狀〉，*http://www.chinaruslaw.com/CN/InvestRu/Law/20059294556_5787012.htm*，瀏覽日期：2017.05.08。

[65] 國外智慧財產權環境報告，〈印度智慧財產權環境研究報告〉，*http://211.157.104.106:8080/detail.asp?id=1052*，瀏覽日期：2017.05.09。

慧財產權法不斷新增和修訂，形成了現在的智慧財產權體系。加拿大目前的智慧財產權體系由6部主要法典構成，分別是「版權法」、「工業設計法」、「積體電路設計法」、「專利法」、「商標法」和「植物育種法」。除上述這些法律外，加拿大另外還制定了一部專門針對聯邦雇員職務發明的法律──「公務員發明法」。[66]

德國第一部專利法是1877年在德意志帝國時期頒布的，現行的德國專利制度由1981年生效的「專利法」，以及1976年「國際專利條約法」和1968年的「實用新型法」組成。日本於1885年，經元老院通過並頒布實施「專賣專利條例」，1888年修改為「專利條例」，1899年的修改法正式將「專利條例」更名為「專利法」。該專利法陸續經過1909年、1921年等多次修改後，近代專利制度在日本也真正確立。

第二節　WIPO成立前的國際公約

一、巴黎公約之沿革暨主要規範

《保護工業產權巴黎公約》（Paris Convention for the Protection of Industrial Property），簡稱《巴黎公約》（Paris Convention），自1883年3月20日在巴黎簽訂，1884年7月7日生效，其後又歷經七次修正。巴黎公約的形成，其過程大致如下：

---

[66] 科技日報，〈加拿大的智慧財產權政策〉，*http://www.cutech.edu.cn/cn/zscq/webinfo/2005/12/1180951188222557.htm*，瀏覽日期：2017.05.09。

1. 1873年到1878年完成初步預備工作。
2. 1880年在巴黎的外交會議中完成公約的草擬。
3. 1883年在附加的最終議定書的前提下，巴西、法國、比利時、荷蘭、葡萄牙、瓜地馬拉、義大利、薩爾瓦多、塞爾維亞、西班牙及瑞士計11國簽署，並於1884年批准，同時，提出加入申請案的國家有厄瓜多爾、突尼西亞以及英國。
4. 1884年7月7日公約正式生效，當時計有14個成員國，成立了「國際局」來執行行政管理任務，如舉辦成員國會議等。

巴黎公約第十四條規定就制度的改善需再提出修正，歷次開過的修正會議如下：
1. 1886年的羅馬會議
2. 1890年、1891年的馬里蘭會議
3. 1897年、1900年的布魯塞爾會議
4. 1911年的華盛頓會議
5. 1925年的海牙會議
6. 1934年的倫敦會議
7. 1958年的里斯本會議
8. 1967年的斯德哥爾摩會議

巴黎公約是首部保護工業財產權之國際公約，不論就其施行之期程，還是參與之國家數，都是「世界智慧財產權組織」（World Intellectual Property Organization, WIPO）所掌管的公約中

最具代表性者。巴黎公約的保護範圍是工業產權。包括適用於最廣義的工業產權，包括專利、商標、工業品外觀設計、實用新型、服務商標、廠商名稱、地理標誌以及制止不正當競爭。（applies to industrial property in the widest sense, including patents, trademarks, industrial designs, utility models, service marks, trade names, geographical indications and the repression of unfair competition.）巴黎公約的基本目的是保證一成員國的工業產權在所有其他成員國都得到保護。

巴黎公約的主要規範，主要可分四大部分：

1. 公約含有國際公法的規定，規範各會員國的權利暨義務，確立巴黎同盟的組織單位，以及行政規範。

2. 公約包含工業財產的相關規範，要求或允許各會員國於該領域予以立法。

3. 公約的第三部分是規範工業財產領域中有關私人間的權利義務，不過，其效力僅限於各會員國必須以其本國法規範之。

此部分的基本原則，即任一會員國依其有關工業財產的法律所賦予或將賦予其本國國民的權益，其他會員國國民亦得享有之。即使為非會員國國民，若於任一會員國境內有住所，或工商業處所，則亦得如前述會員國國民享有同等待遇。此即「國民待遇」原則，或「類似國民」原則，該原則係指在工業財產的領域內，各會員國應賦予其他會員國國民與其本國國民相同的待遇，而不得主張以互惠原則為適用的先決要件。公約的立法本意為：所謂「互

惠原則」本已涵蓋於公約所明定的義務中。

4. 第四部分有關個人間權利義務關係的實體規範，不僅及於國內法的適用，且直接就相關議題加以規範。[67]

截至2017年5月14日，隨著阿富汗的加入，成為該公約新的成員國，《巴黎公約》締約方總數已達到177個國家。[68]

二、伯恩公約之沿革暨主要規範

1886年通過的《伯恩保護文學和藝術作品公約》（Convention de Berne pour la protection des œuvres littéraires et artistiques），簡稱《伯恩公約》（Berne Convention），是關於保護文學及藝術作品之著作人權利的國際條約，必須加以保護的作品包括：「文學、科學和藝術領域內的一切成果，不論其表現形式或方式如何」〔本公約第2條第（1）款〕。「As to works, protection must include "every production in the literary, scientific and artistic domain, whatever the mode or form of its expression" (Article 2(1) of the Convention）」受保護著作包含：

1. 文學及藝術著作

2. 固著之可能要件

3. 衍生著作

---

[67] 經濟部智慧財產局，〈巴黎公約（Paris Convention）〉，*https://www.tipo.gov.tw/ct.asp?xItem=207098&ctNode=6780&mp=1*，瀏覽日期：2017.05.11。

[68] WIPO, "Paris Convention for the Protection of Industrial Property- Contracting parties," *http://www.wipo.int/treaties/en/ip/paris/index.html*, Browse date: 2017.05.13.

4. 官方文書

5. 集合著作

6. 保護之義務；保護之受益人

7. 應用藝術著作及工業設計

8. 新聞

　　根據《伯恩公約》的宗旨是其成員國國民的權利能在國際上得到保護，以對其創作作品的使用進行控制並收取報酬。這些創作作品的形式有：

1. 長篇小說、短篇小說、詩歌、戲劇。

2. 歌曲、歌劇、音樂作品、奏鳴曲。

3. 繪畫、油畫、雕塑、建築作品。

　　《伯恩公約》生效至今進行過8次補充和修訂，共有167個成員國，其修訂沿革為：

1. 1886年9月9日制定於瑞士伯恩，原始簽字國有瑞士、英國、比利時、德國、法國、義大利、西班牙、賴比瑞亞、海地和突尼西亞等10國，成立「國際局」來執行行政管理任務。

2. 1896年5月4日於巴黎補充完備

3. 1908年11月13日於柏林修訂

4. 1914年3月20日於伯恩補充

5. 1928年6月2日於羅馬修訂

6. 1948年6月26日於布魯塞爾修訂

7. 1967年7月14日於斯德哥爾摩修訂

8. 1971年7月24日於巴黎修訂

9. 1979年10月2日更改

　　《伯恩公約》承認1967年在斯德哥爾摩舉行的修訂會議工作的重要性，決定修訂斯德哥爾摩會議通過的公約文本但不更動該公約文本第一至二十條和第二十二至二十六條。該公約主要有三個原則：

1. 國民待遇原則

　　　　對於起源於一個締約國的作品，每一個其他成員國都必須給予與各該締約國給予其本國國民的作品同樣的保護。

(a) Works originating in one of the Contracting States (that is, works the author of which is a national of such a State or works first published in such a State) must be given the same protection in each of the other Contracting States as the latter grants to the works of its own nationals (principle of "national treatment")

2. 自動保護原則

　　　　公約對作品的保護不得以辦理任何手續為條件。

(b) Protection must not be conditional upon compliance with any formality (principle of "automatic" protection)

3. 獨立保護原則

　　　　公約對作品的保護不依賴于作品在起源國是否存在保護。如果某成員國規定的保護期比本公約所規定的最低期限更長，作品在起源國已過保護期，可以自起源國停止保護時起，拒絕予以保護。

(c) Protection is independent of the existence of protection in the country of origin of the work (principle of "independence" of protection). If, however, a Contracting State provides for a longer term of protection than the minimum prescribed by the Convention and the work ceases to be protected in the country of origin, protection may be denied once protection in the country of origin ceases.[69]

　　《伯恩公約》載有一系列確定所必須給予的最低保護方面的規定；並載有為希望利用這些規定的開發中國家所作出的特別規定，其可得之特定權能聲明如下：「任何批准或加入本修正案（本附錄乃構成其一部）之國家，如依聯合國大會慣例，乃視為係開發中國家，且該國於酌量其國內經濟情勢及社會、文化需求後，認為其本國當時對於本修正案所定各權利，暫無立即制訂相關保護規定之能力者，得於交存批准書或加入書時，或除第V條第（1）項第（c）款另有規定外，得於嗣後任何時間，向理事長交存乙份通知書，聲明其將行使第II條及第III條所定權能之一，或同時行使此二條所定權能。為此聲明之國家，得依第V條第（1）項第（a）款規定為聲明，而不行使第II條所定權能。」

　　截至2016年4月12日，隨著布隆迪共和國的加入，成為該公約新的成員國，《伯恩公約》締約方總數達到173個國家。[70]

69　WIPO, "Summary of the Berne Convention for the Protection of Literary and Artistic Works (1886)," *http://www.wipo.int/treaties/en/ip/berne/summary_berne.html*, Browse date: 2017.05.13.

70　WIPO, "Berne Convention for the Protection of Literary and Artistic Works-

三、羅馬公約之沿革暨主要規範

《保護表演者、音像製品製作者和廣播組織羅馬公約》（Rome Convention for the Protection of Performers, Producers of Phonograms and Broadcasting Organizations）簡稱《羅馬公約》（Rome Convention）。1961年10月26日，由國際勞工組織與世界智慧財產權組織及聯合國教育、科學及文化組織共同發起，在羅馬締結了本公約，公約於1964年5月18日生效，成員國希望保護表演者、音樂製作人及傳播機構之權利，確保對表演者的表演、錄音成品和廣播組織的廣播節目予以保護。（secures protection in performances for performers, in phonograms for producers of phonograms and in broadcasts for broadcasting organizations.）公約的行政管理工作由WIPO、國際勞工組織（ILO）和聯合國教科文組織（UNESCO）共同負責。

《羅馬公約》所賦予之保護、對於文學及美術的著作物之著作權的保護，不加以變更及影響。因此，本公約之規定，不得作損害此著作權保護之解釋。

截至2009年3月17日，隨著賽普勒斯的加入，成為該公約新的成員國，《羅馬公約》締約方總數達到92個國家。[71]

Contracting parties," http://www.wipo.int/treaties/en/ip/berne/summary_berne.html, Browse date: 2017.05.13.

[71] WIPO, "Rome Convention for the Protection of Performers, Producers of Phonograms and Broadcasting Organizations- Contracting parties," http://www.wipo.int/treaties/en/ip/rome/index.html, Browse date: 2017.05.13.

四、華盛頓公約之沿革暨主要規範

《華盛頓公約》（Washington Convention）又稱「瀕臨絕種野生動植物國際貿易公約」（Convention on International Trade in Endangered Species of Wild Fauna and Flora, CITES），在1963年時由「國際自然與天然資源保育聯盟」（IUCN）的各會員國起草簽署，在1975年時正式執行。這份協約的目的主要是透過對野生動植物出口與進口限制，確保野生動物與植物的國際交易行為不會危害到物種本身的延續，因為該條約於1973年6月21日在美國首都華盛頓所簽署，所以稱《華盛頓公約》。1975年7月1日正式生效。

《華盛頓公約》的成立始於國際自然保育界有鑒於野生動物的國際貿易買賣對部分野生動植物族群已造成直接或間接的威脅，而為能可持續使用此資源，由全球最具規模與影響力的世界自然保護聯盟（International Union for Conservation of Nature, IUCN）在1963年公開呼籲各國政府正視此一問題，並著手野生物國際貿易管制的工作，歷經十年的努力，於1973年催生出該公約。

《華盛頓公約》（CITES）的主要精神在於管制而非完全禁止野生物種的國際貿易，其用物種分級與許可證的方式，以達成野生物種市場的永續利用性。該公約管制國際貿易的物種，可歸類成三項附錄，附錄一的物種為若再進行國際貿易會導致滅絕的動植物，明確規定禁止其國際性的交易；附錄二的物種則為目前無滅絕危機，管制其國際貿易的物種，若仍面臨貿易壓力，族群量繼續降低，則將其升級入附錄一。附錄三是各國視其國內需

要，區域性管制國際貿易的物種。

截至2015年9月4日，隨著歐洲聯盟的加入，成為該公約新的成員國，《華盛頓公約》締約方總數達到181個國家。[72]

第三節　世界智慧財產權組織公約

《世界智慧財產權組織公約》（The World Intellectual Property Organization，簡稱WIPO）最初是來自1893年《巴黎公約》及《伯爾尼公約》的「國際局」合併，成立了「保護智慧財產權聯合國際局」（BIRPI）的國際組織，設在瑞士伯爾尼，當時只有7名工作人員，即是今天世界智慧財產權組織（WIPO）的前身。WIPO當今總部設在瑞士日內瓦。

1960年，BIRPI從伯爾尼搬到日內瓦，以便與聯合國及其他國際組織更加接近。

1967年7月14日WIPO簽定於斯德哥爾摩。

1970年，WIPO生效，成立對成員國負責的祕書處，BIRPI也變成了世界智慧財產權組織。

1974年，WIPO成為聯合國組織系統的一個專門機構，負責管理智慧財產權事務的任務。

1978年，WIPO祕書處搬入聯合國總部大樓。

1979年10月2日，WIPO有作修正，但此時WIPO還是一個政府間組織。

---

[72] CITES, "Member countries-List of Parties in alphabetical or chronological order," *https://cites.org/eng/disc/parties/index.php*, Browse date: 2017.05.14.

1996年，WIPO與WTO簽訂合作協定，擴大其在全球化貿易管理中的作用。

2009年7月23日，世界智慧財產權組織總部啟動「發展與創新研究之資料取得」（Access to Research for Development and Innovation，簡稱ARDi）計畫，免費提供低度開發國家政府智慧財產權部門、大學和研究機構於線上使用特定的科學、技術期刊，開發中國家則可用低廉的價格使用這些期刊。

2013年11月，WIPO啟動新資料庫共用綠色技術。

WIPO有兩大主要宗旨，一是在全世界促進對智慧財產權的保護（to promote the protection of intellectual property worldwide），二是確保WIPO管理的各條約所建立的智慧財產權聯盟之間的行政合作（to ensure administrative cooperation among the intellectual property Unions established by the treaties that WIPO administers.）。

為履行這些目標，WIPO的工作包括：

1. 通過締結國際條約，制定智慧財產權保護和執法的標準與準則。
2. 向各國提供智慧財產權領域的技術和法律支援。
3. 各工業產權國之間開展專利、商標和工業品外觀設計文獻方面的合作。
4. 註冊和申請活動，具體涉及與發明專利的國際申請以及商標和工業品外觀設計註冊有關的服務。

WIPO規範的成員國有：

1. 聯合國會員國、與聯合國有關的任何專門機構的成員國、

或國際原子能機構的成員國。

2. 《國際法院規約》的當事國。

3. 已成為本公約成員國的國家。

WIPO預算收入的主要來源是各國註冊和申請服務的國家所支付的費用和各成員國政府繳納的會費。每個國家分屬於14個會費等級中的一個級別，每個級別有不同繳費額度。會費級別最高的為I級，交納25個會費單位；會費最低的等級為S之三級，繳納1／32的會費單位。按成員國1993年通過的單一會費制，各國繳納的會費金額，無論該國僅為WIPO成員，還是僅屬一個或多個聯盟的成員，或既是WIPO成員又屬一個或多個聯盟的成員，一律同等。

WIPO的成員國共同目標為：

有志於在尊重主權和平等基礎上，為謀求共同利益，增進各國之間的瞭解與合作而貢獻力量

（Desiring to contribute to better understanding and cooperation among States for their mutual benefit on the basis of respect for their sovereignty and equality）

有志於為鼓勵創造性活動而加強世界範圍內的智慧財產權保護

（Desiring, in order to encourage creative activity, to promote the protection of intellectual propertythroughout the world）

有志於在充分尊重各聯盟獨立性的條件下，使為保護工業產權和文學藝術作品而建立的各聯盟的管理趨於現代化並提高效率

（Desiring to modernize and render more efficient the administration of the Unions established in the fields of the protection of industrial property and the protection of literary and artistic works, while fully respecting the independence of each of the Unions）

　　WIPO協調各國智慧財產權的立法和程式，向開發中國家及其他國家提供法律和技術援助，更為解決私人智慧財產權爭端提供便利，WIPO第一條規定，該條約是《伯恩公約》第二十條意義下的專門協定，締約各方應適用於《保護文學和藝術作品伯恩公約》的實體條款。其中，第二條有關版權保護範圍、第四條電腦程式保護、第五條資料彙編（資料庫）的保護以及第十條有關限制與例外，基本與世界貿易組織《TRIPS協定》規定相一致。WIPO是對《伯恩公約》、《TRIPS協定》的發展與補充。

　　截至2016年10月27日，隨著庫克群島的加入，成為該公約新的成員國，《世界智慧財產權組織公約》締約方總數達到189個國家。[73]

第四節　小結

　　根據WIPO在1983年的統計，當年全世界有專利法的國家達140個。但由於專利法是國內法，有嚴格的地域性，各國關於專利申請、授權條件和期程各不相同，國際間技術交流因而造成許多不

---

[73] WIPO, "Convention establishing the World Intellectual Property Organization-Contracting parties," *http://www.wipo.int/treaties/en/convention/index. html*, Browse date: 2017.05.14.

便。到了19世紀末期，資本主義發展到帝國主義階段，各國間經濟、技術交流日益增多，為順應這種形勢，專利制度朝向國際化方向發展。1883年，以法國為首的10多個歐洲國家為暸解決工業產權的國際保護問題，經過協商簽訂了《保護工業產權巴黎公約》，該公約開創了專利法國際協調的先河。第二次世界大戰以後，國際化、全球化的趨勢進一步加強，簽訂了一系列專利保護的國際條約，也促使了WIPO的成立。如果以1474年威尼斯共和國的專利法為專利制度的起源，專利制度已有543年的歷史。若以英國議會1623年的壟斷法為開端，專利制度也經歷了394年的發展歷史。

追溯到專利制度發展的最初，強制授權是一個不存在的概念，因為當時的專利法是屬於「國內法」，主要保障國內發明者所公開使用之發明品不被他人所模仿。這樣的專利法規受地域性限制，且各國法規並無統一架構，強制授權規範的商品可以「非專利」價格標準，在接受申請後「出口」至所需國家的「跨地域」概念，在早期的專利法是未曾提及的。

第四章
TRIPS協定與會員國間之互動

　　TRIPS協定第一條第一項會員國得依其法律規定執行較TRIPS協定規範更高程度的保護，但不可與TRIPS協定規範相牴觸，且會員國有權依其法律規範與實務，自行決定執行TRIPS協定規範的適當方式。由此可知，TRIPS協定僅是會員國提供智慧財產權保護所應遵守的「最低標準」（minimum standards），會員國仍有權利提供更高程度的保護標準。由於各國採行的法律體制不同，故TRIPS協定僅要求會員國對特定權利提供定程度的保護（如實施邊境保護），至於其保護的方式與措施（如以行政命令或立法方式來實現規範要求）則由各會員國自行決定。

第一節　TRIPS的基本原則及限制

一、TRIPS總計七篇七十三條，主要包含下列五大領域

1. 如何遵守現行貿易體系基本原則與國際智慧財產權協定。
2. 如何充分保護智慧財產權。

3. 如何促使各國政府有效執行相關法令。

4. 如何解決WTO會員間的智慧財產權爭議。

5. 如何擬定協定適用的過渡期間等。

第一篇：一般規定及基本原則

第二篇：關於智慧財產權有效性、範圍暨使用之標準

      1. 著作權及其相關權利

      2. 商標

      3. 地理標示

      4. 工業設計

      5. 專利

      6. 積體電路之電路佈局（拓樸圖）

      7. 未公開資料之保護

      8. 契約授權中反競爭行為之防制

第三篇：智慧財產權之執行

      1. 一般義務

      2. 民事與行政程式暨救濟

      3. 暫時性措施

      4. 與邊界措施有關之特殊規定

      5. 刑事程式

第四篇：智慧財產權之取得與維持及相關當事人間之程式

第五篇：爭端之預防及解決

第六篇：過渡性安排

第七篇：機構性安排；最終條款

二、TRIPS基本原則

（一）最低標準原則——TRIPS第一條

TRIPS第一條第一項規定「會員應實施本協定之規定。會員無義務但得於其法律中提供較本協定所要求更廣泛之保護，惟不得牴觸本協定之規定。會員得於其本身法律體制及實務內，決定履行本協定之適當方式。」

TRIPS容許各成員國自由決定採取適當之方式，在其自我法律體系及實務範圍內，施行其規定，但是其標準只能比TRIPS原協定更高而不能更低（TRIPS第九至四十條）。

（二）國民待遇原則（National Treatment）
——TRIPS第三條

各成員國必須在法律上給予其他成員國的國民以及本國國民同等的待遇。在不歧視原則（rule of nondiscrimination）下，申請人（或財產權人）都與本國人享有同樣的保護及待遇。就智慧財產權保護而言，每一會員給予其他會員國民之待遇不得低於其給予本國國民之待遇，即不得歧視其他會員國民。

TRIPS第三條有關國民待遇之規定為：

1. 除巴黎公約（1967）、伯恩公約（1971）、羅馬公約及積體電路智慧財產權條約所定之例外規定外，就智慧財產權保護而言，每一會員給予其他會員國民之待遇不得低於其給予本國國民之待遇（註3）。對表演人、錄音物製作人及廣播機構而言，本項義務僅及於依本協定規定之權利。

任何會員於援引伯恩公約（1971）第六條或羅馬公約第十六條第一項（b）款規定時，均應依各該條規定通知與貿易有關之智慧財產權理事會。

2. 會員就其司法及行政程式，包括會員管轄內送達地址之指定或代理人之委任，為確保法令之遵守，而該等法令未與本協定各條規定牴觸，且其施行未對貿易構成隱藏性之限制者，得援用第一項例外規定。

巴黎公約、伯恩公約等公約之會員必須是主權國家，國民待遇原則僅適用於主權國家。WTO之會員可為主權國家、獨立關稅地區或國際組織，國民待遇原則之適用範圍較廣。

（三）最惠國待遇原則（Most Favoured Nation Treatment）──TRIPS第四條

關於智慧財產保護而言，一會員給予任一其他國家國民之任何利益、優惠、特權或豁免權，應立即且無條件地給予所有其他會員之國民。但利益、優惠、特權或豁免權有下列情形之一者，免除本義務：

（a）衍自一般性司法協助或法律執行之國際協定，而非特別侷限於智慧財產權之保護者；

（b）依據伯恩公約（1971）或羅馬公約之規定，非依國民待遇之功能授予，而是以另一個國家所給予之待遇所授予者；

（c）關於本協定所未規定之表演人、錄音物製作人及廣播機構之權利者；

（d）衍自較世界貿易組織協定更早生效之關於智慧財產保護之國際協定者；惟此項協定須通知與貿易有關之智慧財產權理事會，且不得對其他會員之國民構成任意或不正當之歧視。

相對於「國民待遇原則」要求對內外國人間應平等對待，「最惠國待遇原則」要求對「外國人間」，亦應平等對待，不可有差別待遇。若二個或二個以上的會員國簽定之協議內容高於TRIPS所規定之最低保護標準，該締約會員國有義務將相同之利益擴及於TRIPS所有會員國，這也是國際貿易中首次把對有形實體物品的保護延伸到智慧財產權的領域。

國民待遇及最惠國待遇義務是TRIPS協定最基本的規範原則，依照TRIPS協定附註3規定，TRIPS協定第三條國民待遇義務及第四條最惠國待遇義務的適用範圍，應包括舉凡影響智慧財產權之可獲得性（availability），取得（acquisition），範圍（scope），保持（maintenance）及執行（enforcement）等事項，以及影響本協定特別規範的智慧財產權利用（use）等事項。由上述規定可知，TRIPS協定雖然要求各會員國應賦予其他會員國國民不低於其所賦予本國國民之待遇，但同時亦承認各相關國際公約既有的例外規範。

（四）權利耗盡原則（Exhaustion）──TRIPS第六條

就本協定爭端解決之目的而言，在符合本協定第三及四條之前提下，不得使用本協定之任何條款解決智慧財產權耗盡之問題。指權利人就其創作、製造，或經同意製造之物品，於第一次

進入市場後，即喪失對該物品之販賣權與使用權，任何合法取得物品之第三人，均得任意使用該物品或轉讓他人，權利人不得給予干預。權利耗盡原則可分為國內耗盡與國際耗盡。[74]

（五）公共利益考量原則（Principles）──TRIPS第八條

1. 會員於訂定或修改其國內法律及規則時，為保護公共健康及營養，並促進對社會經濟及技術發展特別重要產業之公共利益，得採行符合本協定規定之必要措施。

2. 在符合本協定規定下，可採取適當措施，以防止智慧財產權持有人濫用其權利；或在實務上不合理限制交易；或對技術之國際移轉有不利之影響。

TRIPS允許會員國在制定或是修正法律與規定時，必須採取必要措施，以保護公共的健康與營養，但其措施不得與TRIPS有所牴觸。此外，必須防止權利所有者對TRIPS的濫用，或者是使用的手段，不合理的限制了貿易或者對於技術之國際轉移有負面的影響。[75]

---

[74] Reference Room, "Part I General Provisions and Basic Principles," *http://www.jpo.go.jp/shiryou_e/s_sonota_e/fips_e/trips/ta/chap2.htm*, Browse date: 2007.5.

[75] 吳嘉生，《美國貿易法三○一條款評析：智慧財產權保護之帝王條款》（臺北：元照，2001），頁246-253。

三、TRIPS重要特徵

（一）執行（Enforcement）
——TRIPS第四十一條之一

會員應確保本篇所定之執行程式於其國內法律有所規定，以便對本協定所定之侵害智慧財產權行為，採行有效之行動，包括迅速救濟措施以防止侵害行為及對進一步之侵害行為產生遏阻之救濟措施。前述程式執行應避免對合法貿易造成障礙，並應提供防護措施以防止其濫用。

TRIPS規定之執行，並不強制要求會員於其現有的司法執行系統之外，另行建立一套有關智慧財產權的執行程式。但會員應確保TRIPS所定之執行程式在其國內法律內有所規定，以便對協定所定之侵害智慧財產權行為，能採行有效之行動。[76]

（二）平衡保護原則（Balanced Protection）
——TRIPS第三、四、五條

TRIPS協定有一個重要的原則，就是智慧財產權的保護必須對專門的技術發明及技術性的轉換有所貢獻，同時讓生產者及使用者都能夠受益，並對經濟和社會福利有所強化。[77]

---

[76] 經濟部智慧財產局，〈與貿易有關之智慧財產權協定〉，*https://www.tipo.gov.tw/site/UipTipo/public/Attachment/321714254141*，瀏覽日期：2017.03.20。

[77] "Intellectual property: protection and enforcement," *http://www.wto.org/english/thewto_e/whatis_e/tif_e/agrm7_e.htm*, Browse date: 2017.3.7.

（三）爭端解決（Dispute Solution）──TRIPS第六十四條

　　爭端解決瞭解書所解釋及適用之GATT 1994第二十二及二十三條，應適用於本協定之爭端諮商與解決。但本協定另有規定者，不在此限。

　　WTO的會員國，在遵守TRIPS的義務出現爭端時，必須依照WTO爭端解決程式處理。[78]

　　在TRIPS協定下，關於智慧財產權之爭端，及保護的執行並無明訂具體規定，因此WTO會員國並無義務在相關保護法律、措施的執行上必須達到一定之標準，故WTO始建立起一套「國際爭端解決機制」。根據WTO《爭端解決規則與程序瞭解書》（Understanding on Rules and Procedures Governing the Settlement of Disputes, DSU）第2條規定，WTO應設立由所有WTO會員代表組成的爭端解決機構（Dispute Settlement Body, DSB），DSB不僅解決傳統九大貨物貿易協定的爭端，也處理包括智慧財產權、服務貿易、WTO設立及DSU規則本身所產生的爭端。[79]

　　TRIPS所採取的立法原則，有些是延續國際現行的基本原則，例如遵守原有國際條約（TRIPS有關版權的諸多規定均來自於伯恩公約（The Berne Convention for the Protection of Literary and Artistic Works），而有關商標與專利的規定來自於巴黎公約（Paris Convention for The Protection of Industrial Property）；羅馬公

---

[78] "A more detailed overview of the TRIPS Agreement," *http://www.wto.org/english/tratop_e/trips_e/intel2_e.htm*, Browse date: 2017.3.5.

[79] 林富傑，〈中美智財權貿易爭端與解決機制〉，《智慧財產季刊》，第63期（2007.10），頁38-42。

約及積體電路智慧財產權條約等）。也有些是針對特殊對象所制定，例如對於開發中國家之過渡規定或權利耗盡原則等。

四、專利保護的最低標準

（一）專利權保護客體

專利要件包含：新穎性、進步性、實用性。「進步性」（inventive step）與「非顯而易知」（non-obvious），「實用性」（utility）與「產業利用性」（capable of industrial application）解為同義。

法定不予專利項目得包含：

1. 違反公共秩序或道德。
2. 對人類或動物疾病之診斷、治療及手術方法。
3. 微生物以外之植物與動物，及除「非生物」及微生物方法外之動物、植物產品的主要生物育成方法。

TRIPS第27條規定：「於受本條第2項及第3項規定拘束之前提下，凡屬各類技術領域內之物品或方法發明，具備新穎性、進步性及實用性者，應給予專利保護。依據第65條第4項、第70條第8項，及本條第3項，應予專利之保護，且權利範圍不得因發明地、技術領域、或產品是否為進口或在本地製造，而有差異。

會員得基於保護公共秩序或道德之必要，而禁止某類發明之商業性利用而不給予專利，其公共秩序或道德包括保護人類、動物、植物生命或健康或避免對環境的嚴重破壞。但僅因該發明之

使用為境內法所禁止者，不適用之。

　　會員得不予專利保護之客體包括：

（a）對人類或動物疾病之診斷、治療及手術方法；

（b）微生物以外之植物與動物，及除「非生物」及微生物方法外之動物、植物產品的主要生物育成方法。會員應規定以專利法、或單獨立法或前二者組合之方式給予植物品種保護。本款於世界貿易組織協定生效四年後予以檢討。

（二）專利權內容

TRIPS第二十八條所授予之權利

1. 專利權人享有下列排他專屬權：

（a）物品專利權人得禁止第三人未經其同意而製造、使用、為販賣之要約、販賣或為上述目的而進口（註6）其專利物品。

（b）方法專利權人得禁止第三人未經其同意而使用其方法，並得禁止使用、為販賣之要約、販賣或為上述目的而進口其方法直接製成之物品。

2. 專利權人有權讓與或以繼承方式移轉其專利權，及訂立授權契約。

第二節　開發中國家與「特殊及差別待遇」

　　為了兼顧已開發國家快速的經濟貿易自由化與開發中國家的

經濟發展，WTO各項協定中大都有對於開發中國家提供特殊與差別待遇之條款，WTO要求會員國應對開發中與低度開發國家提供必要之援助與放寬條件。在WTO貿易與發展議題中，特殊與差別待遇議題（Special & Differential Treatment, S&D）其涵蓋層面廣，與開發中國家的發展目標均息息相關，且經開發中國家爭取，其範圍與要求的條款亦被延伸到日漸增加的貿易議題中，以進一步符合WTO會員國的發展程度與利益。

以追求最大獲利、商業利益為優先考量的跨國公司均積極以全球市場為導向，期望在國際市場上提高競爭力，以短期獲取巨額的成本回收為目標。WTO的成形就是跨國公司所組成的遊說團體（Lobby group）向其母國政府施壓下所生的結果，跨國公司所在的母國通常為經濟高度發展的富裕國家，這些國家的政經影響力在國際舞臺上亦扮演舉足輕重的角色。

在跨國公司和已開發國家的推波助瀾之下，全球化及自由化的趨勢已銳不可擋，跨國公司希望在WTO談判過程中減少因過多法令管束所帶來的行政效率低落和經濟扭曲[80]。開發中國家則認為若用已開發國家之標準開放其國內市場會導致開發中國家的經濟加速惡化而加以反對。其論點在於其國內就業機會將大幅流失，國內市場競爭的壓力會增加，而這些競爭會導致國內薪資水準的降低、勞工權益的剝奪、國民生活水準的低落，也會使環境保護的標準和保護消費者的機制受到考驗。

---

[80] Chun Hung Lin, "Developing Countries and the Practicality of Multilateral Investment Agreements on Telecommunications," *Acta Juridica Hungarica*, Vol. 45, No. 1-2 (2004) ,pp. 1-23.

開發中國家需要人才、資金、技術和國際市場，雖然開發中國家的確需要國際資本，但跨國公司之進入不等於協助開發中國家經濟發展，還必需考慮到內部的產業發展策略。某種程度上來說，WTO開放貿易談判只是單方面，不平等的削弱開發中國家的主權和內部經濟管制權，造成開發中國家面對跨國資金時更加弱勢，跨國公司的自由是建立在開發中國家的不自由上[81]，拉大貧富差距。

開發中國家因應WTO要求而必須開放市場，其原本國家內部對經濟和產業的規範法規可能被視為貿易障礙而被迫移除，以致開發中國家的產業政策都必須配合跨國公司的需求，因跨國公司主要追求商業利益最大化，而非考慮開發中國家的國內經濟發展現況和社會需求。[82]

另一方面，跨國公司和已開發國家因有著充沛的資源與權力優勢在WTO架構下進行談判，以致開發中國家的立足點和談判空間實際上與已開發國家並非處於平等的狀態。WTO身為提供進行多邊貿易談判之場所，條約多傾向對跨國公司的保護，這些論點可從WTO的相關規定來深入瞭解。已開發國家、開發中國家或低度開發國家，在經濟發展過程中面臨的問題不同。[83]WTO雖要求所有會員國降低關稅，取消「不公平」的補貼，並放寬對

---

[81] Juan Carlos Linares, "The Development Dilemma: Reconciling U.S. Foreign Direct Investment in Latin America with Laborers' Rights: A Study of Mexico, The Dominicanre Public and Costa Rica," *North Carolina Journal of Int'l L. & Commercial Regulation*, Vol. 29, No. 1 (2003) ,pp. 249-281.

[82] 林俊宏，〈概論多邊投資協定──以開發中國家為中心之省思〉，《經社法制論叢》，第38期（2006.6），頁141-182。

[83] 林俊宏，〈由開發中國家之經濟發展角度探討「服務貿易總協定」之新局〉，《貿易政策論叢》，第4期（2005.12），頁205-228。

外資的管制，但貿易流通、自由化前的各國生產力和資本規模本身已經是不平等發展的情況，因此也需要不同層次的經濟措施和法令政策，去解決各個國家經濟發展的問題。

從1950年代開始，所謂的新興工業化國家，就已經比大部分已開發國家有更多的經濟保護措施和國家公權力的介入，去促成其經濟目標；但對於低度開發或是開發中國家，完全的自由貿易型態可能會妨礙他們本身經濟發展的策略和平衡，並降低其在國際市場上的競爭力。[84]

早期GATT的基本精神是在於「貿易全面自由化」及「非歧視原則」，表現在GATT條文上即為「國民待遇原則」及「最惠國原則」，其論述基礎在於各締約國都會用比較有優勢之產業進行自由貿易時，也就是以出口導向（outward-oriented）之型態進行貿易，來減少各國家之間因進出口限制措施而產生的貿易障礙，從而使開發中國家或已開發國家皆可從多邊貿易體系中獲益。[85]但從1950年代起，許多亞洲及非洲新興國家於第二次世界大戰後，脫離原殖民地獨立出來並加入GATT，而GATT原先強調的「貿易自由化」精神並無法完全適用於這些新興獨立國家，因其不具有全球貿易體系下所謂「比較利益」（Comparative advantage）的貿易優勢。

開發中國家因短期內無法達成工業化及經濟快速發展的目

---

[84] 林俊宏，〈WTO架構下開發中國家與發展議題之回顧〉，《貿易政策論叢》，第11期（2009.8），頁133-168。

[85] Edwini Kessie, "Enforceability of the Legal Provisions Relating to Special and Differential Treatment under the WTO Agreements," *Journal of World Intellectual Property*, Vol. 3, No. 6 (2000) ,pp. 962.

標，故須以「保護政策」（protective trade policy）維護自身發展權益，而與GATT所強調的貿易自由化原則並不相符。因為在國際分工的原則下，開發中國家僅在天然資源、原料及初級產業上具有出口利益，因開發中國家產品較已開發國家產品具有低價格及價格具有彈性等特性，若持續仰賴原料及初級產品之出口，將使開發中國家之出口所得浮動過大並減損貿易條件，使其在工業化的過程中將更依賴已開發國家製成品之進口，故自由化之貿易政策將會阻礙開發中國家新開發產業的發展。

因此，開發中國家在著重其經濟發展的需要下，要求在GATT架構下，應享有與已開發國家不同的差別優惠待遇。開發中國家希望藉由此種貿易優惠措施，使開發中國家之製成品取得進入已開發國家市場的能力，以克服開發中國家先天缺少資金、技術、人才之不利因素。

在開發中國家與已開發國家之貿易關係上，則應採行「非互惠」（Non-reciprocity）或「低於全面性互惠」（Less Than Full Reciprocity）原則，使開發中國家能維持並能促進發展所需之貿易保護，進而獲得執行相關規範之彈性，使開發中國家帶動全世界初級產品市場之穩定成長。

在開發中國家的要求下，於1954年至1955年GATT談判中，承認開發中國家在GATT下應享有若干彈性規定之需要，表現在開發中國家的貿易策略，則包括了以關稅及非關稅障礙為屏障之「進口替代政策」、「出口補貼」及「貿易管制措施」。在GATT協定架構下，給與開發中國家所謂「特殊及差別待遇」（Special and Differential Treatment，S&D），主要訂定在GATT第十

八條之修正，[86]及增訂GATT第二十八條之一的規定，內容強調給予開發中國家修正或撤回關稅減讓承諾之空間，以促進其特殊產業之建立。[87]

（GATT Article XVIII Section A.）

7. (a) If a contracting party coming within the scope of paragraph 4 (a) of this Article considers it desirable, in order to promote the establishment of a particular industry* with a view to raising the general standard of living of its people, to modify or withdraw a concession included in the appropriate Schedule annexed to this Agreement, it shall notify the CONTRACTING PARTIES to this effect and enter into negotiations with any contracting party with which such concession was initially negotiated, and with any other contracting party determined by the CONTRACTING PARTIES to have a substantial interest therein. If agreement is reached between such contracting parties concerned, they shall be free to modify or withdraw concessions under the appropriate Schedules to this Agreement in order to give effect to such agreement, including any compensatory adjustments involved.

(b) If agreement is not reached within sixty days after the notification provided for in sub-paragraph (a) above, the contracting party which proposes to modify or withdraw the concession may refer the matter to

---

[86] GATT Article XVIII "Government Assistance to Economic Development.", 7 October 1957.
[87] GATT Article XVIII Section A.

the CONTRACTING PARTIES which shall promptly examine it. If they find that the contracting party which proposes to modify or withdraw the concession has made every effort to reach an agreement and that the compensatory adjustment offered by it is adequate, that contracting party shall be free to modify or withdraw the concession if, at the same time, it gives effect to the compensatory adjustment. If the CONTRACTING PARTIES do not find that the compensation offered by a contracting party proposing to modify or withdraw the concession is adequate, but find that it has made every reasonable effort to offer adequate compensation, that contracting party shall be free to proceed with such modification or withdrawal. If such action is taken, any other contracting party referred to in sub-paragraph (a) above shall be free to modify or withdraw substantially equivalent concessions initially negotiated with the contracting party which has taken the action.*

　　GATT承認開發中國家有國際收支平衡困難的問題，故放寬開發中國家引用收支平衡例外之要件，賦予開發中國家適用保護收支平衡之限制額外的彈性規定，包括關稅及數量限制，以支持開發中國家新開發產業並提高生活水準，此即早期在GATT架構下開發中國家獲取特殊及差別待遇之時空背景及相關條文規定。

　　烏拉圭回合談判從1986年9月開始，歷時7年半，於1994年4月結束，是目前為止最大型的貿易談判。談判國家從最初的103個國家，增至談判結束時已經有125個國家。在烏拉圭回合談判時採用「單一承諾」（single undertaking）談判模式，單一承諾對開發中國家之權利義務造成衝擊。

杜哈宣言47段指出：「談判的進行，暨其談判結果之締結及生效，應被視為『單一承諾』的一部分」，因所有WTO會員國皆受WTO規範約束，且不論會員國發展程度差異，在WTO架構下，開發中國家與已開發國家享有同一權利並負擔同一義務，故開發中國家一改過去集體談判之方式，改以個別國家方式參與烏拉圭回合之議題談判。

　　在低度開發國家方面，烏拉圭回合談判則著重在進一步擴展世界貿易以有利於所有國家，包括藉由降低及消除關稅、數量限制及其他非關稅措施及障礙，以改善市場進入之情況。整體而言，WTO在開發中國家「特殊與差別待遇議題」上之談判方式，與原本GATT架構下之特殊與差別待遇規定無太大差異。但WTO中「特殊與差別待遇條文」散布於各協定中，各協定的規定不盡相同，亦導致執行上的困難，包括條文本身並無明確的指標來監督執行的結果，而特殊與差別待遇對已開發國家而言亦非強制性義務，予以已開發國家許多政策空間，因此執行起來的可操作性、限制性與約束力都不盡相同，也格外困難。

　　在授權條款方面，雖然「授權條款」承認已開發國家授與開發中國家優惠措施之法律基礎，但其並未「強制要求」已開發國家執行並給予優惠措施之義務。由於欠缺法律拘束力，已開發國家得片面決定停止授權給開發中國家。

　　因此，為考量開發中國家的特殊需要，WTO許多貿易協定提供了開發中國家在執行若干規定及承諾時，對經濟及商業政策採取彈性措施之機會。「彈性承諾條款」給予開發中國家較大的空間，以執行相關規範，而此承諾為WTO授與開發中國家最普

遍優惠措施之一，在要求WTO會員國保護開發中國家利益上，許多WTO貿易協定亦要求已開發會員國在採取可能影響開發中會員國貿易利益之任何措施前，考量開發中會員國之特殊情況。

WTO要求已開發國家在可能範圍內，WTO應以多邊方式提供開發中國家技術協助。許多開發中國家亦主張依WTO架構下之各項協定，已開發國家對開發中國家應有提供技術協助之義務，WTO並無意強制已開發國家提供技術協助予開發中國家。

多數開發中國家質疑貿易自由化是為了圖利已開發國家的跨國企業，而將傷害多數開發中國家的經濟自主權和內部經濟控制權。開發中國家從1973-1979年GATT第七回合（東京回合）[88]談判以來，在全球貿易體制中的比重雖在增大，但卻一直處於談判體系的邊緣，不能公平地分享全球貿易發展的利益。

WTO架構下TRIPS協定於第六十五至六十七條所給予開發中國家及低度開發國家過渡性安排之待遇，亦突顯TRIPS協定重視不同國家間經濟發展之平衡與提倡非歧視原則之理念。

TRIPS第六篇對開發中國家的過渡性安排（Transitional Arrangements）如下：

第六十五條　過渡性安排
Article 65 Transitional Arrangements

1. 在受第二項、第三項、第四項拘束之前提下，會員自WTO協定生效後一年內並無義務適用本協定之規定。

---

[88] 1973-1979第七回合（東京回合）談判主題：關稅、非關稅措施及各項架構性規約，如：輸入許可證程式、海關估價、技術性貿易障礙、牛肉及國際乳品協定等

1. Subject to the provisions of paragraphs 2, 3 and 4, no Member shall be obliged to apply the provisions of this Agreement before the expiry of a general period of one year following the date of entry into force of the WTO Agreement.

2. 任一開發中國家會員，對本協定之適用，除第一篇第三條、第四條及第五條規定外，得將前項期間另行延緩四年執行。

2. A developing country Member is entitled to delay for a further period of four years the date of application, as defined in paragraph 1, of the provisions of this Agreement other than Articles 3, 4 and 5. Page 348

3. 任一會員正處於由中央管制經濟轉型為自由企業經濟之過程中，且正進行重建智慧財產權體制結構，如在準備與執行智慧財產權法規過程中面臨特殊問題時，亦得享有前項之延緩期限。

3. Any other Member which is in the process of transformation from a centrally-planned into a market, free-enterprise economy and which is undertaking structural reform of its intellectual property system and facing special problems in the preparation and implementation of intellectual property laws and regulations, may also benefit from a period of delay as foreseen in paragraph 2.

4. 屬開發中國家之會員，如依第二項規定，應於適用本協定之日，遵守本協定將其產品專利保護擴張至該國未予保護之科技領域時，該會員得就本協定第二篇第五節之科技領域再行延緩五年實施。

4. To the extent that a developing country Member is obliged by this Agreement to extend product patent protection to areas of technology not so protectable in its territory on the general date of application of this Agreement for that Member, as defined in paragraph 2, it may delay the application of the provisions on product patents of Section 5 of Part II to such areas of technology for an additional period of five years.

5. 任一會員適用前四項過渡期間者，應確保其於該期間內對其國內法律、規則與執行內容有所修正時，不會導致與本協定規定之符合程度降低。

5. A Member availing itself of a transitional period under paragraphs 1, 2, 3 or 4 shall ensure that any changes in its laws, regulations and practice made during that period do not result in a lesser degree of consistency with the provisions of this Agreement.

第六十六條　低度開發國家會員
Article 66 Least-Developed Country Members

1. 鑑於低度開發國家會員之特殊需求，及其經濟、財政、行政之限制，與建立一可行之科技基礎所需之彈性，此等會

員，除第三條至第五條規定外，自本協定第六十五條第一項所定之日起十年內，不得被要求實施本協定。與貿易有關之智慧財產權理事會得基於低度開發國家會員之請求延長該期限。

1. In view of the special needs and requirements of least-developed country Members, their economic, financial and administrative constraints, and their need for flexibility to create a viable technological base, such Members shall not be required to apply the provisions of this Agreement, other than Articles 3, 4 and 5, for a period of 10 years from the date of application as defined under paragraph 1 of Article 65. The Council for TRIPS shall, upon duly motivated request by a least-developed country Member, accord extensions of this period.

2. 已開發國家會員應提供其國內企業及機構誘因，推廣並鼓勵將技術移轉至低度開發國家會員，使其能建立一穩定可行之科技基礎。

2. Developed country Members shall provide incentives to enterprises and institutions in their territories for the purpose of promoting and encouraging technology transfer to least-developed country Members in order to enable them to create a sound and viable technological base.

經過GATT時期和WTO多次回合的談判，開發中國家和已開

發國家已建立起貿易一體化的共識，並認為將特殊與差別待遇納入WTO體系中確實有其重要性，同時也是達成未來全面貿易自由化的必要措施。2001年於卡達（Qatar）首都杜哈（Doha）舉行的部長級會議，目的即在兼顧開發中及低度開發國家的利益與義務，以確保開發中及低度開發國家支持並充分參與談判。[89]，並由總理事會負責監督，並強調特殊與差別待遇應充分考量給予開發中及低度開發國家之特殊與差別待遇。[90]

WTO的基本精神在於建立一個協商平臺機制，讓各國政府協商開放彼此市場，以便讓跨國公司進入國內市場，促進貿易自由化，假設世界上各國的發展均等，透過國際貿易機制的建立，可讓各國依照比較利益出口商品，開發中國家可因此強化優勢產業促進經濟發展；但已開發國家卻擁有工業產製品出口的比較優勢，開發中國家與已開發國家在原本的產業基礎不平等，發展也不平等，在WTO架構下即不能預期兩者能公平競爭。

現況對開發中國家來說，在WTO架構下，多數的貿易是配合已開發國家和跨國公司的需求，避免任何措施影響跨國公司的權益，受惠的是來自已開發國家的跨國公司，而跨國公司以商業利益為目的，並不會考量開發中國家經濟發展和產業需求，而提供資源或科技訓練或技術予開發中國家。

因此在未來爭取已開發國家的代表並同意特殊與差別待遇之運用有其必要性，且WTO對未來全球經濟體系具有決定性的影響，WTO亦強調發展議題的複雜性，及其對經濟政策在質量上

---

[89] 張亞中 著，《國際關係總論》（臺北：揚智文化，2003），頁306-307。
[90] Doha Ministerial Declaration, WTO Document WT/MIN(01)/DEC/1, Nov. 20, 2001.

及資源分配上的影響力。[91]

　　開發中國家雖同意貿易自由化對全球經濟發展的必要性，但其所關注的，主要還是發展的問題。貿易和發展的問題，是國際組織長期關注的問題，聯合國還成立了貿易暨發展會議（United Nations Conference on Trade and Development, UNCTAD）以處理相關核心議題，WTO在此情況下已協商談判多年；基於「非歧視原則」和保障「貿易自由化」的原則，[92]經濟全球化的趨勢把不同發展模式和程度的經濟體聯結在一起，在此趨勢之下，各經濟體無法自世界經濟整合的趨勢中脫離，也無法孤立在單一區域經濟中，與全球市場切割。

　　截至2016年7月29日，WTO共有164個會員國。WTO是貿易體制的組織基礎和法律基礎，是眾多貿易協定的管理者，也是就貿易提供解決爭端和進行談判的場所。而其功能主要有五：（一）執行WTO所轄之多邊與複（雙？）邊協定；（二）提供進行多邊貿易談判之場所；（三）解決貿易爭端；（四）監督各國貿易政策；及（五）與其他有關全球經濟決策之國際組織進行合作。

　　WTO有3／4以上之會員國為開發中國家，或過去屬於非市場經濟體系而正進行轉型至市場經濟之國家。但是掌握經濟主導權的強國為了自己的利益極大化往往犧牲多數開發中國家基本公共權益，也違反WTO「促進公平競爭」之基本理念。

---

[91] Sampson, Gary, and Richard Snape, "Identifying the Issues in Trade in Services," The World Economy, Vol. 8, (1985) ,pp. 172-175.
[92] 黃立、李貴英、林彩瑜，《WTO：國際貿易法論》（台北：元照出版社，2002），頁97-100。

第三節　國際健康人權之定義與架構

一、有關的國際健康人權公約

國際人權公約或國際人權憲章（International Bill of Human Rights）指的是一系列以保障人權為目標的國際公約與宣言，包括以下公約及其他公約：

《公民權利和政治權利國際公約》

《經濟、社會及文化權利國際公約》

《世界人權宣言》

《世界衛生組織憲章》

《德黑蘭宣言》

《聯合國禁止酷刑公約》

1946年「世界衛生組織憲章」（Constitution of the World Health Organization）世界衛生組織的宗旨是「使全世界人民獲得可能的最高水準的健康」。這是不分種族、宗教、政治信仰、經濟及社會地位之基本人權，並主張健康之定義為「生理、心理、社會之完適狀態」而非單指疾病之排除（health is a state of complete physical, mental and social wellbeing and not merely the absence of disease or infirmity）；該憲章並認為國際組織或聯合國會員國應有義務在健康事務上提供必要之技術、資源、與政治協助，以促進國際人權與健康事務之連結。

世界衛生組織定義的健康權包括「自由」和「權利」兩方面：

自由包括有權控制自己的健康和身體並且不受任何干涉（例如不受酷刑和非自願的治療和實驗）。

Freedoms include the right to control one's health and body (e.g. sexual and reproductive rights) and to be free from interference (e.g. free from torture and from non-consensual medical treatment and experimentation).

權利包括有權享有健康保障制度，使每個人有均等機會享受最高而能獲致之健康水準。

Entitlements include the right to a system of health protection that gives everyone an equal opportunity to enjoy the highest attainable level of health.

1948年12月10日聯合國大會在法國巴黎通過《世界人權宣言》旨在維護人類基本權利的文獻（聯合國大會第217號決議，A／RES／217），共有30條。宣言起草的直接原因是對第二次世界大戰的反省，是第一份在全球範圍內表述所有人類都應該享有的權利的文件。

《世界人權宣言》第二十五條第一款規定：「人人有權享受為維持他本人和家屬的健康和福利所需的生活水準，包括食物，衣著，住房，醫療和必要的社會服務。」

（Art 25 of the UDHR, "Everyone has the right to a standard

of living adequate for the health of himself and of his family, including food, clothing, housing and medical care and necessary social services." ）

1966年《經濟社會文化權利國際公約》（International Covenant on Economic Social and Cultural Rights）第十二條首次對健康人權作出了完整的規定，承認人人有權享有能達到的最高標準的身體和心理健康（The States Parties to the present Covenant recognize the right of everyone to theenjoyment of the highest attainable standard of physical and mental health.），並規定締約國需創造一個環境，確保人人患病時均能享受醫藥服務與醫藥護理。（The creation of conditions which would assure to all medical service and medicalattention in the event of sickness.）

1976年《公民與政治權利國際公約》（International Covenant on Civil and Political Rights）在前言提到，對於人人天賦尊嚴及其平等而且不可割讓權利之確認，實係世界自由、正義與和平之基礎，確認此種權利源於天賦人格尊嚴。

（Considering that, in accordance with the principles proclaimed in the Charter of the United Nations, recognition of the inherent dignity and of the equal and inalienable rights of all members of the human family is the foundation of freedom, justice and peace in the world, recognizing that these rights derive from the inherent dignity of the human person）

荷蘭學者Van der ven、德國學者Brunner與奧地利學者Tommandl都曾提出社會保健權（社會安全權、社會保險權）之概念，具體

討論關於人民「最起碼生活要求」之權利——包括生理及心理健康之權利。[93]而1919年德國威瑪憲法（Weimarer Verfassung）是世界各國憲法中，首度將生存權納入憲法權利保障清單之中。威瑪憲法第151條第1項規定：「經濟生活之組織，應與公平之原則及人類生存維持之目的相適應」。

（Die Ordnung des Wirtschaftslebens muß den Grundsätzen der Gerechtigkeit mit dem Ziele der Gewährleistung eines menschenwürdigen Daseins für alle entsprechen.）。[94]

依據聯合國「經濟社會文化權利委員會」對健康人權的解釋為：「健康人權是行使其他人權所必不可缺的基本人權，健康人權包括享有為實現可達到的最高標準的健康所必需的多種設施，貨物，服務和環境，以及決定健康的根本因素。」

該解釋也明確地指出有關健康人權的主要義務包括：（1）確保在非歧視的基礎上，尤其是對弱勢群體而言，獲得健康設施，商品和服務的權利。（2）確保每個人可以獲得最低限度的基本食品，營養充分和安全，確保他們免於飢餓。（3）確保獲得基本的住宿，房屋和衛生設施，以及充足供應的安全和可飲用水。（4）根據世界衛生組織即時公佈的基礎藥品行動計畫提供充足藥品。（5）確保所有健康設施，商品和服務能平等分配。（6）依據流行病學的研究統計，制訂和實施國內公共健康行動策略和計畫。

以上義務特別是針對主要傳染性疾病提供免疫以及採取措施

---

[93] 洪德欽，《歐盟與美國生物科技政策》（臺北：中央研究院，2011），頁583。
[94] 司法院釋字第694號解釋協同意見書。

防止疾病擴散,治療和控制流行疾病、瘧疾等。在社會,國內和國際層面與健康有關的決策制定有絕對重要性。為幫助貧窮國家實現健康人權,締約國應提供國際援助和合作,尤其是經濟及技術援助和合作。

二、藥品之可近性與國際健康人權

國際社會中的第三世界國家人群往往不太容易享有基本健康權。世界最致命的三種傳染病,即瘧疾(Malaria)、愛滋病(HIV/AIDS)和結核病(Tuberculosis),這三種疾病嚴重影響全世界最貧窮國家的人口,對開發中國家的經濟造成巨大的負擔。[95]

WHO整合發展出四項重要觀察指標,作為評估國家是否滿足適當提供民眾基本藥品義務(包括可利用性與可近性)之依據:(1)合理之選擇與使用;(2)穩定之財務系統;(3)可負擔之藥價;(4)可依賴之供給系統。

According to the WHO, access to essential drugs is part of the human right to health, and "depends on: (1) rational selection and use of medicines (2) sustainable adequate financing (3) affordable prices and (4) reliable health and supply systems."[96]

---

[95] WHO, "Health and human rights," *http://www.who.int/mediacentre/factsheets/fs323/en/*, Browse date: 2017.06.10.

[96] WHO, Meeting Report: Network for Monitoring the Impact of Globalization and TRIPS on Access to Medicines, 20, WHO/EDM/PAR/2002.1 (February 19-21, 2001).

相較於後三項因素著重在藥品應在適當地點與時機由適當病人使用（包括適當衛生行政體系之建立與完整之健康照護財務設計）；藥品價格因素則是與貿易商業互動之關係更為緊密，遂使得國家保障健康人權中公民近用藥品之權利，而與其他政策（如經貿政策或智慧財產權政策）產生緊密之關連性。

1948年在「美洲人權利和義務宣言」（American Declaration of the Rights and Duties of Man）第11條明示：在公共和社區資源允許的範圍內，每個人都有權得到食品，衣服，住房和醫療保健有關的衛生和社會措施來保障他的健康。

Article XI of the American Declaration of the Rights and Duties of Man, "Every person has the right to the preservation of his health through sanitary and social measures relating to food, clothing, housing and medical care, to the extent permitted by public and community resources." American Declaration of the Rights and Duties of Man.[97]

1961年「歐洲社會憲章」（European Social Charter）第一部分第11項指出：每個人都有權利採取任何方式，使他能夠享受到可達到的最高的健康標準。

Part I Paragraph 11 of the European Social Charter "Everyone has the right to benefit from any measures enabling him to enjoy the highest possible standard of health attainable." European Social Charter, 529 U.N.T.S. 89 (1965)

---

[97] AAAS, "Scientific Responsibility, Human Rights & Law Program," *https://www.aaas.org/program/scientific-responsibility-human-rights-law*, Browse date: 2017.06.11.

第二部分第11條亦提到為了確保有效行使健康保護權，締約國家可直接與公共或私人組織合作，採取特別設計的措施：（1）盡快消除不健康的原因；（2）提供諮詢資源和教育設施，促進健康和鼓勵個人理解對健康問題的責任；（3）盡可能防範疫情，流行病等疾病。

Part II Article 11 of the European Social Charter "With a view to ensuring the effective exercise of the right to protection of health, the Contracting Parties undertake, either directly or in co-operation with public or private organisations, to take appro priate measures designed inter alia: (1) To remove as far as possible the causes of ill-health; (2) To provide advisory and educational facilities for the promotion of health and the encouragement of individual responsibility in matters of health; (3)To prevent as far as possible epidemic, endemic and other diseases."[98]

1981年「非洲人權和人民權利憲章」（African Charter on Human and Peoples' Right）第16條提出兩點：（1）人人有權享有能夠達到的最佳的身心健康狀況。（2）本憲章各締約國應採取必要措施，保護其人民的健康，並確保人人在患病時能夠享受醫療護理。

Article 16 of the African Charter on Human and Peoples' Right "(1) Every individual shall have the right to enjoy the best attainable state of physical and mental health. (2) States parties to the present Charter shall take the necessary measures to protect the health of their people and to ensure that

---

[98] European Social Charter, 529 U.N.T.S. 89, entered into force Feb. 26, 1965.

they receive medical attention when they are sick." African Charter on Human and Peoples' Right, OAU Doc. CAB/LEG/67/3 rev. 5, 21 I.L.M. 58 (1982).[99]

以上區域性條約中，亦對健康人權有重要的界定與闡釋，特別是針對開發中國家，但至2017年為止，開發中國家在取得傳染性藥品的情況並未改善。主要原因來自對健康人權之定義仍是過於空泛與模糊；這些廣泛且無所不包的定義與權利內涵，從表面上看來對公民人權之保障完整而周到，但現實上保障、實踐該權利之困難程度相當高，也使得政府／跨國藥廠／FTA等有諸多藉口不予履行對該權利之保障，遂間接使得健康人權成為不實際的法規，流於口號形式，可能導致只是在國家之有限資源範圍內有限度地提供民眾健康照護服務之爭議。

三、TRIPS協定對實現國際健康人權的影響

TRIPS有提供所需藥品，平等的分配所有健康條件，商品和服務以及預防治療和控制流行病和瘧疾，為所有國家保護健康人權所應履行的主要義務。目前，國際社會關注的焦點在於愛滋病的傳播以及藥品專利對開發中國家的患者獲得治療藥品的影響。但是，在TRIPS協定機制下，專利藥品讓開發中國家無法輕易取得，而且學名藥的使用機會也被阻斷。

在理論上，智慧財產權的保護和實施可為開發中國家轉讓技

---

[99] African Commission on Human and Peoples' Rights, "African Charter on Human and Peoples' Rights," http://www.achpr.org/instruments/achpr/, Browse date: 2017.06.11

術提供一個更為完善的條件，但現實是智慧財產權保護所導致的藥品高價限制了貧困人口對藥品的獲取。TRIPS協定對健康人權的影響有以下幾項：

（一）對愛滋病／傳染病的治療影響

藥品的高價對患者獲得藥品具有實質的影響。藥品的高價影響了開發中國家患者獲得治療，因為專利保護允許權利持有人控制藥品的生產和銷售價格。2015年9月，美國Turing Pharmaceuticals 圖靈製藥公司創始人Martin Shkreli收購了用於愛滋病及瘧疾治療的抗寄生蟲藥物達拉匹林（Daraprim）的所有權，同時他也將（Daraprim，有效成分學名：Pyrimethamine，乙胺嘧啶）從每片13.5美元突然漲價到每片750美元，引起輿論嘩然。

Daraprim在1950年代研製成功，專門用於治療寄生蟲感染的藥，現在則成為愛滋病、癌症等免疫系統缺陷的病人所依賴的主要藥物之一。Daraprim的專利保護已於1970年代到期，但在美國，此藥物的持有權、市場銷售權幾經轉手，其價格從2010年的1美元／片，漲到2014年的13.5美元／片；而圖靈藥業公司在2015年獲得其市場開發權後，立即將價格漲到每片750美元。[100]

此案例可以分析出，只要是專利藥品，就可在專利期間售以高昂的價格，但專利期過後，權利持有人也因擁有藥品專屬的訂價權限，可以在任何時期，以任何價格銷售，同時隨時賦有漲價

---

[100] BBC中文網，〈去年一夜漲價55倍的愛滋病藥物，被幾個澳洲高中生複製出來了〉，*https://theinitium.com/article/20161202-dailynews-hiv-drug/*，瀏覽日期：2017.06.09。

或減少產量的權力。

這與學名藥的本質不同，學名藥最初的製造就不是來自於專利保護，最初始的價格就低廉，同時學名藥的製造權限是開放式的，任何有製藥能力的廠商都可以製造、販售，不存在所有權擁有者壟斷、漲價的問題。

讓專利藥製造商針對不同國家的購買力實行分價制度或許是一個可以平衡公共健康利益的作法，但此作法帶來的成效極低是可以預見的。國際間並不存在一個強而有力的跨國組織能夠規範以利益為導向的跨國藥廠制定分級標準，就算有制定價格分級標準，針對低價地區，廠商限制出口量或完全不予以銷售時也很難有處罰機制。

（二）倫理角度再思考

理論上，智慧財產權是一種鼓勵技術創新的激勵機制。但事實上是，一個建立在商業推動力之上的制度並不必然會考慮到貧困國家對藥品的需求。而是會為最大限度地利用專利保護所帶來的獲利機會，醫藥產業的研發投資流向首先是市場上最有利潤回報的疾病，而主要在開發中國家流行的疾病，如肺結核和瘧疾，仍處於相對的低級研發階段。智慧財產權所具有的經濟性質導致專利日益成為企業的資產。

在製藥領域，一些專利被授予「性質類似」的藥品，即具有新穎性，但在療效上與先前的受專利保護的藥品類似。這種對專利的過度依賴將可能導致某些藥品的生產和分配日益集中於少數企業手中。

公共衛生政策固然是政府考量要素之一，但其受重視程度明顯不如經濟效益之追求。《美韓自由貿易協定》（U.S.-Korea Free Trade Agreement, KORUS FTA）是一個顯著的例子，從韓國與美國在FTA之談判過程中亦不難發現，經濟利益之討論與追求仍是藥品專利權保障爭議之核心，美韓FTA在有關智慧財產權保護之規範，明顯納入許多較TRIPS更為嚴格的規定。

美韓FTA有關藥品的爭議點來自：韓國於2001年開始修改其藥品政策，包括增修了國家健康保險法（National Health Insurance Act），允許有關醫療健康險範圍項目及理賠之相關決策納入經濟評價之考量。[101]隨後韓國又於2006年5月推出「健康保險藥價改革方案」，美國認為此改革會衝擊美國新藥品市場供應價格為由，表達強烈反對之立場，並要求韓國修訂對美國藥品的不公平條款。

在談判時，韓國代表於談判中表示，韓國「健康保險要價制度改革方案」，主要目的在維持健保財政之健全，而且此制度是國內公平待遇，無歧視因素存在。但是美國若同意韓國關於修改「反傾銷稅」及「平衡稅」規定，以減少韓國產品受到調查與處罰之要求，韓國願意考慮美方關於藥品市場開放之要求。

最終雙方達成的妥協要求是，在美國同意韓國關於修改反傾銷稅及平衡稅規定，以減少韓國產品受到調查與處罰之要求後，韓國同意：（1）增加美國新藥品之進口；（2）提高韓國藥品和

---

[101] Bong-min Yang, Eun-young Bae and Jinhyun Kim, "Economic Evaluation And Pharmaceutical Reimbursement Reform In South Korea's National Health Insurance," *HEALTH AFFAIRS*, Vol. 27, No. 1 (2008) ,p. 183.

醫療器材定價和賠償法規的透明度；（3）同意建立藥品與醫療器材工作小組，以利於美方就韓國「健康保險藥價改革方案」，與韓國進行協商溝通。[102]

國際大藥廠在《美韓自由貿易協定》下大大獲利，學名藥在市場競爭中完全失去競爭條件，因為依協議之規定，學名藥的藥廠不得沿用過去已有之臨床實驗，必須學名藥廠自行進行一樣的實驗，該學名藥方得再次上市。臨床試驗將耗費之巨資與學名藥低廉的售價並不成比例，此外，在申請的這段期間內學名藥廠商必需支付擁有專利的大藥廠一筆賠償金，而在當中如果擁有專利的大廠對學名藥廠進行訴訟，上述的過程都將中止，這無疑是擴大了智財權的應用範圍。

在此制度下，學名藥之藥價上漲是唯一可預見的結果，且韓國民眾無法針對藥價問題進行公共討論與決策，因為這是雙方主權國家簽署的雙邊協定。但在此協定中韓國失去了訂定藥品價格與維持公民低成本醫療服務的主權，導致韓國健保體系支出暴增。而在此不難發現，公民健康人權之保障並未在談判過程中出現，甚至為交換國家經濟利益與發展付出代價。

（三）過度保護後的停滯效應

在藥品專利權保障相關政策之規劃上，除專利權保障與藥價

---

[102] 汪惠慈，〈美韓自由貿易協定談判簡析〉，*file:///C:/Users/Homeuser/Desktop/WTO%255C87774%255C%E5%B0%88%E9%A1%8C%E5%88%86%E6%9E%90_%E7%BE%8E%E9%9F%93%E8%87%AA%E7%94%B1%B2%BF%E6%98%93%E5%8D%94%E5%AE%9A%E8%AB%87%E5%88%A4-%E7%B0%A1%E6%9E%90.pdf*，瀏覽日期：2017.06.10。

合理化之爭議外，還必須兼顧新藥及學名藥政策之平衡。智慧財產權的授予和行使，尤其是在生物醫學研究領域廣泛的授予專利將阻礙進一步的研發和持續創新。現有的專利授予標準可能導致永久專利，亦即對已有專利稍加改進便可有效延長20年的專利保護期。這有可能影響國家根據《公約》所承擔的尊重科學研究和創造性活動自由的義務。

此外，智慧財產權保護對傳統醫藥知識構成消極的影響。一方面，現有的智慧財產權保護制度難以適用於傳統醫藥知識的保護；另一方面，已開發國家的企業佔用傳統醫藥知識而傳統醫藥知識的原始所有者卻得不到任何利益補償。

第四節　藥品專利保護造成的公共健康影響

一、專利藥與學名藥之定義

專利藥（Branded Drugs），又稱原廠藥，是由藥廠自行研發的藥物。在研發期間，藥廠按規定逐步展開動物及人體試驗，以確定藥物的安全程度、劑量及療效。若官方監管機構批准註冊，藥廠便可向公眾銷售。專利保護期未過的藥物，價格相當昂貴，各國政府為了鼓勵藥廠對新藥的研發和保護知識財產權，通常會給予新藥10年到20年不等的專利權。

一旦製藥公司發明一種新藥，在藥品上市前，藥品公司必須進行一系列動物實驗、人體臨床實驗，如果一切資料證明該藥品的療效及安全性，政府就會授予藥品許可證並給予專利權保護，

而專利保護期間可觀的藥價利潤正可以補償新藥的研發期間所花費的巨額經費及時間。[103]

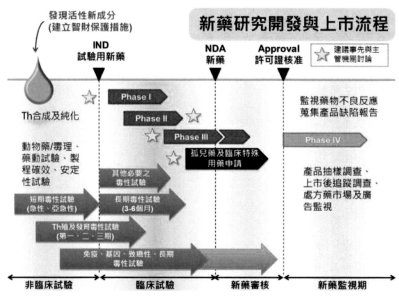

圖4-1　新藥研究開發與上市流程圖[104]

專利藥品核准上市必須基於有力之科學原則（Sound scientific principle），並做風險評估（Risk evaluation）確認其具備合理的安全及療效。也就是當正確使用及適當警示下，用在某一適應症（intended use），對大多數人具有臨床效益、且其效益

---

[103] 國家實驗研究院科技政策研究與資訊中心，〈專利過期藥物及美國HWA專利藥與學名藥競爭規範〉，*cdnet.stpi.narl.org.tw/techroom/market/bio/bio016.htm*，瀏覽日期：2016.8.16。

[104] 衛生福利部食品藥物管理署，〈新藥審查〉，*http://www.fda.gov.tw/upload/133/Content/2014033109011129474.pdf*，瀏覽日期：2017.05.30。

（benefit）超過其危害（risk）。此審核過程需經過反覆的藥理／毒理試驗、藥動學試驗（PK／PD／BA／BE）、及臨床試驗。臨床藥動學試驗部分（human PK study）包含生物檢體之分析方法及其確效、人體吸收、分布、代謝、排泄、特殊族群、食物—藥物交互作用和藥物—藥物交互作用等。

至於這個評估過程需要多長時間，各國家也沒有明確標準。TRIPS協定第三十三條規定，專利的保護期限自申請之日起不得低於20年。通過該條的規定，專利權人在期限本身及起算點方面都獲得了重大收穫。在TRIPS協定以前，絕大多數開發中國家以及某些已開發國家的立法都規定了更短的專利保護期限。開發中國家規定一般是5到15年，已開發國家則一般是16到20年。

本來在專利期限的「起算點」方面各國也存在差異。在一些國家，如阿根廷葡萄牙，西班牙以及美國，專利期限自「專利授予」之日起算，而在英國，德國和法國等國家，專利期限則是自「申請」之日起算。總體來說，規定20年的最短期限在全球範圍都算是延長了專利的保護期限，並且使WTO成員國難以對不同技術領域的專利規定不同的期限。[105]

在TRIPS協定談判過程中，開發中國家曾主張，專利的期限應由各成員的國內法來決定，但該主張最終並未被採納。[106]

---

[105] Michael Blakeney, *Trade Related Aspects of Intellectual Property Rights: A Concise Guide to the TRIPS Agreement* (*Intellectual Property in Practice*) (London: Sweet & Maxwell Press, November 28, 1996), p. 88.

[106] David P. Stewart, *The Gatt Uruguay Round: A Negotiating History 1986-1992* (New York: Kluwer Law International Press, November 1, 1993), p. 88.

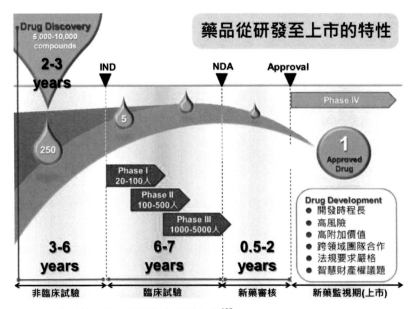

圖4-2 專利藥品從研發至上市所需年限[107]

　　專利新藥研發,由實驗室發掘新成分、評估作用機轉、量化
生產、劑型設計、動物毒理試驗、非臨床試驗、臨床試驗到上市
應用於治療,平均費時10年以上,所耗資金達5~6億美金,如此
大的時間、金錢投入,非常需要依靠專利法保護來回收成本,且
開發過程中亦需面臨開發時程長、高風險、提高附加價值、尋找
跨領域團隊合作、藥品法規要求嚴格、智慧財產權議題等難題。

　　學名藥(generic drug)是指專利過期的藥物,與專利藥物的
化學組成相同,但在專利過期後推出,學名藥開發比單純的新藥
開發花費少,風險低,因生產的廠商多,故價格競爭激烈,定價

---

[107] 衛生福利部食品藥物管理署,〈新藥審查〉,*http://www.fda.gov.tw/upload/133/Content/20140331109011129474.pdf*,瀏覽日期:2017.05.30。

會比較低廉。為緩和學名藥低價競爭可能降低專利藥廠的研發意願，美國將專利藥的專利保護期間延長，以彌補聯邦食品及藥物管理局（FDA）在審核期間，專利藥廠無法對研發的新藥加以販賣收益的限制，使專利藥廠的研發投資可得到合理回收、避免降低研發誘因。[108]但是專利期過後，學名藥出現產生的價格競爭，往往讓專利廠商出現巨大的挑戰與收入的損失，這也就是為什麼專利藥的藥廠對專利法如此堅持的原因。

學名藥的上市並非不用審查，任何藥品要在一個國家合法上市都需經過審查階段，並提供仿單Labeling（direction of use）。但學名藥的審查比專利藥簡易非常多，學名藥因是採用專利藥之相同成分製作，故只需以生體相等性試驗（bioequivalence，BE）取代非臨床及臨床試驗即可，同時學名藥可以免去專利藥品從研發至上市所需之十年資金投入，所以學名藥的成本比專利藥低非常多，其不需要專利法保護，可用便宜的價格直接於市面上販售。

醫藥品及其製造方法在成為商品販售前，必須取得食品藥物主管機關之上市許可，因此，醫藥品發明人在取得專利權後，無法如其他發明產品般立刻上市，無形中可能縮短專利權的真正實施、獲利年限。因此，許多國家專利法均有醫藥品相關專利之延長期限規定。[109]專利期一般不能延長，但由於化學、農業及醫藥等之審查較費時，因此可申請延長專利保護期2至5年。此外，具抗藥性病毒變異速度快，固有的藥品經過一段時間後會不敷使

---

[108] 黃慧嫻，〈簡介美國學名藥競爭規範及新近鼓勵學名藥近用之措施〉，《技術尖兵》，第111期（2004.3），頁1。

[109] 李素華，〈歐洲製藥大廠阻礙學名藥上市行為被控優勢地位濫用〉，《科技法律透析》，第15卷第9期（2003.9.15），頁4-6。

用，政府也會透過延長產品的專利期以獎勵藥廠研發對抗疾病的新藥物，但這會使得開發中國家取得學名藥合法上市的時間延後，造成更嚴重的公共健康問題。

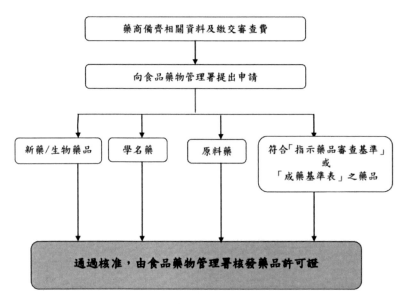

圖4-3　申請藥品許可證之流程[110]

　　開發中國家引入專利制度後，本就預期會產生藥品價格上漲，而漲幅則視不同國家及不同藥品而定，低則12%，高則超過200%。無國界醫生組織因而認為，想要降低藥價，最好的解套方式就是引進學名藥，國際樂施會（Oxfam international）也認為讓學名藥加入競爭是解決藥物近用落差的唯一方法。[111]

---

[110] FDA，藥品組，新手上路手冊，2014年2月。
[111] Amy Kapczynski, Samantha Chaifetz, Zachary Katz & Yochai Benkler,

開發中國家建立的政府間國際組織，南方中心（South Centre）[112]於2014年11月24日針對撒哈拉以南的非洲國家（Sub-Saharan Africa, SSA）包括喀麥隆、迦納、肯亞、甘比亞、盧安達及烏干達等。發布一篇報告，內容指出該地區之LDC目前不但沒有充分使用TRIPS彈性條款，反而因為地區性智慧財產權組織運作不善，導致對藥品進口與當地之醫藥生產出現專利障礙，加深其藥品近用（access to medicine）之問題。[113]

目前全世界最致命的三種傳染病分別是瘧疾（Malaria）、愛滋病（HIV／AIDS）和結核病（Tuberculosis），以下是此三種疾病2017-2018年最新分布統計。

二、2017世界瘧疾（Malaria）感染分布統計

瘧疾是由原生動物寄生蟲瘧原蟲引起的，是一種急性發熱疾病。對於無免疫力的人而言，會在受到感染的蚊蟲叮咬7天或7天之後（一般是10-15天）出現症狀。最初症狀與一般感冒類似，最主要的症狀為發燒、畏寒與冒冷汗。也可能出現其他症狀，如頭痛、肌肉痛、關節痛、噁心、嘔吐和疲倦，並因此而難以發現是瘧疾。如果不在24小時內予以治療，數天後會出現間歇性或週

"Addressing Global Health Inequities: An Open Licensing Approach For University Innovations," *Berkeley Tech.*, Vol. 20, (2005), pp. 1031-1032.

[112] South Centre, "About the South Centre," *http://www.southcentre.int/about-the-south-centre/*, Browse date: 2017.06.14.

[113] South Centre, The African Regional Intellectual Property Organization (Aripo) Protocol On Patents: Implications For Access To Medicines, Research Paper NO. 56, November 2014.

期性的畏寒及顫抖、發燒及出汗等症狀，嚴重者可能導致脾腫大、黃疸、休克、肝腎衰竭、肺水腫、急性腦病變及昏迷，並且往往會致命。在撒哈拉以南非洲的大多數國家，這種致命的瘧疾傳染是嚴重的公共衛生問題。

根據世衛組織2019年3月公布的最新統計資料，截至2017年全世界有2.19億起瘧疾病例，造成43.5萬人死亡。撒哈拉以南非洲地區占全球瘧疾感染的比重仍然過高。2017年，撒哈拉以南非洲地區占全球瘧疾感染病例總數的92%，瘧疾死亡率佔全球的93%。[114]

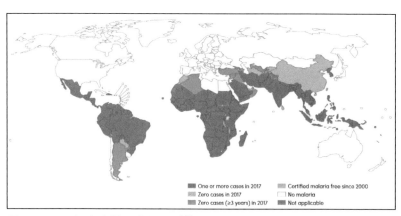

圖4-4　2017年瘧疾世界感染分布[115]

---

[114] WHO, "Malaria Fact sheet Updated 27 March 2019," *http://www.who.int/mediacentre/factsheets/fs094/en/*, Browse date: 2019.06.13.
[115] World malaria report 2018, p2.

三、2017世界愛滋病（HIV／AIDS）感染分布統計

依據2018年聯合國愛滋病規劃署（The Joint United Nations Programme on HIV／AIDS, UNAIDS）的統計，2017年，全球感染愛滋病毒的人數約有3,690萬人（3,110萬-4,390萬），其中新增愛滋病毒感染約180萬人（140萬-240萬），死亡人數為約為94萬人（67萬-130萬）。平均每天約有5,000例新的愛滋病毒感染（含成人和兒童），非洲撒哈拉沙漠以南地區約佔大約66%。[116]數百萬愛滋病毒感染者仍然沒有獲得可挽救生命的治療，這種治療也可防止將愛滋病毒傳給他人。

撒哈拉以南非洲地區是全世界最貧困的地區，也是每日收入不足2美元的居民在世界各個國家所佔比例最高的地區。貧窮是造成愛滋病在非洲蔓延的主要原因，在非洲許多國家，多數的愛滋病患者因經濟困難而中斷療程或減少用藥劑量。愛滋病毒在未受到藥物妥善控制的情況下會迅速在人體擴散，對健康器官的功能造成破壞。

終結愛滋病疫情可帶來更廣泛的全球公共衛生健康大幅度提升，儘管控制愛滋病流行有許多策略方法，但有一件事是肯定的，那就是如果沒有為所有需要愛滋病毒治療的人提供足夠的藥物，就不可能結束疫情。

---

[116] UNAIDS data 2018, p18-19.

UNAIDS在2017年訂下的目標是：

到2020年，90%的愛滋病毒感染者會知道他們的愛滋病毒狀況。

到2020年，90%確診為愛滋病毒感染的人將持續接受抗逆轉錄病毒治療。

到2020年，90%接受抗逆轉錄病毒治療患者將能得到病毒性抑制。[117]

要達成此目標，從2017年開始，TRIPS第三十一條修正案之成效將扮演關鍵性角色。

表4-1　2017 年愛滋病世界分布統計 [118]

	Adults and children living with HIV	Adults and children newly infected with HIV	Adult and child deaths due to AIDS
Eastern and southern Africa	19.6 million [17.5 million–22.0 million]	800 000 [650 000–1.0 million]	380 000 [300 000–510 000]
Western and central Africa	6.1 million [4.4 million–8.1 million]	370 000 [220 000–570 000]	280 000 [180 00–410 000]
Middle East and North Africa	220 000 [150 000–300 000]	18 000 [10 000–31 000]	9800 [6400–15 000]
Asia and the Pacific	5.2 million [4.1 million–6.7 million]	280 000 [210 000–390 000]	170 000 [110 000–280 000]
Latin America	1.8 million [1.5 million–2.3 million]	100 000 [77 000–130 000]	37 000 [26 000–51 000]
Caribbean	310 000 [260 000–420 000]	15 000 [11 000–26 000]	10 000 [7100–17 000]
Eastern Europe and central Asia	1.4 million [1.3 million–1.6 million]	130 000 [120 000–150 000]	34 000 [25 000–41 000]
Western and central Europe and North America	2.2 million [1.9 million–2.4 million]	70 000 [57 000–84 000]	13 000 [9900–18 000]
TOTAL	36.9 million [31.1 million–43.9 million]	1.8 million [1.4 million–2.4 million]	940 000 [670 000–1.3 million]

[117] UNAIDS / JC2684,"90-90-90 An ambitious treatment target to help end the AIDS epidemic.", 01 JANUARY 2017.
[118] UNAIDS data 2018, p20.

四、2018世界結核病（Tuberculosis）感染分布統計

　　結核病是一種目前仍普遍存在於全世界，尤其是未開發及開發中國家的慢性傳染病，它是由結核桿菌感染所造成的，在初感染時，大約95%的人會因自身的免疫力而未發病，但會有終身再活化（Reactivation）的潛在危險，只有5%的人在初感染後結核菌會經由血液或淋巴液散播造成肺內或肺外結核。經過初感染而未發病的人，日後也可能因外在再感染而發病。

　　結核病可以發生在人體任何器官或組織，如淋巴結、腦膜、胸膜、腎臟、骨骼、皮膚、消化道、泌尿生殖道等，若給予適當的抗結核藥物治療，結核病幾乎可以百分之百痊癒，但若不予治療，在3年內，約有一半的病人會死亡。[119]

　　結核病是全世界十大死因之一。2017年全球約有1,000萬人（900萬-1,110萬）得到結核病，分別是580萬男性，320萬女性和100萬兒童。總體而言，90%是成年人（年齡≥15歲），9%是成人感染愛滋病毒的人（非洲地區佔72%）。結核病是愛滋病帶原者致死率極高的原因，2017年，結核病造成了130萬（120-140萬）愛滋病毒陰性患者死亡，以及另外30萬（26.6萬-33.5萬）愛滋病毒陽性患者死亡。

---

[119] 國家網路醫藥，〈pulmonary tuberculosis〉，*http://hospital.kingnet.com.tw/library/diagnose.html?lid=6162*，瀏覽日期：2017.06.11。

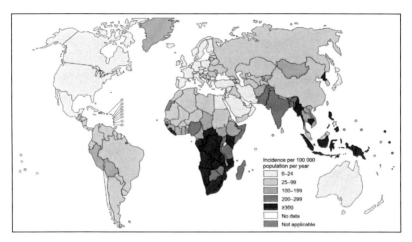

圖4-5　2017年結核病發病統計

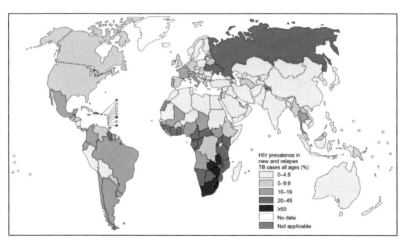

圖4-6　2017年新發結核病與愛滋病毒感染率統計[120]

---

[120] GLOBAL TUBERCULOSIS REPORT: 2018, P1-P38.

一般而言，智慧財產權制度之存在有其必要性，智慧財產權之保障將使公眾有機會接觸或近用（access）新發明之內容；另一方面，亦將賦予發明創作人在一定範圍內之技術領域享有排他之權利，同時得到市場上之（獨占）經濟利益及回饋，有助於鼓勵發明創作人將發明創作之成果公開與大眾分享，從而促進社會之進步與民眾之福祉。然而，撒哈拉以南非洲地區瘧疾、愛滋病和結核病傳染病感染患者，有極高的比例是青壯年人口，這些缺席的青壯年造成人口的斷層及社會勞動力的流失，嚴重地威脅到國家發展和經濟問題。

五、TRIPS的必要改革

　　整體來說，具生產力的新興科技仍然主要掌握在已開發國家之中，而開發中國家能申請專利的核心科技數量甚少。所以，TRIPS架構下是實質上的不平等。現有的TRIPS協定訂立的智慧財產權制度仍然更有利於已開發國家，而不是開發中國家。讓智慧財產權同等標準的保護不能夠達到雙贏的結果。TRIPS的必要改革理由如下：

　　第一、保護智力勞動有其重要性，但對智力勞動的保護以什麼為界線，至今沒有一個標準。在科技進步和創新極為迅速的現代社會，科學技術產生的專利利潤該如何在私人獲得和公共利益之間找到分配的平衡點，對於這個問題TRIPS協定的「統一標準」處理方法無法達成需求。

　　很多智慧財產權的制度本身就有侷限性，明顯地有一些已經

落後於時代的要求。例如，定價的不合理，使一些在專利產品領域佔據優勢的企業可以在短期內牟取暴利。

第二，保護知識產品不一定有利於科技創新。保護期過長將導致人為地提高價格，嚴重限制技術資訊公開的範圍，也將抑制科學的進步。高標準的智慧財產權保護，未必能夠提高科技創新者的能力，提高人民的生活水準。智慧財產權制度只是給科技創新構建了一種可能性，而不是必然性。

第三、開發中國家也需要意識到，TRIPS協定對開發中國家的傳統文化，民間藝術等在其框架下並沒有給予任何尊重和保護。TRIPS協定要達成的目標不僅僅是實現智慧財產權權利人的財產權，以阻止國際貿易中或技術轉讓過程中侵權智慧財產權的負面影響，還包括必須實現各國智慧財產權保護制度的基本公共政策目標，包括發展目標和技術目標。

在烏拉圭回合談判以前，很多開發中國家並未參加有關的國際條約和國際組織，也就更無法積極參與智慧財產權國際規則的制定。開發中國家在智慧財產權政策制定，行政管理和立法實施方面的制度能力都很欠缺，因此無論在WTO還是WIPO，開發中國家對規則制定的影響力都很弱。TRIPS協定已經將智慧財產權的國際保護與貿易自由化緊密相連並且納入到WTO的體系中。開發中國家不能寄望已開發國家會顧及開發中國家的發展需要，主動在雙邊或多邊談判中作出讓步，而是需要在新規則的制定中發揮積極的影響力。

第四、TRIPS協定雖然對最不發達國家給予了特殊安排，但是對其他的開發中國家實施TRIPS協定的能力也過度高估。首

先，過度嚴格的實施TRIPS協定規定的義務，對開發中國家的公共利益顧及不足。這是南北矛盾在智慧財產權領域的必然反應。其次，靈活性和約束性必須平衡。沒有一定的靈活性，開發中國家必然無法實施TRIPS協定規定的義務。

TRIPS協定給予開發中國家的優惠在世界上已有的多邊智慧財產權條約中幾乎是最低的。TRIPS協定對開發中國家的優惠是一種總體的安排，並沒有針對七類智慧財產權具體規定對開發中國家實行優惠條款，而是從總體上規定關於開發中國家的優惠制度，均集中規定在第六部分，過渡性安排條款中。因此，通過總體談判給予開發中國家特殊規則的優惠，其實都是「弱優惠」。

TRIPS協定給予開發中國家的優惠待遇主要分為兩類：第一類是「過渡期條款」，但此類優惠只具有形式意義，並無實際規則的價值。第二類是提供「技術援助」條款，但也是沒有強制性的，是否給予技術援助的主動權完全操控在已開發國家掌中。

基於上述原因，我們需增強TRIPS協定在開發中國家實施的可行性，任何法律得以實施的前提是其具有可行性。TRIPS協定的制定沒有對開發中國家的地理資源、政治，經濟，社會，文化和法律等發展的現實及特殊需要予以足夠的考量。智慧財產權國際保護問題不僅僅是個技術問題，更包含社會倫理，國際政治，經濟等更深層次的議題，這是後續條文修訂所必須補強之處。

當今的全球市場中，各國產品存在很大程度的相互競爭，已開發國家在這場競爭中佔據著主導地位。TRIPS協定如果是規定一個合理的收益率，實現這個收益標準後該智慧財產權就進入公共領域，這樣更可以較好地兼顧公私領域的平衡，這是後續條文

修訂可以考量改革之處。

　　開發中國家飽受傳染病蔓延的生命健康危害，每年數百萬人死於傳染性疾病的嚴峻現實，TRIPS的合理性不可能不受到質疑，應該讓開發中國家有權在各自的法律制度和實踐中確立實施TRIPS協定的適當方法。以強制授權為例，強制授權不僅可以被用於解決開發中國家的公共健康危機，還應該解釋為可以用於任何事關開發中國家人權、經濟、生活發展權的智慧財產權需要。有關緊急狀態或其他極端緊急的情況的判定權應該賦予開發中國家，即開發中國家有權作出判斷是否本國已經進入緊急狀態或其他極端緊急的情況。而且，支付智慧財產權持有人的適當報酬，應當考慮開發中國家的經濟承受能力。

　　WTO只建立了TRIPS協定制度，間接地支持壟斷，卻沒有建立起反壟斷的法律機制來限制壟斷，以平衡TRIPS協定帶來的利益失衡問題。所以，「強制授權」制度作有利於開發中國家的解釋，在一定程度上可以起到平衡作用。

　　TRIPS協定通過之前的各國專利法並無強制授權制度，TRIPS協定通過之初，開發中國家與已開發國家也尚未意識到第三十一條強制授權的實施會遇到的困境，推估最主要的原因是源自TRIPS第六十五條──過渡性安排的條款規定：

1. 會員自WTO協定生效後一年內並無義務適用本協定之規定。

2. 任一開發中國家會員，對該協定之適用，得將期程另行延緩四年執行。

3. 屬開發中國家之會員，應於適用本協定之日，遵守本協定將其產品專利保護擴張至該國未予保護之科技領域時，該會員得就該科技領域再行延緩五年實施。

另外，TRIPS第六十六條——低度開發國家會員之適用規定亦提及：

> 鑑於低度開發國家會員之特殊需求，及其經濟、財政、行政之限制，與建立一可行之科技基礎所需之彈性，此等會員，自TRIPS協定第六十五條第一項所定之日起十年內，不得被要求實施TRIPS協定。

上述兩項規定條款使得在1995年之後的第一年只有很少數的已開發國家須將其國內法規調整至符合TRIPS協定的標準，大部分的開發中國家至2000年才需符合協定標準。截至2000年11月30日止，當年WTO共有140個會員國，已開發國家僅有25個，[121]佔會員國總數17.9%，其餘會員國則皆屬開發中國家，計有115國，其中低度開發國家計有29國，開發中國家在WTO顯然佔有絕對之多數。少數低度開發國家的緩衝期為10年，至2016年1月1日才需符合協定標準。

由於初期加入TRIPS的國家是少數已開發國家，也是主要的專利輸出國，基本上本身不須使用強制授權，且不太支持強制授

---

[121] Constantine Michalopoulos, "The Developing Countries in the WTO," *World Economy*, Vol. 22, No. 1 (Jan. 1999), pp. 117-43.

權政策具體落實成常規法律的國家，大部分需動用強制授權的國家是開發中及低度開發國家，而2000年以前該些國家尚未加入TRIPS協定標準，故在1995-2000年以前的強制授權政策不具備被重視的時空背景條件。

2001年開始，非洲國家意識到專利保護的高藥價帶來國內傳染病更為嚴峻的問題，故要求TRIPS理事會採取行動，開啟了TRIPS理事會一連串的正式與非正式會議討論此議題。公共健康與專利權的問題成為杜哈部長宣言要解決之主要問題之一，有關強制授權案在TRIPS成立初期會員國的態度，以及1999年開始，2000年後啟動的中期談判，及2017年第三十一條之一修正案通過後的後TRIPS時代分析將在第六章做詳述分析。

第五章
TRIPS的里程碑與巴黎公約

　　專利藥品高昂的售價使得低度開發國家無法取得足夠的藥品抑制國內蔓延的疾病，因此TRIPS條款針對低度開發國家因其內部因素無法即刻配合實施該條款時有給予強制授權（compulsory licensing）的彈性，強制授權是指未經專利權人同意，藉由國家公權力的介入將專利強制授權予他人實施，[122]依TRIPS第三十一條（b）款規訂，專利使用人應依合理之商業條件先向專利權人極力協商以取得「自願授權」，若無法在合理期間內取得，才可准許使用「強制授權」。此外，WTO會員得依國家緊急危難、其他緊急情況或基於非營利公共使用的情形下，豁免事先與專利權人協商之要件而准許使用強制授權。但TRIPS第三十一條第（f）款又規定，此強制授權應以供應會員國內市場需要為主，造成無製藥能力國家因其國內並無製藥公司可生產專利藥品，縱使符合強制授權之實質條件，仍無法取得專利藥品。

　　TRIPS協定的第70條第9款內容為：

---

[122] 王立達〈從TRIPS協定與公眾健康爭議論專利強制授權之功能與侷限〉，《科技法律評論》，第1卷，第1期（2004.4），頁215-245。

「當一產品屬於某一會員之專利申請案，不論如何規定，該產品獲得該會員市場專屬權者，應給予5年排他市場專屬權或至核准或不准專利申請，二者間較短者為止。以上規定適用於WTO協定生效後已於另一會員申請專利並獲准該產品專利權，且亦在該另一會員獲得市場排他上市專屬權。」

「Where a product is the subject of a patent application in a Member in accordance with paragraph 8(a), exclusive marketing rights shall be granted, notwithstanding the provisions of Part VI, for a period of five years after obtaining marketing approval in that Member or until a product patent is granted or rejected in that Member, whichever period is shorter, provided that, subsequent to the entry into force of the WTO Agreement, a patent application has been filed and a patent granted for that product in another Member and marketing approval obtained in such other Member.」

在該條所指的情況下，應當保護在另一成員國所取得的專利而在本國未取得專利的發明（即在本國應給予專有銷售權）。這種保護顯然超出了《巴黎公約》的標準。通過適用TRIPS協定，每個國家需要實施所有上述的變更。對有些國家而言，這種改變是最低的。對其他國家而言，這些要求會對其智慧財產權法產生巨大的改變。而且TRIPS協定不同於以往《巴黎公約》國際立法模式，《巴黎公約》側重於採取適應國家需要的目標模式，TRIPS協定則詳細規定了各國應制定的智慧財產權保護的最低標準，相對的就限制了各國的立法空間。

各國政府設立專利制度目的在於鼓勵發明，保護發明人的權

利，專利制度讓專利權人在法定期間內享有專利技術的排他權，使其享有商業上的特權利益，以鼓勵其將發明公開分享。在我國專利法第五十八條之一規定：「發明專利權人，除本法另有規定外，專有排除他人未經其同意而實施該發明之權。」專利申請案經過專利專責機關之審查，符合可專利性之要件，則國家授予有一定期限之排他權利。

由此可知，專利權人所擁有的專利權是「專有排他權」的。這項專利權人可以在專利期間擁有的排他性也就代表著壟斷獨佔市場、擁有商品販售價格的唯一解釋權，以及回收其投資成本的權力，甚至獲利高於發明人的研發成本後，可能造成濫用，導致專利與公共利益出現牴觸爭執。

為了調解這分歧的觀點，因而有「強制授權」的產生，強制授權是指在維護公共利益的前提下，可以不經過專利權人同意，藉由國家的強制力強制地授予第三人取得該項專利技術的特權。強制授權讓發明人可以取得一定程度的權利金，也讓需要這項專利產品申請者能以特許的方式取得該項急需的專利產品。強制授權不得讓與、信託、繼承、授權或設定質權。

強制授權的主要目的在於：

1. 因應國家緊急危難或其他重大緊急情況
2. 增進大眾公共之利益
3. 防止專利權濫用帶來的不公平競爭

第一節　強制授權之源起與發展

　　有關強制授權之起源，有以下幾種說法，第一種說法，乃認為強制授權之制度產生於英國在詹姆士一世於1610年頒布的「獎勵事項法案」（Declaration Concerning Matters of Bounty）規定：國王可以對新技術的發明者授予壟斷權。但是「授予對新發明的壟斷權不得違反法律，不得因提高商品在國內的價格、損害貿易或造成其他不便而對國家有所不利」，後來在1623年英國英國的《專利法》，就被稱為《壟斷法律》（The Statue of Monopolies），即是賦予對技術的壟斷權利的法律，實際上，該法的正面的或者原則的規定是禁止英王授予獨占性特權，即壟斷權，只是在第六條設了一個例外，規定了專利的壟斷權是合法的，第六條規定：「對於在英國實施（working）或者製造（making）新工藝、新產品者，或者新技術的最先發明者，專利特許為期14年或14年以下的特權授予，授予該範圍之內的任何新穎產品的工作或製造方法的，真正和第一發明人及這些產品的發明人。在專利許可狀和授予的期限內，他人將不得利用之。」但是專利權的授予「不得提高商品在國內的價格，損害貿易或造成其他不便而對國家有所不利。」英國的強制授權正式法制化是在1883年英國專利法第二十二條規定：「如果專利人未在英國實施其專利或者未充分實施其專利，貿易局有權頒布強制授權證書。」

　　二次大戰期間，美國為重整國際經濟秩序，希望在貿易方面成立一個國際貿易組織（International Trade Organization, ITO），因此在1946年由19個國家共同組成國際貿易組織籌備委員會，起

草國際貿易組織憲章，此即稱為哈瓦那憲章，也是國際貿易組織憲章之通稱。1948年《哈瓦那憲章》（Havana Charter）首次確立了國際條約中限制貿易行為法的國際規則。其第四章（第四十六至五十二條）規定了包括磋商程式，調查程式，限制性行為的研究，成員的義務合作救濟制度，國內措施和關於服務的特殊程式等限制性行為規則。

1980年《聯合國關於限制性商業行為的多邊商定的公平原則和規則》（通常稱為《聯合國反壟斷示範法》）在此基礎上確定以下指導原則：「確保限制性商業行為不阻礙，或者消除由減少影響世界貿易，特別是影響開發中國家的貿易和發展的關稅非關稅障礙所應當帶來的利益。」一些地區性協定規定了對技術轉讓中濫用行為的制止。[123]專利權，商標權和版權甚至商業祕密等智慧財產權都屬於法律賦予的壟斷權，即排他性地享有，使用，轉讓或者排除損害的權利。防權利人濫用智慧財產權實施壟斷行為，則是反壟斷法的一項重要內容。

第二節　巴黎公約有關強制授權之規範

巴黎公約規範強制授權之情形：

根據巴黎公約第5條第A項第2款之規定，各同盟國家得立法規定強制授權，以防止專利權人濫用權利之情形，例如未實施專利。另外，根據巴黎公約第5條第A項第4款之規定，自出專利申

---

[123] 孔祥俊、武建英、劉澤宇，《WTO規則與中國智慧財產權法:原理規則案例》（北京：清華大學出版社，2006），頁247-250。

請之日起四年內，或核准專利之日起三年內（以最後屆滿之期間為準），任何人不得以專利權人未實施或未充分實施為由，申請強制授權。倘專利權人之未實施或未充分實施具有正當事由者，強制授權之申請應不予允准。

Article 5

第A項發明專利、物品的進口、未實施或未充分實施、強制授權

A Patents: Importation of Articles; Failure to Work or Insufficient Working; Compulsory Licenses

（1）專利權人不因其於任一同盟國內所製造之專利物品，輸入於獲准專利之國家而喪失其專利。

（1）Importation by the patentee into the country where the patent has been granted of articles manufactured in any of the countries of the Union shall not entail forfeiture of the patent.

（2）各同盟國家得立法規定強制授權，以防止專利權人濫用權利之情形，例如未實施專利。

（2）Each country of the Union shall have the right to take legislative measures providing for the grant of compulsory licenses to prevent the abuses which might result from the exercise of the exclusive rights conferred by the patent, for example, failure to work.

（3）除非強制授權不足以防止前揭濫用，否則不得撤銷該專利權。於首次強制授權之日起兩年內，不得執行專利之喪失或撤銷專利程式。

（3）Forfeiture of the patent shall not be provided for except in cases where the grant of compulsory licenses would not have been sufficient to prevent the said abuses. No proceedings for the forfeiture or revocation of a patent may be instituted before the expiration of two years from the grant of the first compulsory license.

（4）自提出專利申請之日起四年內，或核准專利之日起三年內（以最後屆滿之期間為準），任何人不得以專利權人未實施或未充分實施為由，申請強制授權。倘專利權人之未實施或未充分實施具有正當事由者，強制授權之申請應不予允准。前揭強制授權不具排他性，不得移轉，除非與其經營授權之之企業或商譽一併為之。亦不得再授權。

（4）A compulsory license may not be applied for on the ground of failure to work or insufficient working before the expiration of a period of four years from the date of filing of the patent application or three years from the date of the grant of the patent, whichever period expires last; it shall be refused if the patentee justifies his inaction by legitimate reasons. Such a compulsory license shall be non-exclusive and shall not be transferable, even in the form of the grant of a sub-license, except with that part of the enterprise or goodwill which exploits such license.

（5）前揭規定於新型準用之。

（5）The foregoing provisions shall be applicable, mutatis mutandis, to utility models.

第三節　各國執行強制授權執行情形

一般的國際條約實施，都是侷限於一種監督功能，雖然實施是締約國在其國家法律制度框架內的責任。但國際條約能否在締約國國內得到充分和落實實施，主要取決於國際條約在國內法中的適用程度。一般而言，國際條約效力應僅只及於作為締約方的國家，沒有直接及於國內的機關和個人。至於條約中的權利和義務在國家內透過什麼程式具體實施是一國主權範圍內的事情，應透過國內法加以規定。

但是TRIPS協定使這一傳統國際法理論有了新的突破。TRIPS協定除在第一、二篇規定了成員在有關智慧財產權保護中的一般規定及基本原則，還在第三篇「智慧財產權之執行」詳細地規定了成員確保在其國內法中執行TRIPS協定的1.一般義務。2.民事與行政程式暨救濟。3.暫時性措施。4.與邊界措施有關之特殊規定。5.刑事程式，以求確保TRIPS協定得到落實。

不同於一般條約僅對作為締約方的一國政府設定權利義務，TRIPS規定則是擴張到直接針對成員國內的單位機關和個人，為

締約方的國內立法，行政機關和法院實施TRIPS協定確定了應遵循的具體程式和標準。所以TRIPS協定的保證實施規則突破了條約在國內適用的傳統制度，使其由受制於國家主權，國內法決定，發展為由國際制度監督國內民事，行政甚至刑事的史無前例的全新國際條約實施制度。[124]

強制授權機制之建構，對開發中國家及已開發國家均有莫大之影響。開發中國家希望透過強制授權制度，不論是以落實強制授權之方式，或將之作為談判之籌碼，取得較低廉之藥品；相反地，已開發國家卻擔心若擴大適用強制授權制度，將使其本國製藥企業之經濟利益受到不良影響，進而對本國經濟產生負面結果，而希望限縮強制授權制度之運用。在進行關於執行杜哈宣言第六段之談判時，雙方立場相當歧異，與當初杜哈部長會議建立之理念，是截然不同的現實情況。

一、美國強制授權實施情形

美國是第一個設立藥品保護制度的國家。美國的藥品試驗保護源於1984年9月24日美國國會通過的「藥物價格競爭和專利期恢復法」（Drug Price Competition and Patent Term Restoration Act）俗稱為「韋克斯曼法案」（Hatch-Waxman Act）之規定，該法案給予新化學實體5年的保護期。FDA對新藥補充申請（包括新型製劑、新增適應症以及處方藥轉換成非處方藥）而需進行新的臨

---

[124] 田曼莉，《開發中國家實施TRIPS協定研究》（北京：法律出版社，2012），頁67-68。

床試驗的藥品給予3年的保護期。為促進罕見藥和兒科用藥的發展給予罕用藥7年的保護期，兒科用藥則在5年或3年的保護期上再延長額外6個月。

美國作為世界最大的專利輸出國，是少數未在專利法中規定強制授權相關內容的國家，僅在以下三種狀況下可進行強制授權：

（一）政府使用：在符合國家利益以及給付合理補償之要件下，可徵用專利權。

（二）依特別法規定：這裡所指的特別法皆非依循美國專利法，依特別法規定又可分為以下三種情事。

　　1. 根據原子能法規定，對公共利益有重大影響的發明，由政府給予補償，由原子能委員會授予協力廠商實施。

　　2. 涉及國家安全規定條款者。

　　3. 根據空氣潔淨法有關強制授權條款執行者。

（三）作為救濟之反競爭行為：指專利權人的行為違反聯邦交易委員會法（The Federal Trade Commission Act）以及休爾頓法（The Sherman Act）、克萊登法（The Clayton Act）等反壟斷相關法規。[125]

美國專利法並未明確定義強制授權制度，但一般認為美國專利法第二〇三條規定的「前進實施權利（March-in rights）」給予聯邦政府核可非專有代理或使用執照的特權類似於強制授權的概念。

美國規範前進實施權之情形：

---

[125] 林孟萱，〈各國專利強制授權簡介（一）〉，*http://www.zoomlaw.net/files/16-1138-43484.php*，瀏覽日期：2017.06.18。

1. 「未實施（not taken）」

　　根據美國專利法第二〇三條第（a）項第（1）款之規定，當立約人或受讓人未實施，而核可非專有代理或使用執照是必要的情況下，給予聯邦政府核可非專有代理或使用執照的特權。

2. 「合理的時間及實際的步驟仍無法實施（not expected to take within a reasonable time, effective steps to achieve practical application）」：

　　根據美國專利法第二〇三條第（a）項第（1）款之規定，當立約人或受讓人在合理時間及實際步驟下仍無法實施，而核可非專有代理或使用執照對特定領域的實際應用是必要的情況下，可以給予聯邦政府核發專有代理或使用執照的特權。

3. 「健康或安全需求（health or safety needs）」：

　　根據美國專利法第二〇三條第（a）項第（2）款之規定，當立約人、受讓人或授權人無法滿足健康或安全需求，而核可非專有代理或使用執照是必要的情況下，給予聯邦政府核可非專有代理或使用執照的特權。

4. 「聯邦法規規定的公共使用要求（public use specified by Federal regulations）」：

　　根據美國專利法第二〇三條第（a）項第（3）款之規定，當立約人、受讓人或授權人無法滿足聯邦法規規定的公共使用要求，而核可非專有代理或使用執照是必要的情況下，給予聯邦政府核可非專有代理或使用執照的特權。

5. 「違反第二○四條之美國企業優先採納條款（Preference for United States industry）」

　　根據美國專利法第二○三條第（a）項第（4）款之規定，依據第二○四條之合約未被取得或放棄、或違反第二○四條之規定，而核可非專有代理或使用執照是必要。[126]

美國法院長期以來就不傾向同意使用「強制授權」。1988年《專利濫用修正案》更通過強制授權之通過方式，將這種允許的專有性方式法典化，例如在反托拉斯《謝爾曼法》、《空氣淨化法》等少數法典中，就規定了專利的強制授權，事實上，正如美國最高法院在一個案例中所述，「強制授權在我們的專利制度中是稀罕之物，它經常被人提議，卻從未在廣泛的範圍內獲得立法通過」。包括美國在內的絕大多數國家在專利、商標或者版權領域，很少使用強制授權這種救濟措施。

　　2017年3月美國貿易代表署（Office of the United States Trade Representative，USTR）發布「2017年貿易政策議程及2016年年度報告（2017 Trade Policy Agenda and 2016 Annual Report）」，報告中指出，將在參議院通過美新任貿易代表Robert Lighthizer之任命案後，提出更詳細完整之總統貿易政策議程。

　　該報告提出「確保美智慧財產權獲得充分保障」、「避免其他國家或國際組織（如WTO）削弱美國在各項貿易協定可獲致之利益」、及「更新現有貿易協定以反應當前需求與市場條件」

---

[126] 郝明輝，〈談各國強制授權制度－以我國專利新法為核心〉，*file:///C:/Users/Homeuser/Downloads/201204vol802%20[Unlocked%20by%20www.freemypdf.com].pdf*，瀏覽日期：2017.05.18。

等有關美國貿易政策之重要目標。[127]

二、加拿大強制授權實施情形

加拿大自1923年來，出於使國內藥品保持平價之目的，加拿大修正了專利法，在修正中允許對藥品專利頒發強制授權，同年頒發了首條藥品強制授權。其中規定，可以對藥物有效成分在加拿大境內生產的藥物實施強制授權。但是1923年的加拿大製造學名藥的能力有限，因此專利法中雖然具備相關條款，卻極少得到應用。從1935年到1969年，加拿大只實施了22起強制授權。[128]

雖然強制授權對於維持加拿大醫藥產品的價格穩定可能產生了影響，但是對加拿大經濟的總體影響卻是負面的。一些專家認為，認可強制授權的直接後果是，加拿大的製藥行業無法參與世界性競爭，並且成了其他國家技術開發成果的模仿者。從1935年到1970年間，加拿大總共提出過53次強制授權申請，其中只有11項獲得批准。可見該條款並沒有發揮出它該有的作用。

1969年，加拿大面臨著國內藥價飛漲的現實，於是政府再次修改了專利法，擴大了申請範圍，任何人都可以申請頒發進口專利藥品的強制授權。自此以後，加拿大對於強制授權的申請數量大增，被批准的比重也更大。法律的修改產生了預期中的效果，

---

[127] Office of the United States Trade Representative, 2017 Trade Policy Agenda and 2016 Annual Report-of the President of the United States on the Trade Agreements Program, March 2017.

[128] Kristen Douglas, Célia Jutras, "Patent Protection for Pharmaceutical Products in Canada-Chronology of Significant Events," *Law and Government Division*, Revised 6 (October 2008) ,pp. 1-12.

強制授權的實施使得國內學名藥藥業得到迅猛發展，同時由於成本的下降和競爭的引進，藥價也顯著下降，公共健康開支因此得到大幅降低。

然而，此舉影響到美國政府及藥商的利益，加拿大政府被頻繁施壓，要求放棄國內的藥品專利強制授權實踐，這些壓力的累積直接導致了加拿大在1987年再次修改專利法，將允許頒發藥品專利強制授權的時限延至專利獲取後的7年至10年，這讓專利持有人獲得了更長時間的市場獨佔權。從1987年的專利法修改，可以看出加拿大為平衡多方利益，使得強制授權的標準被提高。

在1982年和1987年期間，受強制授權的負面影響，加拿大藥品價格每年平均增加9%，比美國同期藥品價格上升還高出1.9個百分點。

1992年美國、加拿大和墨西哥簽署了《北美自由貿易協定》（North American Free Trade Agreement, NAFTA），為履行NAFTA的義務，加拿大政府於1992年通過《C-91法案》將專利申請日開始的專利保護延長到標準的20年，平均比以前延長了3年；並取消了強制授權生產許可，廢止了1991年12月20日以後發放的所有強制授權生產許可證。同時，法案允許通用藥品生產企業在專利期到期前6個月開始生產、儲存藥品，以便快速投放市場，本次修改相當於澈底廢除了藥品專利強制授權制度。在1993年，加拿大幾乎取消了強制授權。

自此之後到2004年，加拿大的強制授權制處於空缺狀態。然而，強制授權制度的缺失對加拿大產生了嚴重的消極影響。C-91法案意味著加拿大藥廠必須在專利保護期滿後才能使用該技術，

而TRIPS協定對於專利保護期的規定是20年。這20年的保護期限還可能被輕易再度加長，例如通過改變藥物有效成分的生產方法等。這嚴重延遲了加拿大境內的學名藥生產，低價藥不能被及時投入藥品市場與原廠藥競爭，導致了藥品暴漲。

2004年5月，Jean Chretien的非洲藥物援助法案（Drug Aid for Africa Political Illusion）使得情況有所改變。該法案的制定有著人權組織背景，最初該法案在開發中國家的立場受到了人權組織的歡迎，也使學名藥生產企業備受鼓舞。然而，在實施過程中也暴露出它的固有缺陷。該法律在實踐上十分複雜繁瑣，加拿大工業部發言人暗指該法案「錯誤地假設藥品生產商會出於人道主義而出口藥品並獲得經濟利益，這種制度下營利性貿易沒有發展空間。問題的關鍵在於，學名藥生產企業並非慈善機構」。[129]

該法案的制定對於開發中國家人民的藥物獲取非常有利，它意在為存在著嚴重公共健康問題的國家和地區提供援助。這條法案是在《關於TRIPS協定和公共健康的杜哈宣言第六段的執行決議》框架內對於TRIPS靈活性條款的首次運用。

Drug Aid for Africa Political Illusion法案規定，只有幾乎沒有藥品生產能力的國家，或在「加拿大藥品授權機制」（Canadian Access to medicine Regime, CAMR）名單中的國家，才是藥品出口的合理對象。CARM不僅限制了藥品供應國家，也限制了可以參與藥品供應體系的藥品種類。該體系有如下特點：

---

[129] Dennis Bueckert, "Drug Aid for Africa Political Illusion," *https://www.theglobeandmail.com/news/national/drug-aid-for-africa-political-illusion/article1118283/*, Browse date: 2017.06.12.

1. 該制度對WTO成員和非WTO成員國同樣適用；

2. 在該制度下生產的藥品和醫療器械必須與在加拿大國內銷售的產品同等的品質標準實施生產；

3. 由加拿大衛生部負責對該制度下的產品進行審查；

4. 用於出口的藥品必須帶有特殊標記，以便與加拿大國內銷藥品相區分；

5. 在藥品進口國的同意下，除了政府組織，非政府組織也可以採購學名藥品。

　　該法案顯示出對缺少藥品生產能力的最不發達國家的同情與支持態度，加拿大專利委員會甚至有權強制授權國內製藥公司生產向CAMR名單中的國家實施出口的藥物。

　　該法案設計上的不合理使得相關運作變得非常的複雜和艱難。Apotex製藥公司的新聞稿明確地凸顯了此一問題：「為了向非洲進行藥物出口，Apotex在履行程式上用了3年時間。Apotex是加拿大唯一一家完整履行CAMR行政程式的公司。學名藥生產企業一直建議聯邦政府對於非洲急需藥物簡化審批程式」。[130]隨著相關實踐的展開，政府自己也認識到該法案的固有問題。加拿大工業部和衛生部聯合審查該法案後認為：「加拿大藥品獲得制度在打破經濟壁壘方面應發揮更大的作用，特別是應當在CAMR中明確允許幾個有相同公共健康問題的開發中國家聯合採購，以發揮規模經濟優勢降低採購成本」。

---

[130] APOTEX, "Canadian Company Receives Final Tender Approval From Rwanda For Vital AIDS Drug," *https://www.apotex.com/ca/en/about/press/20080507.asp*, Browse date: 2017.06.12.

事實上，儘管CAMR體系的出發點很好，但是自此體系建立起來之後，幾年之內都無人問津。一直到2007年7月，盧安達（Rwanda）成為首個嘗試利用該法規的國家，盧安達向WTO告知其想要從Apotex進口藥品的訴求，隨後加拿大專家委員會對於盧安達所要求的藥品實施強制授權，授予加國學名藥廠Apotex製造及出口治療愛滋病（HIV／AIDS）的藥品Apo-TriAvir至盧安達。這使得盧安達成為第一個援用「執行TRIPS協定與公共健康宣言第六段之決議」，得以進口由加拿大強制授權生產低價專利藥品的WTO會員國。

　　依此項強制授權內容，Apotex藥廠於2年授權期間內可生產並運送26萬組Apo-TriAvir至盧安達。2008年9月24日，首批通過「加拿大藥品授權機制」的700萬顆愛滋病藥品Apo-TriAvir輸往盧安達，預計此項基於人道主義與非營利動機的歷史性貢獻將拯救盧安達境內21,000條寶貴生命。[131]

　　CAMR的實施情況和它在當時面臨的爭議可由以下幾個觀點做對照分析。

1. 開發中國家的觀點

　　CAMR的時程冗長過程繁雜，以加拿大強制授權愛滋病藥物輸往盧安達為例，從藥廠取得授權、生產、並將藥品輸往盧安達，耗時超過一年，如此時效性不佳之程式恐延誤救人時機。如果能將制度修正為「單一授權制」（one-license solution），允許單一藥廠製造學名藥並出口至所有藥品需求國家，以簡化申請流

---

[131] 謝欣晏、陳俐伶，〈藥品近用有關彈性條款落實之相關發展與爭議——以低度開發國家為中心〉，《經貿法訊》，第172期（2015.01.23），頁7-16。

程、才能符合此項強制授權之立法美意。

在開發中國家，藥品可近性不僅是一個藥價問題，它還意味著供應的可持續性是否穩定。發展該國家本土產業可以是實現藥品可持續供應的途徑，CAMR的不合理可能不止是程式上的不合理，還有援助方式上的錯誤。充分的製藥技術援助才是提升開發中國家藥物可及性所真正需要的。[132]

2. 學名藥廠的觀點

CAMR體系是否提供學名藥廠商足夠的動機去參與這個體系也是主因。加拿大法律條款規定，經強制授權許可投入生產的學名藥價格必須低於原廠藥25%以上，否則專利權人有權對學名藥廠商提起訴訟。這些條款只給予學名藥企業極低的利潤空間，卻給予他們極大的責任。此外，即使一個學名藥廠商經過耗時耗力的複雜程式之後終於可以獲得強制授權，授權期限也只有兩年，可續期一年。學名藥的生產需要大量的前期投資，而這樣的限制讓企業難以看到一個長期的市場。

此外，CAMR的整套設計顯得對全球市場現實嚴重脫鉤。出口到最不發達國家的廉價學名藥主要來自印度、巴西等國家，在價格上，高福利高薪資水準的加拿大製造商是無法與這些國家競爭的。這也突顯出強制授權的一個本質上問題：它削弱了藥品研發的動機。

---

[132] Jillian C Cohen-KohlerEmail author, Laura C Esmail and Andre Perez Cosio, "Canada's implementation of the Paragraph 6 Decision: is it sustainable public policy?," *Globalization and Health*, Vol. 3, No. 12 (2007) ,pp. 533-39.

3. CAMR設計上的問題

CAMR名單上藥物有限制、繁瑣的申請程式設計機制、授權時間和數量的有限性等，這些CAMR使用障礙，就如同學名藥企業面臨的障礙是一樣的，這些抑制因素在打消了學名藥廠商的積極性的同時，也使得開發中國家缺少動力去申請CAMR的幫助。同時，CAMR無法提供現藥，只能等授權通過後再生產也是一個不利因素。

總體而言，我們不應將CAMR視為政策上的失敗，但是也看到其中存在的問題，例如意識到CAMR未能給學名藥廠商提供足夠經濟動力。

三、歐洲地區實施強制授權的情況

（一）歐盟的規定及其立場、態度

在歐洲，醫療制度的完善需要學名藥參與醫藥市場，以調和藥價。專利藥廠和學名藥廠之間存在著利益衝突，如何讓利益兩端達到平衡，有賴於政府進行監督和控制，歐盟認為政府應當在這方面充分發揮作用。

為配合實施《關於實施杜哈宣言第六條的理事會決議》，歐盟執行委員會依歐盟條約第九十五條「與健康、安全、環境及消費者權益保護相關的共同立法原則」和第一三三條「共同商業原則」的精神內涵，提出相關法律修正案，在2006年通過了第八一六條法規。

該法規的制定目的是說明缺少製藥能力的國家解決公共健康

問題，不能被用於產業或商業目的。該法規的特點如下：

1. 並未限定可出口的藥品的範圍。

2. 通過該體系製造藥品並出口的物件國必須是公共健康問題比較嚴重的最不發達國家或其他低收入國家。

3. 任何人都可以申請對藥品專利實施強制授權，但申請人需證明收到進口國家的出口請求。

4. WTO成員國需就已申請的藥品通知WTO，非WTO成員國需通知OECD，且必須在通知中證明本國沒有或缺少此類藥品的生產能力。

5. 被強制授予藥品專利的申請人須對專利權人進行合理補償，具體補償額度由主管部門視該授權事項的經濟價值等情況而定，如出現國家緊急狀況，補償額為進口國支付額度4%。

6. 規定了防止再次進口的措施：海關在檢查中，發現任何有再進口嫌疑的藥品，都有權予以扣留，但是不得超過10個工作日。如經調查屬實，相關藥品將被海關沒收。以上條款不適用於旅客為了自身使用而攜帶的藥品。

7. 強制授權的審查和終止：專利權人可對授予強制授權的決定或有關授權條件的履行爭議提起上訴。當進口國對於藥物需求的數量不能充分滿足時，則進口國可申請主管部門修改授權條件。

8. 藥品的檢測：通過該體系出口的藥品必須符合歐盟的藥品品質要求。

歐盟這項修改法案看似十分有利於急需藥品但是缺少製造能力的國家獲得所需的藥品，相關規定也是包含在TRIPS協定體系之中的，並無超出TRIPS協定之外的附加條件。該法案大大增強了開發中國家的藥物獲取能力，對於全球公共健康而言意義重大。

　　但事實上，歐盟對於藥品專利強制授權的態度卻是含糊不清的，歐盟在一些場合表現出的立場與該法案的制定目標並不符合。歐盟承諾支援《杜哈宣言》的實施，也積極回應《總理事會決議》事項，同時也對開發中成員國不能完全遵照TRIPS協定保護智慧財產權也表示理解，但在實際作為上，卻又是截然不同的現實，表現在以下幾點：

1. 歐盟委員會建議強制授權只有對世界衛生組織所列的基本藥品清單才可執行。然而，在世界衛生組織藥品清單中在列的300多種藥品中，僅有11項具有專利保護，歐盟的這一建議，實質上將藥品專利的強制授權範圍限制在11項藥品專利中，其使用範圍將大大削弱，而這一建議提出的出發點當然是想限制藥品專利強制授權的使用。

2. 歐盟提出，開發中國家要按照歐盟的《專利合作公約（Patent Cooperation Treaty）》和《專利條約（Patent Law Treaty）》規範來立法。然而，歐盟的高標準對於開發中國家來說是很困難的。對於開發中國家來說，更高的藥品專利保護層級意味著獲得藥品困難度的增加，不利於國內的公共健康維持。

3. 在承諾支援開發中國家藥品獲取權利的同時，歐盟又積極實施「智慧財產權執行法（Intellectual Property

Enforcement）」。這項法令旨在保護智慧財產權，限制學名藥廠的存在空間，例如學名藥在海關可能遭遇扣留，學名藥廠感到威脅的存在，紛紛從學名藥生產和銷售中退出，因為學名藥的價格低於專利藥，沒有安全的銷售環境這對於平價學名藥品在市場上的供應是很不利的。[133]

（二）歐洲地區各個國家的規定

歐盟各國立法在條文中都體現了允許強制授權的規定。例如，《英國專利法》有以「國王使用」為由進行強制授權，其實質等同於以「政府使用」為由發動的強制授權；《法國智慧財產權法典》規定「不實施或不充分實施專利權且拒絕授權」為由進行強制授權；《德國專利法》規定可以「公共利益」為由實施強制授權。但是這些條文也都規定了非常嚴格的條件，所以這些法條都很少被運用到實際中。

非歐盟成員瑞士，製藥水準先進，其藥品衛生政策對全球的藥品市場影響巨大。在2004年之前，瑞士不允許通過強制授權的方式將受到專利保護的物品出口。然而，在《總理事會決議》後，瑞士在新專利法的修正案中加入了關於經強制授權所製造的藥品的出口的新規定。其中涵蓋了授權的條件、可出口國家的範圍、目的、對專利權人的補償、防止再次進口的措施等等細節。

挪威與瑞士同處歐洲大陸，也同樣不是歐盟國家，雖然製藥並不發達，但也積極回應《總理事會決議》的要求，並於2004年

---

[133] 楊光華，《WTO新議題與新挑戰》（臺北：元照出版，2003），頁397。

6月通過專利法的修正案。以實際行動表明該國支持WTO決議，支持杜哈宣言。

四、泰國強制授權實施情形

（一）泰國的藥品專利強制授權實踐

泰國是東南亞人口第3大國，是東協藥品市場的重點國家之一。2006年，泰國政府基於TRIPS協定的彈性條款，在與跨國製藥公司就藥品價格談判無結果後，針對愛滋病、心臟病和癌症的治療藥物實施了強制授權。目前，國際上普遍將愛滋病疫情視為一種公共健康問題，巴西和南非就曾因此實施強制授權，但是泰國將沒有傳染性的心臟病和癌症也視為公共健康問題，並以此為由實施藥品強制授權，這引發了國際社會的廣泛爭議。這關係到如何解讀TRIPS協定第三十一條，如何對藥品專利強制授權的範圍進行界定，如何理解「國內健康危機」及「國家緊急狀況」。值得注意的是，泰國政府直接參與其國內的藥物生產，同時通過強制授權後，相關藥品只能通過國家製藥生產。因此，在藥品強制授權這一問題上，泰國的情況更為複雜。

在泰國，愛滋病是一個嚴重的社會問題。2001年8月，泰國政府實施全民健康保險計畫，該計畫意在惠及普通民眾，增加了在全民健康保險費用方面的開支。該計畫規定，國民參保的費用是30泰銖起步，因此又被稱作「30泰銖計畫」。當該計畫費用不足時，由政府稅收來填補空缺。泰國的全民健康保險計畫的資金需要越來越大，特別是在該計畫包含了治療愛滋病的抗逆轉錄病毒療法之後。

2006年4月，為了提高工作效率，泰國國家健康委員會成立了一個下屬機構，負責出於政府使用的目的實施強制授權。下屬委員會對藥品和醫療器械實施許可的標準包括：藥物和相關的供給價格太過高昂，政府無法負擔以使公民普遍能夠使用基本藥物；藥品包含在國家基本藥物名單中；出於緊急或極緊急情況的使用；解決重要公共健康問題；幫助防止或控制流行病；救助生命。[134]

（二）泰國政府頒發強制授權許可的目的

2006年9月泰國發生政變，為贏得民心，軍政府取消了泰國全民健康保險計畫中由民眾負擔的費用部分。2006年11月29日，泰國疾病控制廳和衛生部宣布，泰國政府將對Efavirenz頒發強制授權，授權泰國政府製藥進行生產。2007年1月5日，泰國主要的本土藥廠Government Pharmaceutical Organisation（GPO）與一個生產仿製抗逆轉錄病毒的印度藥品公司Ranbaxy簽訂合約，進口66000瓶治療愛滋病藥品Efavirenz，這使得泰國政府得以讓更多的愛滋病人得到Efavirenz的治療。在2007年接下來的數個月，泰國政府陸續對多種藥物專利實施了強制授權。

泰國官方聲稱它啟動強制授權的理由是基本藥品的高價超過了泰國政府的全民健康保險計畫的承受能力。2007年1月，當泰國政府宣布針對雅培公司（ABBOTT LAB）的愛滋病藥物ritonavir實施強制授權時，泰國衛生部長談到該藥物的價格時說：「如果該藥物一直保持如此高價，泰國政府預算只能保障一部分患者能

---

[134] Program on Information Justice and Intellectual Property (PIJIP), Timeline for Thailand's Compulsory Licenses, Version 2, March 2008, p. 4.

獲得ritonavir，其他不能獲得藥物的患者則不得不面臨致命的感染威脅。如果該抗逆轉錄病毒配方可以由泰國自行生產或進口，價格會更低廉，並使更多的患者受益」。[135]泰國政府的期望是將此藥物的價格降低80%。[136]但是在強制授權實施後，ritonavir的藥價並沒有出現如泰國政府所期望的下降幅度，而泰國通過國際援助獲得的ritonavir甚至比泰國預期的更為廉價。

關於泰國政府的舉措受到來自全球各方政府和媒體的置疑，就算在國內，也不全是認同之聲。2007年1月25日，泰國醫藥研究和製造商協會主席Teera Chakajnarodom聲稱：「法律只在國家極端緊急狀態下或戰時允許這類行為，而且必需要在同相關公司進行協商之後法律中的這些條款必須極其謹慎地執行，否則就會損害投資群體的信心。」[137]為應對這些聲音，2007年2月16日，泰國公共衛生部和國家醫藥保障辦公室發布了一份80頁的資料，資料中顯示了支援其最近的強制授權舉措的證據。

關於政府對藥品專利多次採用強制授權的情況，泰國政府一直聲稱是出於公共利益，但是各方面都有證據顯示其動機可能遠不止於此。對藥品專利實施強制授權的目標是向民眾供應低價藥品，但是這一點卻並未實現。2002年，泰國總審計長Jaruvan Maintaka發布的報告顯示，60%由GPO生產的藥物售價高於市

[135] Thailand. Krasūang Sāthāranasuk, Thailand. National Health Security Office, *The 10 Burning Questions Regarding the Government Use of Patents on the Four Anti-cancer Drugs in Thailand* (The Ministry, 2008), p. 1-47.

[136] Frederick M. Abbott, Jerome H. Reichman, "The Doha Round'S Public Health Legacy: Strategies For The Production And Diffusion Of Patented Medicines Under The Amended Trips Provisions," *Journal of International Economic Law*, Vol. 10, No. 4 (2007) ,pp. 921-987.

[137] Program on Information Justice and Intellectual Property (PIJIP), Timeline for Thailand's Compulsory Licenses, Version 2, March 2008, p. 4.

價，某些藥物甚至超出市價10倍。[138]

泰國政府製藥的藥品銷售價格高昂，這與政府的聲明是相背離的。另外，被在泰國執行強制授權的專利藥品公司在泰國宣布實施強制授權前，都無法與泰國相關人員獲得接觸和協商。有關這一點，泰國衛生部的回應是：「協商唯一的作用就是推遲廣大患者獲得基本藥品的時間，使得更多的生命處於不健康甚至生命危險的境地之中。」[139]

泰國政府是出於何種目的實施藥品專利強制授權，值得探究一番。對藥品專利實施強制授權，而實施學名藥生產確實可以增加相關藥品的供應，從而降低藥價，然而，通過對泰國目前藥品市場的藥價來看，泰國政府的措施並沒有把這一可能性變成現實。最值得注意的是，政府製藥從泰國的強制授權實施中獲益很大，泰國政府將民營藥業公司排除在通過這一途徑獲得的專利藥品生產權之外，而這種對民營藥業的排斥直接就是對增加學名藥供應不利的，它直接導致了GPO製藥在對一些學名藥的壟斷。

GPO在泰國一系列藥品專利強制授權中的地位非常重要，GPO的運營並不像是一個非盈利企業，而更像是一個盈利能力逐漸增強的企業。泰國政府通過對藥品專利的強制授權將一些關鍵藥品投入國內生產，並將生產權單獨地交給GPO，排除了同民營藥業的競爭，這使得GPO獲得了巨大的利潤空間。長期以來，印度學名藥在

---

[138] TEN KATE Daniel, "Safe at Any Cost ?," *https://www.europe-solidaire.org/spip.php?article5632*, Browse date: 2017.06.12.

[139] "Facts and Evidences on the 10 Burning Issues Related to the Government Use of Patents on Three Patented Essential Drugs in Thailand." Document to Support Strengthening of Social Wisdom on the Issue of Drug Patent.2007, p. 6.

供給地區用藥發揮了很大作用，泰國政府可能希望運用TRIPS協定中彈性條款，透過對藥品專利的強制授權與印度競爭。泰國政府聲稱其實施藥品專利強制授權的目的是促進藥物降價，可是這一結果並沒有出現，事實上，這是泰國藥業產業政策的一部分。

TRIPS協定要求通過強制授權投入生產的藥品要出於維護公共健康的需要，然而在實踐中，很難檢驗國家的單純性。以泰國為例，泰國國內藥品強制授權的實施是出於一種商業目的。製藥企業及其利益相關方的強烈不滿使泰國政府面臨巨大壓力，但是，泰國頒發強制授權有著確切的國內法和國際法的依據，這使得這種強制授權本身很難被否定。如何在TRIPS協定的現實運用中避免這種情況，是國際法所需要進一步完善的。

五、巴西強制授權實施情形

巴西在與愛滋病的鬥爭中相當成功。2001年9月，巴西政府宣布對羅氏制藥（Roche）生產的抗HIV藥物Nelfinavir啟動強制授權。得到了WTO的支持，成功迫使羅氏制藥將這種藥品在巴西的銷售價格降低40%。在很大程度上，巴西政府的行動可以視為商業談判中的一種技巧。

（一）巴西的藥品強制授權實踐

巴西明智地看到了在衛生計畫中可以充分在法律框架內發揮藥品專利強制授權的作用。巴西政府在與跨國公司進行談判時，以專利強制授權作為談判籌碼。對一項藥品實施強制授權將使該

公司失去這一市場，並只能得到極低的補償，而這是以盈利為目的的製藥企業所不願意看到的。但是真正使得巴西政府的談判具有威懾力的，是巴西國內企業掌握著「生產技術」。2001年，通過這種方式，Roche和Merck面對巴西的威懾，選擇了妥協，對它們的兩種藥品（Nelfinavir和Efvirenz）分別實施降價40%和70%。

強制授權符合TRIPS協定的精神，但是藥品專利強制授權本身，不一定能解決藥品獲取問題。迫切需要實施強制授權的國家，一般經濟發展水準不高，製藥能力有限，支付不起學名藥生產的前期投入，同時，學名藥生產能力本身也不足，所以雖然TRIPS協定允許實施專利強制授權，很多開發中國家卻不能有效地運用它來解決國內的公共健康問題，因為藥品專利的在地應用不僅是一個法律問題。而巴西是一個發展水準相對較高的開發中國家，能夠負擔前期投入資本，同時製藥技術也相對較高，另外，境內愛滋病感染人群與一些最不發達國家相比也較小，因此是具備充分利用藥品強制授權解決問題的可能性的，這是巴西在與外國製藥公司談判中具有優勢的真正原因。

在以下兩個案例中，跨國製藥公司的態度轉變過程說明瞭巴西是如何運用有關藥品強制授權的法律優勢的。在關於愛滋病藥品"Nelfinavir"的談判中，巴西援引《巴西工業產權法》第六十八條，以「國家緊急狀態」為由，要求該藥製造商Roche公司降低藥價，否則將面臨巴西政府的強制授權。Roche立刻同意降價，但僅同意降價13%。這個降價幅度並未能巴西政府滿意，因為這不能有效地解決巴西公共健康支出的財政困難。

2001年8月22日，巴西政府宣布由自有藥物研製中心來生產

該藥，這給予了Roche公司更大的壓力。2001年8月31日，Roche公司選擇讓步，同意再增加40%的折扣,只要巴西不對該藥實施強制授權。2005年6月24日，巴西的健康部長Costa宣布巴西對愛滋病藥品Kaletra實施強制授權。Costa表示，目前政府要為每片Kaletra支付1.17美元，而強制授權後的巴西版本每片只需要花費政府68美分。這個宣布開啟了巴西政府同Abbott公司的談判。最終，2005年7月8日，Costa同Abbott公司達成協議，Abbott公司同意在今後六年內將Kaletra降價46%進行銷售。

　　儘管通過藉助藥品專利強制授權進行威懾的手段已經能夠起到效果，但是巴西政府仍然採取了實際進行強制授權的手段。長久以來，巴西政府與Merck公司也持續針對急需的愛滋藥物Efavirenz的售價進行協商，不過一直未能達成共識，Efavirenz是巴西國內最常用來治療愛滋病的藥品，總計約有38％的巴西愛滋病患（巴西國內愛滋病患約20萬人）使用此一藥品。Merck提出的售價是每一錠1.59美元，以巴西國內對該藥物的需求而言，巴西政府於2007年將須為此支付將近4千3百萬美元的藥品採購價額；然而，巴西政府認為愛滋治療藥品牽涉高度的公益性，堅持Merck應該降低售價，4月底，巴西健康部向Merck發出最後通牒，拒絕Merck重新提出的價格並且祭出強制授權。[140]2007年4月25日，巴西健康部長，José Gomes Temporão，簽署了第866號法令，宣布對Efavirenz實施強制授權，規定可用於非商業、符合公

---

[140] 巴西政府針對Merck愛滋治療藥品實施強制授權，資訊工業策進會科技法律研究所，https://stli.iii.org.tw/article-detail.aspx?no=64&tp=1&i=40&d=2247（最後瀏覽日：2019/06/13）

共利益的目的，這是落實杜哈宣言的重要一步。

巴西政府通過強制授權將Efavirenz生產了75,000份病人需要使用的劑量，大大地改善了國內患者對該藥品的可接近性，減輕了巴西的財政負擔。

巴西專利法規定當外國生產者在國內實施部分生產時，可以獲得專利法保護。這一規定是於1997年為適應TRIPS的規定而制定的。按照規定，由兩家跨國製藥公司生產的愛滋病藥物Efavirenz和Nelifinavir都符合受到巴西專利法保護的條件。對Efavirenz和Nelifinavir的採購占了巴西愛滋病治療預算中的36%，對於巴西財政是一筆巨大的支出。因為這兩類藥品受專利權保護，巴西政府沒有其他可以供應這兩類藥品的來源，[141]過高的購藥成本使得愛滋病救治變得舉步維艱，帶來巴西國內公共衛生狀態惡化。然而，巴西的法律體系也給予了政府對於專利實施強制授權的自由，巴西對於強制授權的利用改善了國內愛滋病關鍵藥物的可進性，是一次開發中國家的勝利。

（二）美巴之爭

TRIPS協定的彈性條款使得開發中國家在國內實施藥品強制授權成為可能，這對於製藥水準不高的開發中國家而言，有著重大的現實意義，但是這對於已開發國家相關利益方而言是一種損害。

2000年5月1日，美國貿易代表辦公室（Office of the United States Trade Representative，USTR）將巴西列入其特別301報告的

---

[141] 徐揮彥，〈與貿易有關之智慧財產權協定下有關藥品專利與健康權問題之研究〉，《貿易調查專刊》，第9卷，（2003.6），頁275-334。

觀察名單。2001年1月8日，USTR向WTO爭端解決機構提交了一份訴狀，內容是關於巴西專利法的第六十八條，該法條允許當專利持有人不在本地實施生產時進行強制受權，美國質疑該法條的合理性。1月9日，美國要求就巴西專利法的「本地實施」條款建立WTO爭端解決工作小組。美國方面提出的理由是，巴西專利法中關於「本地實施」的規定同TRIPS協定相違背。巴西專利法中規定，只對在巴西境內實施了部分生產的產品才能夠獲得專利法保護，否則，在巴西獲得專利3年後，政府即可對該專利實施強制授權。美國方面認為這是對專利權人利益的侵害，是與TRIPS協定中的相關內容相背的。

然而TRIPS協定中也存在對於巴西有利的條款，巴西提出，巴西專利法第六十八條符合TRIPS協定第八條第一項「會員於訂定或修改其國內法律及規則時，為保護公共健康及營養，並促進對社會經濟及技術發展特別重要產業之公共利益，得採行符合本協定規定之必要措施。」及第三十一條（b）項「包括政府使用或政府授權第三人實施時，此類使用僅在使用前，意圖使用之人已經努力向權利持有人要求依合理之商業條款及條件獲得許可，但在合理期限內未獲成功，方可允許。如會員處於國家緊急情況或其他極為緊急情況，或基於非營利之公共使用，則可捨棄前述之要件。但在國家緊急情況或其他極為緊急情況下，應合理可行地儘快通知權利持有人，對基於非營利之公共使用，如政府或政府授權之合約人，未經專利檢索而知或有明顯理由應知政府將使用或將為政府而使用某有效專利，則應立即通知權利持有人。」的規定，

同時也符合《巴黎公約》第五條第A（4）項「自提出專利申請之日起四年內，或核准專利之日起三年內（以最後屆滿之期間為準），任何人不得以專利權人未實施或未充分實施為由，申請強制授權。倘專利權人之未實施或未充分實施具有正當事由者，強制授權之申請應不予允准。前揭強制授權不具排他性，不得移轉，除非與其經營授權之企業或商譽一併為之。亦不得再授權。」的精神，巴西從這兩個方面給出了有力的抗辯。

　　2001年6月25日，由於受到來自公眾的壓力，USTR收回了對於巴西的控訴。事實上，美國針對巴西而採取的法律控訴，引起了許多人權組織的強烈抗議。一方面，若美國勝訴，巴西的愛滋病治療計畫的實施將大走回頭路，會導致大批愛滋病人得不到藥品而死亡，這是出於人道主義立場的關懷。另一方面，由於巴西曾在一些會議中承諾將其製藥技術轉讓給其他開發中國家，因此美國的勝訴將導致這種承諾無法變現，影響這些開發中國家的關鍵藥品獲取，因此，這不僅是巴西的問題，也是世界的問題。

　　美國在撤銷控訴後，巴西私下對其許諾在使用第六十八條之間將給美國事先通知，並同美國通過一個新建立的協商機制來解決相關爭端，但是美國對於控訴的撤銷不全是因為道德壓力，也是因為美國儘管提出控訴，其實在法律上也並無勝算。TRIPS的相關條款擁有很多種解讀的可能，即使訴諸爭端機構，也不一定會判決美國勝利。

　　2017年4月，巴西外交部前部長塞爾索‧阿莫林（Gelso Alanim）表示：若某些國家施加不正當的政治壓力，應在貿易政策審查期間彙報給WTO祕書處。WTO成員必須向WTO投訴某些

國家施加不正當的政治和經濟壓力的情況並對這些違反規定的成員採取懲治性措施。

巴西駐WTO大使埃萬德羅‧迪多奈特（Evandro Didonet）對此表示，巴西仍然相信對智慧財產權的保護和公共健康目標的實現並不矛盾。迪多奈特向WTO成員國提出建議，建議在簽署雙邊貿易協定的政府勿在協定中納入會對TRIPS關於公共衛生的彈性性條款造成損害的因素，他還表示這也是巴西一貫堅守的原則。

六、印度強制授權實施情形

（一）印度的專利法演變歷程

印度現行的《專利法》於1970年頒布，在1999年、2002年和2005分別修改過三次。這部專利法的內容對於印度國內學名藥藥業的發展十分有利，其中關於強制授權的寬鬆規定對於公共健康而言是一種有效的法律保障。

印度為了保護民族工業，在1970年頒布的專利法中，印度規定對食品、藥品、農用化學品等只授予方法專利，而不授予產品專利。1997年，印度因未遵行TRIPS協定受到WTO制裁，美國針對印度沒有遵守過渡期的義務，向WTO提交譴責議案，印度因為國內對於智慧財產權缺乏保護的現狀受到來到美國和歐盟的壓力。1999年和2002年，在歐美等國的強烈要求和WTO的監督下，印度才兩次調整專利法，並在其中詳細說明可以實施強制授權的條件，規定強制授權只有出於公共利益或在緊急狀況下方可使用。在2002年的第二次修改中，已將「國家突發事件，非常緊

急情況，以及專利產品的公眾非商業化使用等四項」作為行使強制授權的理由。

2001年後，開發中國家履行TRIPS協定的過渡期被延長至2005年，印度學名藥業重新獲得了生存空間，印度專利壁壘的缺失使得印度迅速成為包含愛滋病治療藥物在內的關鍵藥物的重要生產國，由印度生產的這些藥品在開發中國家被廣泛使用。然而前景仍然不容樂觀，一方面過渡期在2005年就結束，另一方面印度的自主研發能力薄弱，為應對這兩個問題，印度政府重啟了專利法的修定。

2004年11月印度起草了一份專利修正法草案，這份草案對於最不發達國家對印度學名藥的進口採取了過多限制，不利於最不發達國家的藥物獲取，招致了大量批評。2005年3月22日，在整合意見並對草案加以修改後，第三次專利法修正案正式通過。在2005年以前，印度根本不對藥品本身授予專利，此次修正案的通過使之完全成為了歷史。在實施藥品強制授權方面，該修正案規定出口國必須是缺少生產能力的國家或地區。

（二）印度專利法對於實施藥品專利強制授權的規定

在印度，藥品專利授權的實現有兩種途徑：第一種是申請人先就某一特定藥物向印度國家專利局提出申請，如印度國家專利局經審查，認為該申請理由充分，該申請即可被批准，並做出實施強制授權的裁定。相關法律的規定主要見專利法第八十四條。同時，印度中央政府有權直接做出強制授權的決定，在特定情況下，可以行使這一權力。

只有當一項專利在印度獲得授權3年以上，申請人才可通過第一種方式向印度國家專利局申請藥品專利強制授權，同時，該發明必需要符合以下三個條件：

　　1. 使用該發明專利投入生產的產品無法滿足公眾合理的需要；

　　2. 公眾無法用合理的價格獲得該專利產品；

　　3. 該發明在被授予專利後未在印度國內投入生產。

　　印度專利法將申請實施強制授權的申請人身分的規定為「任何相關利益人」，這種條件相當寬鬆，對「任何人」的規定甚至沒有將已經與專利權人達成了協定的情況排除在外。即使是已經與專利權人達成了自願授權合約的人也可以向印度專利局提出強制授權申請。

　　印度專利法對於國內學名藥業顯示出明顯的保護偏向。申請被裁定通過後，申請人的利益被充分保護。專利法規定，申請人獲得強制授權裁定後，不僅可以對該專利產品開展生產、銷售，甚至還規定，專利權人有責任保護申請人的專利權不受侵犯。如果專利權人沒有盡到保護的職責，例如沒有對侵權現象提起訴訟，申請人有權要求專利權人採取適當措施，並且專利權人要對這一要求作出積極回應，否則「被授權人有權以自己的名義就該侵權行為，向法院提起訴訟，並且有權追加專利權人為被告」。

　　印度2005年專利法第一一〇條相關規定如下：

"Right of license under section 84 to take proceedings against infringement Any person to whom a license has been granted under section 84 shall be entitled to call upon the patentee to take proceedings to prevent any infringement of the patent,and,if the patentee refuses or neglects to do so within two months after being so called upon,the license may institute proceedings for the infringement in his own name as though he were the patentee,making the patentee a defendant; but a patentee so added as defendant shall not be liable for any costs unless he enters an appearance and takes part in the proceedings."

　　印度專利局面對要求強制授權的申請時，會將以下幾點納入考量：

1. 此項發明被授予專利的時間，以及是否已經被專利權人充分投入使用；
2. 強制授權申請人是否能夠充分地發揮它的價值，為公眾謀取利益；
3. 強制授權申請人是否具備條件應用這項專利，並且承擔相應的風險；
4. 申請人應就該專利的使用事先同專利權人取得聯繫，要求獲得該專利的授權使用。

　　印度專利法作出這樣的規定，其主要的原因還是「希望專利權人能夠盡可能就相關的發明專利與希望獲得授權使用的當事人進行談判，以避免由於實施強制授權而造成更大的損失。」[142]

---

[142] Shamnad Basheer, "INDIA'S TRYST WITH TRIPS: THE PATENTS (AMENDMENT) ACT, 2005," *THE INDIAN JOURNAL OF LAW AND TECHNOLOGY*, Vol. 1, (2005), pp. 15-45.

印度專利法第八十四條第一款（a）項對於實施藥品專利強制授權的規定，允許實施強制授權的第一個理由，即公眾的「對於該專利的合理需求並沒有得到滿足」。法律並沒對何為「合理需求」給出具體的闡述，這意味著印度國家專利局在面對象關申請時，有著很大的自由決定的空間，並沒有嚴格的法律條文來規範印度國家專利局的裁決。

專利法要求申請人必須在向專利權人提出授權申請後才向印度國家專利局提出強制授權，這意味著申請人的要求遭拒。此時，該申請人向專利機關提出強制授權時，可以被認為專利權人的拒絕對於印度的工商業發展造成了損害，這也是公共利益的一部分。對於「公眾的合理需求」沒有什麼可量化的標準，可以說印度國家專利局的權力實際上是完全不受約束的。

印度專利法不僅會將專利權人拒絕對申請人實施授權解讀為對印度的工商業發展造成損害，甚至還可以「在印度本土生產的專利產品，損害了目前尚未發展或開闢海外市場的利益」為理由實施強制授權。

這也是專利法第八十四條第（1）款（a）項裡的規定。然而，TRIPS協定第三十一條（f）款規定實施強制授權的目的應「主要是為了滿足國內市場」。因此，印度的這一條法令顯然是不符合TRIPS協定的。儘管《杜哈宣言》中也說明在特定情況下相關行為可不受TRIPS協定第三十一條（f）款的制約，但是印度政府意識到這條法令的漏洞，於是在2005年對專利法進行修正時，對於這一點新增了一些說明。專利法第九十條體現了印度政府出於完善法律的顧慮：

為滿足印度本土市場為主要目的強制授權，被授權人如果符合專利法第八十四條第（7）款第（3）項第（a）分項的要求，印度專利行政主管部門應充分考慮其產品是否可以用於出口。

　　這條法律的表述是專為調和印度專利法與TRIPS協定而存在的。然而，在其他相關的法條中，也用謹慎的措辭給印度司法留下了充分的迴旋餘地。例如，在法條中，經常見到這樣的表達：「應當考慮（shall endeavor）」、「如果需要（if need be）」等。西方國家政府和企業可以想像到這些條文意在為印度政府將來的相關操作預留空間，因此該專利法引發了西方政府和一些製藥巨艦的關注。

　　印度專利法對於境內學名藥企業的保護性條款充分地利用了TRIPS協定中的彈性條款。例如，TRIPS第四十條第一項規定「會員同意，有些限制競爭之智慧財產權授權行為或條件，可能對貿易產生負面影響，或阻礙技術之移轉及交流。」

　　TRIPS第四十條第二項規定「本協定並未限制會員得於立法時，明定某些授權行為或條件，因對象關市場之競爭產生負面影響，而構成智慧財產權的濫用。依照上開規定，任何會員得在其國內相關之法律與規章中，採行與本協定其他條款不相牴觸之適當方法，以防止或管制此等授權行為，例如：專屬之回饋授權、禁止對有效性異議及強制包裹授權等。」

　　由此可見，TRIPS並未對何為「濫用」、何為「競爭的消極影響」進行解讀，這就給開發中國家在專利法制定時，留下了充分的空間。同時，TRIPS協定第三十一條（k）項還有關於反壟斷的規定。印度專利法利用了這些TRIPS協定中對開發中國家有利

的條款。在第八十四條規定表示，專利權人如試圖「強制性一系列授權、在授權合同中規定禁止質疑專利有效性條款，規定排他性反授條件」時，也會被視為有背於「公眾合理需求」，不符合公共利益。印度專利法並未對消極競爭行為進行清晰的界定。根據第八十四條的相關規定，專利強制授權可以被當作一項補救專利授權導致的不當競爭行為的措施來實施，而何為不當競爭，又可以自由解釋，這就意味著強制授權的門檻是很低的。

印度專利法第八十四條第一款（b）項對於實施藥品專利強制授權的規定，印度專利法規定，實施強制授權的第二個理由是「公眾無法在支付合理費用之後獲得使用該專利」。同未對第一個理由「公眾合理需求」做出清晰解釋一樣，印度專利法也沒有明確指出何為「合理費用」。

然而，同第八十四條第一款（a）項給予專利機關無限的解讀自由和操作自由相比，（b）項還是有著更多的限制。申請人如果援引該規定來申請對某專利實施強制授權，必須提供初步證據來證明該專利產品的銷售價格不合理。在印度，一般情況下，申請人向國家專利局提供的證據都包含印度的非專利可替代藥品的藥品的價格比佔有專利的藥品的價格要低；同時，同種藥物如果在境外銷售的價格低於境內價格，也會被視為可支援「費用不合理」的證據。印度專利法也注意到了專利權人的權利，在條文中規定專利權人有權對申請人提交的證據提出異議。

印度專利法第八十四條第一款（c）項對於實施藥品專利強制授權的規定指出，印度專利法第八十四條規定可以實施專利強制授權的第三個理由是「該專利並未在印度境內投入使用」。根

據第八十四條中的這一規定，如果一個跨國製藥公司在印度境內銷售專利產品，然而，其生產活動並不在印度境內開展，則該專利產品符合實施強制授權的條件。對於在境內投入使用的規定，是最令西方國家以及製藥大廠感到不滿的。對於專利在境內實施的規定是否同TRIPS協定相衝突，這在國際上一直都處於爭議之中，但是在現實中一些開發中國家確實出於自身發展的需要對於專利產品的生產地做出了規定，印度並不是唯一一個。

要求專利產品在本國境內投入生產的強制性要求並不是近年來的新現象，它在世界貿易史上由來已久。雖然在今天很多已開發國家對此表示強烈不滿，但是在十九世紀，當時的已開發國家就廣泛地採取這一措施。這歸根原因是一種貿易保護主義。對於當事專利權人必須在本國投入生產的規定，能夠給本國注入資本，同時生產活動的展開還會創造一批就業機會，能夠幫助解決國內的就業問題，這種種社會的和經濟的益處對於因為給外國人授予專利權而失去國內同種產品在市場上的競爭優勢而言，是一種補償。1883年通過的《巴黎公約》中要求，公約各成員國應給予其他公約成員國國民待遇，然而實際上很多國家都延續了對於專利產品在本國生產的規定。

1883年版本的《巴黎公約》中明文規定，當一國面對外國人在本國申請專利授權時可以要求其專利產品在本國實施生產，同時也允許簽約國以此為由對專利實施強制授權，雖然後來《巴黎公約》的修改版本並未廢除這條規定，但是卻對實施強制授權的時機進行了規定：「自授予專利之日起三年屆滿以前，以後滿期的期間為准，不得以不實施或不充分實施為理由申請強制授

權」。《巴黎公約》第五條A款第四項的規定為：「自提出專利申請之日起四年內，或核准專利之日起三年內（以最後屆滿之期間為準），任何人不得以專利權人未實施或未充分實施為由，申請強制授權。倘專利權人之未實施或未充分實施有正當事由者，強制授權之申請應予否准。前揭強制授權不具排他性，不得移轉，除非與其經營授權之之企業或商譽一併為之。亦不得再授權。」。另外，因為一些特定原因而未能實施該專利，不能以此為由實施強制授權。另外《巴黎公約》還規定：專利權人將在條約簽署國之間任何國家內製造的物品輸入到對該物品授予專利的國家的，不應導致該項專利的取消。

因為《巴黎公約》在這一方面的約束能力有限，1994年，TRIPS協定再一次提到了在專利授權時要求在本國生產的問題，其中第二十七條第一款對此作出了規定：「所有技術領域之發明應可取得專利，無論為物品或方法，惟需具備新穎性、進步性及可為產業上利用。專利之取得及專利權之享有，不得因發明地、技術領域、或產品是否為進口或在本地製造，而有歧視。」

為了回應TRIPS協定的要求，已開發國家從他們的專利法中刪除了相關的要求，但是開發中國家卻保留了本國法律體系中的相關規定。開發中國家發展水準不高，在世界貿易中，本國經濟更易受到衝擊，因此，出於保護本土產業的需求，他們採取了與已開發國家不同的措施。

印度新專利法中對於專利產品不在印度生產就可被實施強制授權的規定，使得這個歷史悠久的貿易敏感問題重新引發了國際關注。印度專利法第八十三條的「一般原則」中強調「在印度授

予專利保護的目的，並不是為了使專利權人可以獲得對專利產品所享有的進口壟斷權」，對於專利產品在境內生產的規定，應該是同這一原則相符合的。

同時，對在境內生產的規定也與「公眾合理需要」的要求相符，可以說第八十四條第一款（c）項同第八十四條第一款（a）項具有很大的重疊性。通過對印度專利法法律條文的研究，我們可以看到第八十四條第七款第（d）、（e）兩項都提出認定「公眾對於相關專利產品的合理需要無法得到滿足」的標準是外國專利產品沒有在本國投入生產。第七款（d）項規定「如果專利發明在印度境內沒有在充分或者合理的範圍內應用商業領域」即就會被認定無法滿足公眾合理的需求。第七款（e）項中則規定「如果專利權人或尤其授權之人或從專利權人處直接或間接購買專利產品者或從未受到專利權人起訴侵權之人從國外進口的專利產品對印度已經用於商業領域的相關專利產品的生產產生了消極或者阻礙的作用」即可被認定為無法滿足公眾合理的需求。

（三）印度索拉非尼（Sorafenat）藥品專利強制授權案

2012年3月，印度頒布了它的第一個藥品強制授權措施，其物品是一種印度政俯視為無法承擔的抗癌藥物。根據這一裁定，印度製藥業巨頭Natco獲得了在印度境內生產、銷售多吉美（甲苯磺酸索拉非尼）Sorafenat的權利。這一裁定將大大增加相關藥物在印度的可近性，對於印度國內的癌症患者而言是一大福音，同時因為印度在區域中具有重要的藥品出口國地位，這也受到境外的癌症患者的歡迎。一些國際組織對於印度政府的這一舉措作

出了高度評價，然而，事件關涉的另一方，也就是該藥品的專利權人德國製藥巨頭拜耳公司則對此決定表示出巨大的遺憾。

印度國家專利局在其決定實施強制授權的裁決書中指出：「本案爭議的焦點主要集中在該藥品專利的實施情況是否符合印度專利法第八十四條第一款（a）（b）（c）三項的要求」。當時這一案件在全球範圍內引起了廣泛關注，德國拜耳公司與強制授權的申請人在與印度專利法有關的以下兩個內容展開了激烈辯論，主要爭論的兩點為：

1. 該專利藥品是否滿足了印度國內市場的需求

拜耳公司指出，根據印度專利法第八十四條第一款的相關規定，對於「合理需求」規定的認定要求申請人在進行申請時拿出「初步證據」。然而，印度國家專利局卻在「初步證據」被提交之前就舉行了聽證會，這是一種法律程式上的錯誤。

申請人採用了世界衛生組織國際癌症研究機構GLOBOCAN 2008年的資料，顯示在全印度2008年新發現了20,000名肝癌患者和8,900名腎癌患者。在印度90%的肝癌患者在中晚期才得到診斷，如果其中80%要索拉非尼來進行治療，就意味存在16,000人劑量的需求。腎癌患者的情況與之相仿。在市場需求量如此旺盛的情況下，Sorafenat在印度的供應卻相當有限。

Sorafenat專利權的藥品在2006年上市，然而在2008年之前從未在印度銷售該藥品，在2009年和2010年也只是對印度供應了數量極為有限的藥品，遠遠無法滿足印度癌症患者的治療需要。同時，產品的有限供應導致了該藥品的高昂售價超出多數印度患者

的承受能力。另外，該藥品的銷售點往往只在印度的大城市。無論是在數量供應上，還是銷售網站的地區分布上，對印度患者來說，Sorafenat都是難以獲取的藥品，在印度只有1%的患者在用它治病，這是典型的「公眾合理的需要」沒有得到滿足的情況。而專利權人並沒有對此實施有效行動來扭轉這一局面。

Sorafenat專利持有者拜耳公司對此提出了四點反駁意見。第一，在印度市場上並非只有拜耳公司在銷售Sorafenat，印度的一家學名藥企業希普拉公司也在印度市場上提供仿製的Sorafenat，所以印度民眾對於Sorafenat的需求是可以滿足的。

第二，申請人統計印度癌症患者數目的方式不科學，在印度每年新增加的腎癌患者中，事實上只有其中的一半是需要依靠Sorafenat進行治療的。

第三，該藥品在印度的銷售網站遍及全國各角落，申請人所稱的Sorafenat只有在大城市才能買到的情況是不符實的。

第四，申請人提出的藥品銷售資料只涵蓋了藥局的資料，而忽略了醫院處方籤開出藥品的資料，醫院因為病人個資法保護並不會洩露藥品開藥紀錄，申請人在統計該藥品在印度的銷售時忽略了醫院這個重要的取得管道。

根據以上四點理由，專利權人拜耳公司辯稱該藥品是可以滿足印度國內市場的需要的。然而，印度國家專利局面對申請人和專利權人的辯論，認為申請人提供的資料詳實客觀，最終採納了其說法，同時認為專利權人的辯稱具備太強的主觀色彩。

2. 患者是否能夠承擔該藥品的價格

申請人稱印度普通的國民所得收入不高，全印度有大約70%的家庭年收入低於印度政府官方公布的貧困線標準，即城市家庭年收入低於57,000盧比，非城市家庭年收入低於47,000盧比。然而，該Sorafenat專利藥品一個月就要花費280,000盧比，其定價水準完全超出了絕大多數印度民眾的承受能力，因此該申請符合印度專利法「公眾無法用合理的價格獲得該專利產品」的強制授權條件。

申請人談到Sorafenat在印度學名藥的銷售價格比原廠專利藥要低得多。專利權人拜耳公司對此辯稱，該藥品的利潤實際上十分微薄，原廠專利藥意味著只能通過藥品銷售來收回藥品研發成本，而該藥在前期研發時投入了大量精力和資本，該藥價格的75%都屬於研發成本。而學名藥沒有研發成本，所以當然可以售出比原廠藥更低的價格，以此來判定該藥定價不合理。

另外，拜耳公司談到，在印度存在著多個社會階層，他們收入水準各異，對於藥品有不同的負擔能力，而他們都屬於「公眾」的一部分，專利權所屬公司某種程度已經服務了公眾。拜耳公司在進行定價時，不可能專為社會階層中的貧困者定價，貧困者如何獲得藥品屬於政府責任，不是企業責任，因為貧困者難以承擔藥價就要求企業下調藥價是不合理的。

對於專利權人拜耳公司的辯論，印度國家專利局認為，首先，治療癌症的藥物價格必須合理，要讓大多數印度民眾可承擔，因為癌症是一種對於健康威脅極大的疾病，這一點顯而易見。其次，在印度確實存在不同的階層，同時一部分階層可以承

擔該藥品的價格，但是印度國家專利局又指出，既然專利權人已經認識到了印度各階層的公眾對於藥品的承受能力不一致，就應該採取有效措施來調和矛盾，調整定價措施，對不同的階層的患者實施相應的可接受的定價，而不是讓印度的絕大多數民眾都被排除在該藥的高定價之外。

　　至於專利權人拜耳公司談到的研發成本佔據了藥品定價的絕大部分，印度國家專利局指出根據該藥品四年來在市場上的銷售情況可以看出該藥品的前期投入早已被銷售所得相抵，拜耳公司也無法提供相反證據，當下該藥品已無理由再實行高定價，因此對拜耳公司的辯解未與採納。

四、關於專利「國內實施」的標準

　　在本案中，專利的「國內實施」也是一個問題。「國內實施」是指「外國專利權人應在對其授予專利權的國家對其專利予以充分實施」。在印度1970年專利法第八十三條第二款（a）中最早出現了有關規定：「授予發明專利保護的目的是為了確保其能在印度境內得以充分實施」。世界各國的專利法都曾包含相關條款。如加拿大學者Michael Halewood所說：「到《巴黎公約》簽訂前夕，絕大多數國家的專利法中都有關於「國內實施」的規定，因為各國專利法的目的是促進本國的經濟發展，而不是保護外國的專利」。[143]儘管如此，在《巴黎公約》的談判過程及其隨

---

[143] 林秀芹，〈專利當地實施要求的法律思考〉，《法學研究》，第5期（2003），頁124-138。

後的歷史上，這一問題卻引起了激烈爭論。其爭論的焦點在於何為「實施」難以確定，而「充分」的文義就更不明確了。

根據條約的目的解釋原則，「實施」應該指專利權人在專利授予國內製造（生產）專利產品或者將專利方法投入工業運用。其不僅是本地生產能夠降低物價滿足公眾需求的意義，同時，「國內實施」還意味著一種交換，一國將專利權授予給外國人，換取專利獲取人在該國「充分實施」該專利。

「國內實施」絕不僅僅意味著商業上在專利權授予國的銷售活動，因為商業銷售活動給專利權授予國帶來的意義不大，而國內生產意味著將專利技術投入到工業運用，意味著一筆資本的注入，對於提高就業率、提升社會經濟的發展水準和推動技術的進步有著重要的意義。

印度有「開發中國家藥房」的稱號。近年來，印度藥廠陸續崛起，逐漸獨霸全球學名藥市場。2016年美國市場上的學名藥，有近40%是來自印度；印度每年出口約六成以上的學名藥到美歐日等國家，價廉的學名藥使西方藥廠大感壓力，受惠於印度的專利制度，一直以來印度的學名藥在非洲、拉丁美洲和東南亞藥品市場都保持著極高的佔有率。但是，印度國內的公共健康問題卻不容樂觀。進入21世紀後，印度仍然面臨著嚴峻的愛滋病挑戰，同時飽受各種傳染病的侵擾。這些很大程度上是由於印度經濟發展水準不高、衛生基礎設施建設水準有限造成的，在這一背景下，印度做出強制授權裁決，符合印度自身的利益。

此外，印度有一個隱憂是，印度的藥品研究和發展的狀況也不甚樂觀，因印度把能力都集中在仿製西方的專利或非專利藥

品，本國工業研發能力並沒有很大提高，而到了2020年，大批專利藥到期後，印度的學名藥生產商將不知何去何從。[144]

針對拜耳公司的這起藥品專利強制授權事件是印度新專利法實施以來的首起，同時由於舊的專利法並不保護藥品，所以本事件對印度而言有著顯著的歷史意義，相當於是印度史上首次藥品專利強制授權。它反映了開發中國家與已開發國家之間的貿易衝突，引起了全球各界的廣泛關注。

印度在充分利用TRIPS彈性的同時，也提升了對於智慧財產權的保護水準。2016年1月，印度專利局駁回了一家印度製藥公司Lee Pharma請求授予阿斯利康公司（Astra Zeneca）沙克列汀（Saxagliptin）藥品的強制授權的申請，認為申請者沒有提供相關證據。2016年5月13日，印度發布了新的國家智慧財產權政策。新的政策中將提交專利申請到專利局受理該申請的期限從12個月縮短至6個月，同時要求利用視訊會議開展聽證工作，另外將審查費從25萬盧比縮減為6萬盧比，大大提升了行政效率，減輕了申請人負擔，對於促進研發很有助益。2017年4月6日至7日，在印度新德里召開了第八屆金磚國家智慧財產權局局長會議。由印度專利、外觀設計、商標和地理標誌局局長歐姆·帕卡什·古普塔主持會議。在各方的共同努力下，金磚國家智慧財產權局局長會議機制已被列入金磚國家合作部長級會議，也顯示印度對提升智慧財產權機制落實的決心。

---

[144] 邱永仁，〈醫藥品專利強制授權之分析〉，《台灣醫界》，第49卷第1期（2006.1），http://www.tma.tw/magazine/ShowRepID.asp?rep_id=2158。

七、小節

　　2000年前後，強制授權的議題快速地受到重視，因為2000年是當時世界上115個開發中國家需加入TRIPS協定的年限。有關TRIPS協定之藥品強制授權問題也在此時期的各國家間有了更成熟的意識，1999年WTO第三屆西雅圖部長會議前夕，就有非政府組織聯合發表「阿姆斯特丹宣言」，呼籲WTO就TRIPS協定和藥品取得問題應成立工作小組，針對強制授權獲取藥品、消除知識產權壁壘等議題尋求解決方案，可惜並未產生實質結果。[145]

　　隨後，在2001年WTO卡達部長會議中，終於通過杜哈公共衛生宣言，同意將幾項TRIPS協定之相關議題納入杜哈回合談判議程。該宣言第六段指出，TRIPS理事會應研擬相關修正TRIPS協定之方式，以因應欠缺或無製藥能力之開發中或低度開發WTO會員國內公共衛生需求，使該等會員在符合特定條件下，得以從其他國家進口強制授權所生產之學名藥品。這是WTO架構下首度回應國際健康與發展議題的最重要決策層級，其為醫藥專利與公共健康間之平衡，提供了更為明確的法律確定性。

---

[145] United Nations Development Program, Human Development Report 1999 chapter 2, PP. 57-72.

第六章
各方妥協下的第三十一條之一修正案

第一節　TRIPS協定第三十一條之一修訂緣由

　　一直以來，許多致命的疾病雖然有藥物可以治療、但根據TRIPS協定、所有WTO成員國必須修訂本國法律，給予所有新發明可享有之保護期間應自提交申請日起，至少20年的保護。因此，藥廠以研製新藥的投資年期長、投放資金多為由，透過法律確保它們可以獨享最高長達20年的藥物專利權，並可在此期間以任何價格銷售新藥，貧窮國家的病人可能因高藥價而被排除在醫療的門外。

　　TRIPS第七條之宗旨：「智慧財產權之保護及執行應有助於技術創新之推廣、技術之移轉與擴散、技術知識之創造者與使用者之相互利益，並有益於社會及經濟福祉，及權利與義務之平衡。」但是，TRIPS的制定在實際上大量保護已開發工業化國家的產品專利。開發中國家與西方國家長期以來的藥品價格大戰其背後的邏輯在於急需專利藥品的高昂價格，貧困國家相對弱勢的經濟負擔能力，還必須面對先進工業化國家強勢的執法規章以及

跨國大藥廠強硬的態度，智慧財產權的合理使用範圍成了完全的經濟導向，是市場壟斷的局面。而這會讓已開發國家的利益持續引導全球科技貿易發展，以配合全球經濟的私有化、集中化，造成世界分裂的加深。

TRIPS協定第三十一條之一修訂的緣由，是因為部分開發中及低度開發國家（LDC）製藥能力不足，無法獲得藥品控制愛滋病（HIV／AIDS）、瘧疾（Malaria）、肺結核（Tuberculosis）、或其他傳染病（other epidemics）等重大公共衛生疾病造成的國家緊急危難。

由於TRIPS協定之成立即來自於會員國間貿易利益交換與妥協，致使開發中國家在執行過程中產生不利益結果遭受發明專利國家之無償使用與任意盜取等。

WTO成立於1995年1月1日，TRIPS協定也在同一天生效。WTO要求各會員國應制定或修改其國內專利法至符合TRIPS協定之標準，對於不同經濟發展的成員國家，TRIPS協定規定了不同的過渡期，也就是該協議將在不同的時期生效。如美國、日本、加拿大和歐盟等已開發國家，過渡期為一年，即該協定將於1996年1月1日生效。而對於開發中國家，則有五年的過渡期，即該協定將在2000年1月1日生效。最後，對於最不發達國家，則享有11年過渡期，TRIPS協定將於2016年1月1日生效。

在過渡期到來之前，開發中國家以及最不發達國家則允許他們的智慧財產在其他國家享有該國家符合TRIPS標準的保護，但自己國家的智慧財產權法可以在期滿後才實施。

但至2005年底，聯合國所歸類的32個最不發達國家（主要

為非洲國家，包括坦尚尼亞、烏干達、安哥拉、尚比亞等，孟加拉、尼泊爾、柬埔寨、馬爾地夫等及其他亞洲、中美洲及太平洋小國。）仍無法達到國際智慧財產權法保護標準，因此，TRIPS理事會於2005年11月底達成決議，2005年12月6日，WTO總理事會在《關於TRIPS協定與公共健康問題杜哈宣言》同意延長低度開發國家過渡期間七年半，至2013年7月1日。杜哈部長宣言授予低度開發國家在履行製藥專利的議題上，有更長的過渡期（由原先應於2006年1月1日屆滿的時限再延長10年，到2016年1月1日止）。

事實上，除了此次過渡期間的延長，為解決低度開發國家無力購買專利藥品，導致疾病蔓延的醫療窘境，TRIPS理事會在2003年8月間曾達成決議，允許低度開發國家可以到2016年才開始藥品專利保護的義務，讓低度開發國家可以從比較低成本的國家輸入價格便宜的所需藥品，且這項決議不受此次過渡期間的延期影響。

第二節　前期談判──問題的浮現

由於已開發國家多為智慧財產權研發產品之主要輸出國，而開發中國家及低度開發國家則多為為智慧財產權商品之輸入國，因此，在WTO架構下對智慧財產權之保護，大體上得利於已開發國家，對於開發中國家及低度開發國家是不公平的競爭。

專利藥品屬於智慧財產權的一部分，自然受到WTO的規範。WTO第一屆部長會議於1996年12月9日至13日在新加坡召開。當時有127個WTO會員國、34個觀察員，以及49個國際組織

代表參加，會中通過了部長宣言〔WT／MIN（96）／DEC〕、協助低度開發國家發展行動計畫宣言以及總理事會工作報告，承諾建立一個更公平開放的規範體系，進行漸進式自由化，摒除保護主義及歧視待遇，將所有開發中國家納入多邊貿易體系，並重申給予開發中國家和低度開發國家特殊與差別待遇的立場。

　　該部長會議提出的工作計畫，提到智慧財產權的部分也不多，僅有以下一段：各國部長支持WTO各機構所提出之各項工作報告，包括其中所涵蓋中之各該機構之「未來之工作計畫」，例如：

1. 有關農業、服務業和與貿易有關之智慧財產權若干條款之未來談判。

2. 有關反傾銷、關稅估價、爭端解決瞭解書、進口簽證、裝船前檢驗、原產地規則、檢驗與檢疫措施、防衛措施、補貼與平衡措施、技術性貿易障礙、紡品與成衣、貿易政策檢討機制、與貿易有關之智慧財產權及與貿易有關之投資措施等之檢討及其他有關之工作。

　　在這個時期，TRIPS協定並未被認為是對開發中國家和最不發達國家非常重要的問題：當時對TRIPS協定的反應較為複雜，對該協定的批評也不明顯。例如，在談到烏拉圭回合的結果時，哥倫比亞認為：「很明顯，已開發國家為它們的貨物和服務爭取到了更廣闊的市場，根據它們的需要採用了多邊補貼政策，並且顯著提高了智慧財產權的保護水準。而開發中國家在它們具有自然的競爭優勢的領域，卻仍在使產品進入國外市場方面面臨嚴重

的限制。」[146]

TRIPS第六十七條技術合作明定：為有助於本協定之實施，已開發會員應基於請求及雙方同意之條款與條件，提供有利於開發中國家及低度開發國家會員技術上及財務上之合作。上述合作應包括智慧財產權保護與執行之國內立法準備工作及權利濫用的防制等協助，及對國內官方及代理機構之設立與強化之支助，包括人員之訓練。但在強調對最不發達國家進行技術援助的重要性時，波札那共和國聲明指出，雖然該國家致力於履行WTO協定中的義務。但TRIPS的技術援助始終停留在很不具體的狀態。開發中國家需要建立和發展各種機制以符合WTO的要求。例如智慧財產權立法的各項技術問題等，但各項來自已開發國家的援助承諾，因為缺乏協調與落實，這些都很難算得上是具有實際意義的援助。」[147]

第二屆WTO部長會議於1998年5月18日到20日在日內瓦舉行，在本次會議中有關智慧財產權議題〔WT／MIN（98）／DEC／2〕，印度指出：印度是在烏拉圭回合協議整體承受（single undertaking）之條件下接受TRIPS協定，而非對所有協定具有共識（例如藥品專利議題）的情況下簽署的協定，將要求檢討該協定執行現況，以便回復原訂目標，特別是有關發展及科技

---

[146] WTO-Ministeral Conference (1996a), Statement by HE. Felipe Jaramillo, Vice Minister of Foreign Trade, Colombia, 9 December, document number: WT/MIN (96)/ST/23.

[147] WTO-Ministerial Conference (1996b), Statement by the Honourable KG. Kgoroba, Minister of Commerce and Industry, Botswana, 11 December document number: WT/MIN (96)/ST76.

方面。[148]

　　孟加拉則認為，TRIPS應對低度開發國家訂定特別之條款，以利該等國家能自未來回合談判獲取平等之利益。巴拉圭則對TRIPS協定持較為積極的態度，並指出它為了履行該協定中的義務，已經在國會開始了相應的立法工作。[149]在日內瓦部長會議期間，開發中國家和最不發達國家對TRIPS協定採取了更為消極和懷疑的態度。比如，柬埔寨就懷疑「技術能力較弱的國家到底能在多大程度上因此協定而獲益，特別是在藥品和農業領域。由於這些國家通常都缺乏技術成果，它們都感到在可預見的將來，實施該協定的前景極為黯淡。對種子、植物品種、藥品以及生物科技等領域專利權的保護，將產生許多負面影響，並對最不發達國家構成嚴重的問題。」[150]

　　肯亞則更特別強調實施TRIPS協定可能產生的巨大成本：「肯亞在科技領域的基礎設施及其他資源都較為缺乏，因而難以從TRIPS協定的實施中獲益。這意味著在2000年過渡期屆滿後，我們必須支付更高的技術許可費用，這些增加的成本最終無疑要由消費者承擔，並在社會福利和經濟方面帶來損失。」[151]

---

[148] WTO, MINISTERIAL CONFERENCE Second Session, WT/MIN (98)/DEC/2, 25 May 1998.

[149] WTO-Ministerial Conference (1996c), Statement by Mr. Ruben Melgarejo Lanzoni, Minister of Foreign Relations, Paraguay, 11 December, document number: WTO/MIN (96)/ST/75.

[150] WTO-Ministerial Conference, Second Session (1998b), Statement Circulated by Mr Tofali Ahmed, Minister for Commerce and Industry, Bangladesh, 18 May, document number: WT/MIN (98)/ST/60.

[151] WTO-Ministerial Conference, Second Session (1998c), Statement Circulated by the Honourable JJ. Kamotho, Minister for Trade, Kenya, I8 May, document number: WT/MIN (98)/ST/43.

1998年日內瓦部長會議期間，波札那重申了其在1996年所持的立場，懷疑開發中國家和最不發達國家在未獲得充分援助的情況下是否有能力實施TRIPS協定。[152]多明尼加共和國也作了同樣的聲明：「更困難的問題是，在開發中國家的過渡期屆滿後，馬拉喀什設立世界貿易組織協定[153]和TRIPS協定中的發展目標能否實現。」[154]

　　根據1996年和1998年部長會議期間開發中國家和最不發達國家發表的各種聲明，可以清楚地看到，TRIPS協定在當時尚未被這些國家視為對經濟和社會福利發展的重大阻礙。到1998年，儘管對TRIPS協定的批評聲音有所升高，特別是在開發中國家和最不發達國家對TRIPS協定的實施方面，但這些批評仍缺乏明確的目的和實際意義。這也許是因為大多數開發中國家成員在TRIPS協定框架下仍然處於過渡期，還不需要履行TRIPS協定的義務。

　　TRIPS理事會1998年有關開發中國家之重點議題包括：審查已開發國家與新入會國家相關智慧財產權法規、開發中國家6年過渡期的屆滿、TRIPS協定第六十六條鼓勵已開發國家業者對開發中國家之技術移轉等。1999年工作展望為：鑒於許多開發中國家即將於2000年起開始執行TRIPS所規定之各項義務，為免屆時

---

[152] WTO-Ministerial Conference, Second Session (1998d), Statement by the Honourable K.G. Kgoroba,Minister of Commerce and Industry, Botswana, 20 May, document number: WT/MIN (98)/ST/110.

[153] 1994年4月各國部長在摩洛哥馬拉喀什集會，簽署「烏拉圭回合多邊貿易談判藏事檔」（Final Act Embodying the Results of the Uruguay Round of Multilateral Trade Negotiations）及「馬拉喀什設立世界貿易組織協定」（Marrakesh Agreement Establishing The World Trade Organization）。WTO依「馬拉喀什設立世界貿易組織協定」於1995年1月1日正式成立。

[154] WTO-Ministerial Conference, Second Session (1998e), Statement Circulated by His Excellency Mr. Luis Manual Bonetti Veras, Secretary of State for Industry and Trade, Dominican Republic, 20 May, document number: WT/MIN (98)/ST/117.

法規審查之業務負擔過重，TRIPS理事會開始要求部分開發中國家，在自願性基礎上提前接受法規審查，亦即於1999年度提報所有的法規通知，並於2000年開始進行審查。

在TRIPS協定剛剛通過時，已開發國家和開發中國家都沒有意識到專利保護的強化對疾病防治的消極影響。但迅速擴散的愛滋病危機很快引起了注意，1990年代中期投放市場的雞尾酒療法價格卻高的驚人。開發中國家成百上千萬的人感染愛滋病，但卻無力購買昂貴的專利藥品。因此，烏拉圭回合談判達成的交易開始受到質疑。英國的智慧財產權委員會、聯合國開發署、世界銀行、聯合國貿易和發展會議[155]，甚至世界衛生組織也激進的對智慧財產權保護主義提出了批評。在TRIPS協定為藥品工業提供了更高水準的專利保護之後，美國仍在繼續其有利於藥品工業的貿易政策。由於一些開發中國家拒絕對專利持有者提供高於TRIPS協定標準（TRIPS-plus）的權利保護，或者利用符合TRIPS協定的手段獲取更便宜的藥，美國便對他們提出貿易制裁。

第三節　中期談判──強制授權

強制授權係指未經專利權人同意，藉由國家公權力的介入

---

[155] 聯合國貿易和發展會議（簡稱貿發會議，英文是United Nations Conference on Trade and Development，UNCTAD），是一個成立於1964年12月的聯合國常設機構，審議有關國家貿易與經濟發展問題的國際經濟組織，它的主要職能是處理有關貿易與經濟發展問題，宗旨是最大限度地促進開發中國家的貿易、投資機會，並幫助它們應對全球化帶來的挑戰和在公平的基礎上融入世界經濟。UNCTAD是聯合國系統內唯一綜合處理發展和貿易、資金、技術、投資和可持續發展領域相關問題的政府間機構，總部設在瑞士日內瓦，目前有成員國194個。

將專利強制授權予他人實施，[156]依照TRIPS第三十一條（b）款規訂，專利使用人應依合理之商業條件先向專利權人極力協商以取得「自願授權」，若無法在合理期間內取得，才可准許使用「強制授權」。此外，WTO會員得依國家緊急危難、其他緊急情況或基於非營利公共使用的情形下，豁免事先與專利權人協商之要件而准許使用強制授權。但TRIPS第三十一條第（f）款又規定，此強制授權應以供應會員「國內市場」需要為主，造成無製藥能力國家因其國內並無製藥公司可生產專利藥品，縱使符合強制授權之實質條件，仍無法取得專利藥品。

第三屆WTO部長會議於1999年11月30日到12月3日在西雅圖舉行，本次會議之進行方式除由各國部長在大會發表聲明外，並成立農業小組、執行及規則小組、市場進入小組、新議題小組及勞工小組等。其中執行及規則小組指出：許多開發中國家認為烏拉圭回合相關協定所授予之權利與義務有失衡之處，未來談判應力求平衡性。大部分之會員認為，與貿易有關之智慧財產權保護協定、關稅估價協定、紡織品協定、反傾銷以及平衡稅協定均應再予以檢討，開發中國家則提出該等協定所給予之調適期應予延長。此外，許多會員均主張新回合談判應訂有期中檢討。

1999年11月30日至12月3日，西雅圖部長會議期間，開發中國家和最不發達國家對TRIPS協定的態度發生了顯著的變化。對TRIPS協定的抵制態度日趨強烈，也更具實際意義。

開發中國家與最不發達國家在1999年後對TRIPS協定態度的

---

[156] 王立達〈從TRIPS協定與公眾健康爭議論專利強制授權之功能與侷限〉，《科技法律評論》，第1卷，第1期（2004.4），頁215-245。

驟變，包含對藥品專利的抵制意識、強制授權的極力爭取等，其改變原因可能是以下三點：

經過4年TRIPS的實施，開發中國家與最不發達國家國內傳染病蔓延的情況更難控制，專利藥品長達20年的專利保護期，讓他們得到所需藥物的管道和期程都變得更為艱難。

開發中國家原定5年過渡期的寬限時程將屆滿，需在2000年調整國內專利法至符合TRIPS標準，最不發達國家也需在2005年完成其國內修法，這對該國家形成巨大的壓力。

肯亞代表非洲國家集團強烈質疑TRIPS第六十六條第二款「已開發國家會員應提供其國內企業及機構誘因，推廣並鼓勵將『技術移轉』至低度開發國家會員，使其能建立一穩定可行之科技基礎。」的有效性和可行性。已開發國家未表明如何執行該條款的規定，WTO也沒有審查制度來監督已開發國家執行該條款的情況。

專利技術轉移問題是從TRIPS制定至今尚未落實處理的問題，圖6-1為WIPO發布的2007年和2017年各地區的專利申請情況。最緊缺專利藥品的非洲地區，過去10年來的專利申請占世界總量，竟然從2007年的0.8%下降到2017年的0.5%。

TRIPS偏重保護工業化國家所承認的智慧財產權，但卻未能對開發中國家或低度開發國家的傳統知識與民族創作提供保護。開發中國家或低度開發國家在工業研發能力、人員技術、專利藥品製造條件上都長期處於弱勢，其無能力自行生產所需藥品，亦無經濟能力購買受專利保護之專利藥品。根據WIPO在2007年和2017年按收入分類的專利申請統計2007年-2017年不同經濟收入層次國家專利申請數量來看，高收入國家在2017年提出的專利申請

量佔全球的49.1%，反映了其高科技研發的成果。專利的應用與分配依然向高中收入群體轉移中。

　　值得注意的是，中高收入國家的專利申請量在總比例上，從2007年的19.9%上升到2017年的48.1%，但此數字不能代表所有的開發中國家整體專利技術取得的提升，而是因為單一國家，中國大陸的申請量很大，2017年中國大陸的專利申請量為1,381,594件，佔全世界的43.6%。

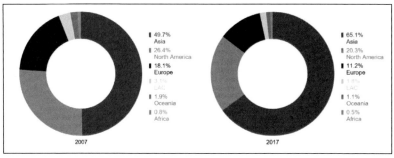

圖6-1　2007年和2017年各地區的專利申請情況[157]

Income group	Number of applications		Resident share (%)		Share of world total (%)		Average growth (%)
	2007	2017	2007	2017	2007	2017	2007–2017
High-income	1,433,000	1,555,600	62.7	58.6	76.4	49.1	0.8
Upper middle-income	372,300	1,524,400	55.4	85.8	19.9	48.1	15.1
Lower middle-income	61,300	78,900	20.8	30.0	3.3	2.5	2.6
Low-income	8,400	10,000	86.5	83.1	0.4	0.3	1.8
World	1,875,000	3,168,900	60.0	71.0	100.0	100.0	5.4

圖6-2　2007年和2017年按收入分類的專利申請[158]

---

[157] World Intellectual Property Indicators 2018, p26.
[158] World Intellectual Property Indicators 2018, p39.

中低收入國家在過去10年中，專利申請量幾乎沒有增長。在2007年，低度收入國家集團專利申請量8,400件佔世界總量的0.4%。到2017年，低度收入國家的專利申請量10,000件，佔世界比例則不升反降至0.3%。[159]

　　除了對TRIPS第六十六條第二款「技術轉移」及「建立傳統知識的智慧財產權保護制度」外，在會議期間，巴基斯坦、柬埔寨、喀麥隆共和國、塞內加爾及摩洛哥等開發中國家或最不發達國家，要求對它們全面實施TRIPS協定前的過渡期加以延長，[160]延後實施TRIPS協定的主要論點是：經過幾年的時間，可以看到TRIPS協定顯然對較低的智慧財產權研發能力國家並無益處。巴基斯坦指出：「實施TRIPS協定的成本已經變得顯著。在智慧財產權的生產者（主要是工業化國家）與智慧財產權的使用者（開發中國家）之間，TRIPS協定明顯對前者極為有利：更高的保護水準，更長的壟斷期限以及更嚴格的權利實施要求。一個直接的結果是，由於提高了專利保護水準，藥品和化學品的價格開始不斷提高」。[161]

---

[159] World Intellectual Property Indicators 2018, pp. 39.
[160] WTO-Ministerial Conference, Third Session (1999b), Statement by H.E. Mr. Abdul Razak Dawood, Minister of Commerce, Industry and Production, Pakistan, 30 November, document number: WT / MIN (99)/ST/9.; WTO-Ministerial Conference, Third Session (1999c), Statement by H.E. Mr. Tofali Ahmad, M.P. Minister for Commerce and Industry, Bangladesh, 30 November, document number: WT/MIN (99) /ST/17.; WTO-Ministerial Conference, Third Session (1999d), Statement by H. E. Mr. Alami Tazi, Minister of Commerce, Industry and Handicrafts, Morocco, 1 December, document number: WT/MIN (99)/ST/29.;WTO-Ministerial Conference, Third Session (1999e), Statement by H.E. Mr. Khalifa Ababacar Sall, Minister of Commerce and Handicrafts Senegal, 1 December, document number: WT/MIN (99)/ST/61.;WTO-Ministerial Conference, Third Session (1999g), Statement by H.E. Mr. Malgari Bello Bouba, Minister for Industrial and Trade and Development, Cameroon, 2 December, document number: WT/MIN (99)/ST/88.
[161] WTO-Ministerial Conference, Third Session (1999b), Statement by H.E. Mr.

塞內加爾則進一步宣稱TRIPS協定是其未來發展的阻礙：「一些協定的條款不但不能促進發展，反而成為成長的限制。例如，遵守TRIPS協定的益處，必須與實施該協定的巨大成本以及包含智慧財產權產品價格的提高進行比較，TRIPS協定的實施可能會阻礙開發中國家的科技發展，並影響未來的經濟發展。[162]

　　此外，一些開發中國家和最不發達國家還要求擴大TRIPS協定第二十七條第三款b[163]（可授予專利性的例外）的範圍，以包括WHO基本藥物標準清單，[164]WHO的基本藥品清單於1977年第一次發表，共包括204種藥物，上面開列了能夠安全有效地用於治療各種傳播性及非傳播性疾病的各種藥品。

　　WHO基本藥品清單項目為開發中國家和最不發達國家低收入人群，提高基本藥品的可獲取性及其價格可承受性。1997年WTO發布了第10份基本藥品清單示範檔，其中包括了306種藥品。開發中國家和最不發達國家認為TRIPS不應該對清單中藥品

Abdul Razak Dawood, Minister of Commerce, Industry and Production, Pakistan, 30 November, document number: WT/MIN (99)/ST/9.

[162] WTO-Ministerial Conference, Third Session (1999e), Statement by H.E. Mr. Khalifa Ababacar Sall, Minister of Commerce and Handicrafts Senegal, 1 December, document number: WT/MIN (99)/ST/61.

[163] 除微生物以外之植物與動物，及除「非生物」及微生物學方法以外之動物、植物的主要生物育成方法。會員應以專利法、或有效之單獨立法或前二者組合之方式給予植物品種保護。本款於世界貿易組織協定生效四年後予以檢討。

[164] 世界衛生組織基本藥物標準清單（WHO Model List of Essential Medicines）是世界衛生組織（WHO）的出版物，內容包含最有效、最安全並能滿足最基本需求的藥物。此清單分為核心清單與補充清單，核心清單能花費較少的醫療資源解決健康問題；補充清單需要額外的醫療措施，如需要醫生或醫療器材，成本相對高。約有25%的藥物屬於補充清單，而有些藥物同時在核心與補充清單。清單中大部分的藥物屬非專利產品，而有些藥物有專利。截至2016年，共有155個國家根據世界衛生組織基本藥物標準清單制定了本國的基本藥物清單。第一份清單發布於1977年，共包括204種藥物。世界衛生組織每兩年更新這份清單一次。世界衛生組織在2015年4月發布的的第19版，共包含410藥物。第20版預計將於2017年出版。

給予專利保護。

在開發中國家和最不發達國家中，專利藥品的取得受到限制的問題並不僅限於愛滋病，肺結核、瘧疾、糖尿病、癌症等疾病亦無法得到相應的專利藥品。隨著該地區傳染病問題越來越嚴重，開發中國家一致要求專利持有者放鬆對救命藥物的專利控制，並認為公共健康問題應在TRIPS協議的解釋和實施過程中起到更重要的作用。

第三屆WTO部長會議的共識認為許多開發中國家在烏拉圭回合相關協定所授予的權利與義務有失衡之處，未來須尋求平衡性，認為TRIPS應再予以檢討及評估。

第四屆WTO部長會議於2000年11月9日到13日在卡達首都杜哈舉行，通過「杜哈部長宣言」（Doha Ministerial Declaration）於2001年11月14日發表「TRIPS協定與公共衛生宣言」（Doha Declaration on the TRIPS Agreement and Public Health，簡稱「公共衛生宣言」）〔WT／MIN（01）／DEC／2〕，此宣言專門處理藥品專利與開發中國家取得藥品的需求之衝突，特別針對「藥品專利保護造成藥價昂貴，導致廣大開發中國家難以負擔，傳染病蔓延」的情形要求加以處理。肯定了開發中國家通過藥品強制授權解決公共健康問題的權利。

杜哈部長會議「個別宣言」，針對開發中與低度開發國家所面臨「公共健康危機」有了以下指示：

> 我們意識到許多發展中國家和最不發達國家，特別是愛滋病、肺結核、瘧疾及其他傳染性疾病嚴重的國家所造

成的公共衛生問題的嚴重性。

We recognize the gravity of the public health problems afflicting many developing and leastdeveloped countries, especially those resulting from HIV/AIDS, tuberculosis, malaria and other epidemics.

我們強調需將TRIPS協定作為處理這些問題的更廣泛的國家和國際行動的一部分。

We stress the need for the WTO Agreement on Trade-Related Aspects of Intellectual Property Rights (TRIPS Agreement) to be part of the wider national and international action to address these problems.

我們認識到智慧財產權保護對新藥研發的重要性。同時我們也認識到智慧財產權對價格影響的關注。

We recognize that intellectual property protection is important for the development of new medicines. We also recognize the concerns about its effects on prices.

我們同意TRIPS協議不會也不應阻止會員國採取措施保護公共衛生。因此，在重申對TRIPS協議承諾的同時，我們確認，該協議可以，而且應該以支持WTO成員國保護公共衛生權利，特別是促進所有人獲得藥品權利的方式來解釋和實施。

We agree that the TRIPS Agreement does not and should

not prevent Members from taking measures to protect public health. Accordingly, while reiterating our commitment to the TRIPS Agreement, we affirm that the Agreement can and should be interpreted and implemented in a manner supportive of WTO Members' right to protect public health and, in particular, to promote access to medicines for all.[165]

　　開發中國家特別要求將前述協議以部長「個別宣言」的方式呈現，因為最主要的「部長宣言」是指包裹在展開新回合的談判中，而有關藥品取得的公共健康危機事項因事關緊急，不應與談判議題相關連，也就是說，即使下一回合談判破裂，亦不應影響到TRIPS會員國家解決「藥品取得與公共衛生危機」議題的共識與決心。

　　1999年，南非原訂自印度進口廉價的愛滋病學名藥品，卻遭40家國際專利藥場聯合控告；巴西政府為負擔其國內高達百萬名愛滋病患的健保全額給付，威脅國際藥廠調降愛滋病藥價，否則將強制授權國內藥商自行仿製，結果遭美政府至WTO提起控訴。這兩個個案的同時爆發，引爆開發中國家聯合各非政府組織、國際慈善團體共同對抗美、歐強權的劇烈衝突。

　　最終，歐美等專利藥廠利益的大國也在面對國際輿論的強大壓力下，在杜哈部長會議與開發中國家達成共識，同意：

　　1. 如果會員國家基於國家緊急危難、其他緊急情況、或基於

---

[165] DECLARATION ON THE TRIPS AGREEMENT AND PUBLIC HEALTH, WT/MIN (01)/DEC/2, Adopted on 14 November 2001, p.1.

非營利之公益考量，得援引TRIPS協定之規定，強制授權其國內業者自行生產專利藥品，在必要的範圍內不執行專利權人的權利。

2. 會員國在沒有足夠的經濟能力購買專利藥品、也無足夠技術能力授權國內業者自行生產製造專利藥品時，TRIPS協定因並無特別規定處理方式。為協助會員國政府解決此一困境，TRIPS理事會應於2002年年底前儘快尋求解決方案。

2001年4月，辛巴威代表非洲集團提出，TRIPS協議理事會應就藥品獲取問題召開一次特別會議，在2001年6月召開的會議上，美國和歐盟[166]以非常強硬的立場維護藥廠的利益。但是，該會議也為開發中國家提供了平臺，使其提出以下主張：

1. 開發國家面臨的健康問題，並不僅限於愛滋病問題，對一些所謂被忽視疾病的防治缺乏研究，也是開發中國家面臨的問題；

2. 專利保護提高了藥品的價格，從而使藥品的取得更加困難；

3. 開發中國家可以自由運用TRIPS協議中的彈性條款，包括強制授權和平行進口，而無需面對已開發國家的威脅；

4. 最不發達國家需要在2006年後延長實施TRIPS的期限；

5. 開發中國家有權利用TRIPS第三十條「授予權利之例外」從其他出口國家獲得學名藥，免除TRIPS協定第三十一條f款規定「主要供應國內市場」的要求；

6. 發展中國家應得到保證，TRIPS協定第三十九條第三款

---

[166] Communication from the European Communities and Their Member States, IP/C/W/280, 12 June 2001, (01-2903).

「會員為核准新化學原料之醫藥品或農藥品上市，而要求提供業經相當努力完成且尚未公佈之測試或其他相關資料，應防止該項資料被不公平的使用於商業之上。此外，除基於保護公眾之必要，或已採取措施以確實防止該項資料被不公平商業使用外，會員應保護該項資料以防止洩露」之以上規定不應成為學名藥品審批登記的障礙。[167]

但是美國等已開發國家仍持續貶低專利保護對藥品價格和疾病治療的影響程度，堅持所有進口學名藥的協商討論應有範圍限制，不可過度擴大。疾病類別應僅限於愛滋病、瘧疾以及肺結核之類的「緊急問題」。[168]

「TRIPS協定與公共衛生宣言」將幾項TRIPS協定相關議題列入杜哈新回合談判之議程。一是依據公共衛生宣言第六段，對藥品取得問題進行協商工作；二是根據杜哈部長宣言指示，就葡萄酒與烈酒地理標示多邊通知與註冊制度、擴大地理標示高標準保護至酒類產品以外之其他產品，以及TRIPS協定與生物多樣性公約之關係及傳統知識與民俗之保護等議題進行談判和檢討。[169]

依據杜哈公共衛生宣言第六段（簡稱藥品取得案）指示，WTO智慧財產權理事會應於2002年底前，就製藥能力不足或無製藥能力的會員國，如何有效利用TRIPS協定強制授權之規定而合法進口外國廉價藥品，以因應包括即愛滋病、肺結核、瘧疾或

---

[167] Draft Ministerial Declaration, Proposal from a group of developing countries. IP/C/W/312, WT/GC/W/450, 4 October 2001, (01-4803).

[168] Draft Ministerial Declaration, Contribution from Australia, Canada, Japan, Switzerland and the United States, IP/C/W/313, 4 October 2001, (01-4779).

[169] Minister Conference, *Declaration on the TRIPS Agreement and Public Health*, WTO Doc. WT/MIN (01)/DEC/2 (Nov. 11, 2001).

其他傳染病等重大公共衛生疾病所造成的國家緊急危難，所形成的生命權與財產權之重大爭議，提出解決方案並陳報總理事會。

2001年9月11日發生在美國本土的911事件使談判出現明顯的轉機。美國是最初反對強制授權的國家，並支援美國本身的藥廠到WTO提起爭端解決、到南非提起憲法訴訟；但美國國內在911恐怖攻擊事件之後遭遇到炭疽熱（anthrax）病毒的威脅，因此對德國拜耳（Bayer）公司生產的治療炭疽熱的藥物「速博新膜衣錠Ciprofloxacin」有強烈需求，該藥是在美國批准的唯一用來治療炭疽熱病毒的藥品，該藥品在美國的專利於2003年12月才到期，炭疽熱恐慌使美國民眾強烈要求中止拜爾公司對Cipro的專利權。根據TRIPS的規定，美國可以在此時啟動強制授權。因此，美國衛生部成功地將「強制授權」作為談判籌碼，並成功的迫使拜耳做出降價、以及優先供應美國所需的承諾。[170]

此案例讓TRIPS協定達成有利於公共健康的保護的可能性也大大增大了。

在2002年9月例會以前，WTO會員國討論本議題時，已開發國家認為TRIPS協定第三十一條f款明文限制強制授權的範圍係以會員國國內市場為要件，故主張須利用「豁免」機制（waiver），例外賦予國外第三人之強制授權；而開發中國家及低度開發國家則認透過TRIPS協定第三十一條所指「非屬第30條」所准許的強制授權」之解釋、或刪除第三十一條f項之條文即可達成，似不須另立豁免機制。至於是否建立防止藥品回流之安全機制，已開

---

170 馮震宇，《智慧財產權發展趨勢與重要問題研究》（臺北：元照，2003），頁24。

發國家認應注意透明化及保障專利人之利益，低度開發國家則認為防堵機制將會造成其過度負擔，以上述條文之修正模式即可解決。

2002年11月間例會與12月間多次非正式會議中，各會員國討論主席版草案JOB（02）／217文件，曾有兩大歧見：一為是否明訂疾病範圍（scope of disease），二為是否限縮進口會員適格（eligible importing member）之範圍。在協商是否限縮進口會員適格範圍時，美國、加拿大、瑞士等國均曾主張，應明訂高所得開發中國家不具進口會員資格，並欲藉由本議題的新分類標準，意圖擴及其他如貿易與發展委員會所討論之特殊差別待遇（Special & Differential Treatment，簡稱S&D）等議題之適用或限制；惟大多數會員國，特別是亞洲四小龍等新興工業國家極力反對創造出另一開發程度之區分標準，且無任何商業考量下被排除適用。最後，美國、加拿大、瑞士等國在國內及國際輿論壓力之下退讓，不再堅持。

第五屆WTO部長會議於2003年9月10日到14日在墨西哥坎昆舉行，杜哈部長會議針對「藥品取得」議題，包括「延長過渡期」與「緊急進口廉價藥品」兩項指示，其中第一項工作已有明確的指示內容，所以TRIPS理事會在2002年順利採認「低度開發國家就保護藥品專利的過渡期延長至2016年1月1日」之決議案比照辦理〔WT/MIN(03)/20〕。[171]

---

[171] "Least-Developed Country Members-Obligations Under Article 70.9 Of The Trips Agreement With Respect To Pharmaceutical Products" WT/L/478 (12 July 2002).

2003年8月30日，WTO總理事會通過了《關於TRIPS協定與公共健康的宣言》第6段的決定（WT／L／540），總理事會通過決議之「TRIPS協定與杜哈公共衛生宣言第六段執行決議」[172]，同意設置許可制度，在不違反TRIPS規範下，決議允許經強制授權製造的學名藥可以出口到缺乏生產藥物能力的國家。其範圍則以愛滋病、瘧疾、肺結核以及其他重大傳染病之藥品為主，出口會員國得免除TRIPS協定第三十一條第（f）款只能供給於會員國內需求之義務。

至於有關「進口學名藥品」案，杜哈部長會議並未就解決方案作出任何裁示，歐美代表國際大藥廠的利益對抗開發中國家的利益：歐美國家希望能維持藥品專利的基本規定，儘量縮小例外規定的適用範圍；而以南非、巴西、印度為首的開發中國家與低度開發國家則要求儘可能擴大爭取使用學名藥品的權利。

歐美國家的訴求重點，包括：「明訂疾病清單，以限縮學名藥品的範圍」、「建立反規避制度，防堵廉價學名藥品回流至西方市場」，以及「已開發與較先進的開發中國家均不應享受這些例外的優惠待遇」等。

以上訴求分別遭到不同會員的反對。低度開發國家在南非、巴西與印度的協助下，堅決反對針對疾病範圍預作限制，而且亦不願增加成本建立防堵回流的機制；至於較先進的開發中國家（包括亞洲四小龍、匈牙利與以色列等），雖然均進口原廠的高

---

[172] General Council, *Implementation of Paragraph 6 of the Doha Declaration on the TRIPS Agreement and Public Health*, WTO Doc. WT/L/540 and Corr.1 (Sep. 1, 2003).

價專利藥品，必要時亦得援引TRIPS協定「強制授權」條款自行製造學名藥，所以並沒有進口學名藥的直接需求，但是這些國家擔心所謂「較先進的開發中國家」之分類，將造成回合談判的先例，進而減損這些國家在其他談判議題援引優惠條款的權利，所以亦紛紛表達保留意見。

由於2002年年底的談判期限即將屆滿，2001年度擔任TRIPS理事會主席的墨西哥駐WTO代表團團長Mr. Eduardo PEREZ MOTTA提出折衷方案，建議不要明訂疾病範圍，但應建立預防回流的機制；所謂「較先進的開發中國家」雖不宜於決議文中明訂分類，但可透過個別宣言表示放棄的方式，達成排除適用的目的。

各方國家對於此折衷建議均有部分不滿，但為求共識的達成，多數均表示「不滿意但可接受」的立場，只有美國仍堅持疾病範圍必須明訂，所以全案就在美國反對的情況下無法達成共識。

美國在面對全球的批評聲浪時，即發表聲明，列出美國所認同的疾病清單，表示開發中與低度開發國家如果擬進口相關疾病的學名藥品，美國將不予追究，以顯示美國在爭取藥品專利權的同時，亦不會忽視公共健康與人權議題；該份聲明亦列出較先進的開發中國家清單，表示該些國家不得享受此項優惠。繼美國之後，歐盟、加拿大與瑞士等較大量專利藥品輸出國亦分別發表類似的聲明。

為解決疾病範圍的僵局，歐盟於2003年試圖提議由WHO負責檢視疾病清單，結果亦遭非洲國家集團的反對；另外，以韓國為首的亞洲四小龍則試圖介入調停，一方面協助解決雙方對立的

僵局，另一方面亦在確定排除「較先進開發中國家」的分類，結果各項努力均告失敗。[173]

美國政府在2003年6月份的埃及小型部長會議、以及7月份的蒙特婁小型部長會議中，均表示將積極協調其國內業者的立場，希望本案能在坎昆部長會議之前達成協議。透過2003年度例會主席新加坡代表團團長Mr. Vanu Gopala MENON的居間協調，終於在2003年8月下旬邀集美國、巴西、印度、南非等國召開會議，達成初步協議，並召開TRIPS理事會非正式會議討論，會中菲律賓、阿根廷與古巴等三國提出保留意見，理事會僅能將全案提交總理事會處理；總理事會主席烏拉圭代表團團長Mr. Carlos Perez del CASTILLO連續於8月28、29兩日召開非正式會議，全案總算在各方的期盼下，於8月30日順利獲得採認：美國雖仍認為疾病範圍須有限制，但已不堅持於決議文中載明；至於「較先進的開發中國家」，雖不在決議文中明文區分，但是相關國家均發表片面聲明，表明「除非確屬必要，否則不會引用強制授權」的立場。[174]

一般來說，除有法律特別規定外，專利權是國家所賦予專利權人之權利，專利權人同時有兩種權利：一是積極行使並享有該項專利之專屬權利，二是消極禁止他人未經同意即使用之排除權

---

[173] 經濟部國際貿易局，〈WTO新回合談判進展暨坎昆部長會議有關多邊談判與檢討議題資料簡介〉，*http://www.trade.gov.tw/cwto/Pages/Detail. aspx?nodeID=1283&pid=510468&dl_DateRange=all&txt_SD=&txt_ED=&txt_ Keyword=&Pageid=0*，瀏覽日期：2017.07.03。

[174] 經濟部國際貿易局，〈WTO新回合談判進展暨坎昆部長會議有關多邊談判與檢討議題資料簡介〉，*http://www.trade.gov.tw/cwto/Pages/Detail. aspx?nodeID=1283&pid=510468&dl_DateRange=all&txt_SD=&txt_ ED=&txt_Keyword=&Pageid=0*，瀏覽日期：2017.07.03。

利。TRIPS協定第三十一條所規範者，屬前述原則的例外情形。也就是說，在國家遭遇緊急危難或緊急情況或基於公益考量下，國家得不經專利權人之同意，強制將該項專利授權給國內第三人予以專利實施，致使專利權人無法專屬該項專利，亦無法排除第三人使用之侵害。

然而，TRIPS協定第三十一條原本的規定，並未就WTO會員國國內製藥能力欠缺或不足時，可否例外地強制授權國外第三人專利實施而製造所需特定藥品，並合法進口外國廉價藥品之問題予以規範，此即本議題爭點所在。

經過多年努力，WTO終於在2005年12月6日通過將2003年8月通過的「執行杜哈宣言第六段TRIPS協定」與「公共衛生決議」轉化為TRIPS協定的「永久性規範」，通過了《關於與貿易有關的智慧財產權協定修正案議定書》，這是WTO成立以來對包括《WTO協定》在內諸多協定的首次修訂，[175]也創下WTO成立以來第一次修改核心協定的紀錄。

第六屆WTO部長會議於2005年12月13日到18日在香港舉行，其發表有關TRIPS與公共衛生的宣言〔WT／MIN（05）／DEC〕如下：

我們重申總理事會2003年8月30日為執行杜哈宣言第6段「有關TRIPS協定與公共衛生」所採認之決議，以及據以修訂TRIPS協定相關條文之重要性。因此，我們樂見TRIPS理事會之工作進展，以及總理事會於2005年12月6日通過TRIPS協定修法之決議。

---

[175] General Council, *Amendment of the TRIPS Agreement*, WTO Doc. WT/L/641 (Dec. 12, 2008).

我們樂於接受TRIPS理事會依據TRIPS協定第66.1條延長適用期之決定。重申加強對低度開發國家與貿易相關的有效技術協助與能力建構，同時給予優先考量，以協助該等會員國克服與貿易相關有限的人力資源與架構上的能力，並使低度開發國家會員之利益，因杜哈發展議程而產生極大化最佳效果。

到2005年底，TRIPS專利保護高藥價帶來的公眾健康人員問題，與強制授權的概念算是進入一個非常成熟的時期。開發中國家與已開發國家對學名藥使用的疾病範圍與取得資格有了更深入的探討，也為第三十一條之一修正案的成功推動打下穩固的基礎。

第四節　後TRIPS時代

TRIPS協定第三十一條之一修正案主要是用於開發中國家公共衛生之目的，為配合WTO公共衛生宣言，各國都需修正專利法，增訂相關配套措施，並完成接受書交存WTO程序。這讓TRIPS條款有機會重新被審視，解決該協定通過之初未能預見的開發中國家及低度開發國家之公共衛生問題，讓有能力製造相關藥品之學名藥廠商得申請強制授權製造藥品並出口至有需求國家。也讓發展議題正式納入TRIPS架構下，為人類的生命安全、健康及公共衛生盡一份心力。

由於簽署TRIPS是WTO成員國的強制要求，任何想要加入WTO，降低國際市場貿易門檻的國家都必須依照TRIPS之要求制定符合標準的智慧財產權法律。因此，TRIPS成為智慧財產權法律全球化中最重要的多邊文書，且具備有力的執行機制，各簽署

國家都受WTO爭議解決機制的約束。

第七屆WTO部長會議於2009年11月30日到12月2日在日內瓦舉行，該會議主席總結報告〔WT／MIN（09）／18〕提到杜哈回合談判對開發中會員之經濟復甦及貧窮掃除之重要性，「發展」面向應維持在回合談判之核心，對於開發中國家重要之議題則應特別予以重視。

此外，雙邊及區域貿易協定之數量不斷增加對於多邊貿易體系影響是會員國關切議題，必須確保此兩種貿易開放途徑彼此互補。WTO加強透明化機制仍有改善空間，包括將該機制常設化、找出不同協定間之共通元素以及每年進行檢視等。

其後在2011年12月15日到17日第八屆日內瓦部長會議強調以規則為基礎之多邊貿易體制的價值〔WT／MIN（11）／11〕，隨著萬那杜、薩摩亞、蒙特內哥羅及俄羅斯陸續加入WTO，部長會議持續承諾致力於促進入會案進行，特別是低度開發國家（LDCs）之入會案。也認為WTO應協助開發中國家進一步融入多邊貿易體係，特別是LDCs、小型、脆弱之經濟體，同時瞭解LDCs之需求及承諾將確保該等國家之利益列為WTO未來工作之優先項目。因此他們已就LDC入會（文件WT／COMTD／LDC／19）、展延TRIPS協定第六十六・一條之過渡期間（文件IP／C／59／Add.2）。

2013年12月3日到7日，第九屆峇里島部長會議主要目的是希望透過各會員部長們齊聚研商「峇里套案（Bali Package，又稱小型套案）」，就杜哈回合談判部分議題（貿易便捷化、部分農業及發展議題）凝聚共識。最後通過「峇里部長宣言」〔WT／MIN（13）／DEC〕，裁定自第8屆部長會議後在相關理事會通

過之決議，延長LDCs會員適用TRIPS協定之過渡期通過。[176]

2015年10月13日至18日舉行的世界貿易組織／與貿易有關智慧財產權理事會例會，對TRIPS協定與公共衛生之年度檢視中，烏干達、印度、巴西、古巴、中國大陸、埃及等國家關切的重點在於杜哈公共衛生宣言第6段（Para. 6 system）僅被使用過1次，用在加拿大強制授權出口至盧安達的藥品上，顯示該制度過於複雜、費時以至於難以執行，因此主張召開邀請各方可能之利害關係者的研討會，以釐清該制度在實際執行上所面臨之問題，並找出可能之改善方式。

美國、加拿大、日本、歐盟、瑞士等國家雖然皆支持該宣言，但是卻強調第6段宣言並非是影響藥品取得的唯一選擇，例如美國與加拿大皆指出有許多因素會影響藥品取得，如高進口關稅、藥品資訊的不透明等，加拿大表示先前已對潛在進口國提出一些問題但未獲回應，瑞士亦表示未聽聞潛在進口國有利用第6段宣言的問題，日本亦表示想先請潛在進口國分享其意見，故前述國家皆認為現階段並不需要舉行任何會議。

第十屆奈洛比部長會議於2015年12月15日到18日舉行，這是WTO首次在非洲舉行的部長會議，會後通過的WTO第10屆部長會議宣言〔WT／MIN（15）／DEC〕承諾強化多邊貿易體系，以促進各會員之繁榮及福祉，並回應發展中國家，尤其是低度開發國家的特殊發展需求。再次重申發展議題為WTO工作核心，並致力於持續做出正向的努力，以確保開發中國家，特別是低度開發國

---

[176] WTO, 2013, MINISTERIAL CONFERENCE Ninth Session, WT/MIN (13)/DEC.

家，在世界貿易成長之際，得以獲致相當的經濟發展之所需。[177]

　　2016年11月5日至11日召開的「世界貿易組織／與貿易有關智慧財產權理事會例會」中，有關TRIPS協定與公共衛生之第13次年度檢視WTO總理事會於2005年通過修改TRIPS協定議定書以將2001年杜哈公共衛生宣言6段轉化為永久性規範，使會員得以利用強制授權來製造專供出口至製藥能力不足或無製藥能力之會員的藥物。主席表示，自2015年檢視以來，通知接受修改TRIPS協定議定書之會員有格瑞那達、馬來西亞、緬甸、賴索托、馬利、泰國、南非、尼泊爾、坦尚尼亞、烏克蘭、卡達、薩摩亞、聖露西亞、塔吉克、塞席爾共和國、巴布亞紐幾內亞、祕魯、貝里斯等，只要再5個以上的會員通知接受修改，即可達到生效門檻。加拿大也已於2016年向TRIPS理事會通知其國內法已納入執行第6段之規定。

　　印度、巴西、孟加拉、南非等國家關切第6段制度迄今僅於2008年加拿大強制授權出口至盧安達的藥品時使用過1次，表示該制度過於複雜而難以執行，因此應明確緊急狀況之認定，並簡化強制授權流程，使其易於執行。為探討上述議題，於第一日會議，由南方中心（South Centre）主辦，印度、巴西、南非、中國大陸及無國界醫師組織等協辦，邀請相關利害關係人、學者、專家召開周邊會議（side event），以釐清該制度在實際執行上面臨之問題，並找出可能之改善方式。

　　美國、加拿大、日本、歐盟、瑞士等國家雖然均支持第6段

---

[177] WTO, 2015, MINISTERIAL CONFERENCE Tenth Session, WT/MIN (15)/DEC.

制度，並鼓勵未通知接受議定書之會員儘速通知，但是仍強調第6段制度並非取得藥品的最佳方式，影響藥品取得仍有其他的因素，例如進口關稅、稅負、藥品採購資訊的不透明等。此外，歐盟認為南方中心所主辦之週邊會議討論很具價值，並表示可建立與專利權人的其他協商機制；加拿大另分享其捐贈藥品的租稅減免措施；瑞士表示可以從加拿大的經驗中學習，以提升該制度的可利用性；日本表示希望第6段制度的潛在利用者可分享其經驗與適用第6段制度之顧慮與障礙。

巴拿馬則表示，尚未通知接受修改TRIPS協定議定書之會員國中有多數開發中國家，顯示這些國家對於該流程可能缺乏理解，祕書處須提供相關技術協助。

從2009年開始，「發展議題」成為歷年WTO部長會議的核心問題，以發展為中心，重申特殊與差別待遇條款應落實完整性，且強調會員國應持續優先考量低度發展國家之需求及利益。許多會員國更期望以杜哈回合架構為基礎，完成該項工作，這樣的背景原因讓開發中國家在提出TRIPS協定對公共衛生造成的負面影響訴求時容易得到認同感，並且可被承認在WTO會員國中沒有充足或任何製藥能力的國家，必然會遭遇到無法有效運用強制授權的困難。美國等跨國專利製藥大廠在發展議題的架構下，亦須在專利權做讓步，最終帶來第三十一條之一修正案的通過，這是開發中國家及低度開發國家國際合作的一大勝利。

2017年新通過的第三十一條之一，准予各國將專利法的「強制授權」（compulsory licensing）範圍由「國內使用」擴增至「出口使用」，其意在鼓勵將專利藥物出口至缺乏藥物製造能力的開

發中國家或低度發展國家。運用此修正條例進出口藥品之相關會員應確保此制度藥品是用於公共健康之目的，並應採取措施避免該藥品再出口，或未依規定進口以及轉銷。

這項TRIPS協定修正案包含三個部分。第一部分是增訂TRIPS協定第三十一條之一（Article 31bis），內容共有5項，包括允許將強制授權所製造的藥品出口至生產能力不足的會員、避免專利權人獲得雙重補償金、涉及低度開發國家的區域貿易協定、非違反協定以及TRIPS協定下全部的彈性條款。第二部分是增訂TRIPS協定的附錄（annex）規範利用這項機制的條件，內容共有7項，包括定義、通知、避免貿易轉向、開發中國家或低度開發國家區域貿易組織的豁免、TRIPS理事會的年度審議。第三部分則是增訂附錄的附件（appendix），說明如何評估進口國製藥能力不足的要件。該項TRIPS協定在該修正案生效前，仍適用2003年8月總理事會通過的決議。

一、1995-2016年只能供應國內市場之強制授權

原TRIPS協定第三十一條規定「未經權利持有人授權之其他使用」（other use without authorization of the right holder），其定義是指「會員國的法律允許在未經專利權人授權的情況下對專利事項進行其他使用，包括政府使用或政府授權的協力廠商使用」

Where the law of a Member allows for other use of the subject matter of a patent without the authorization of the right holder, including use by the government or third parties authorized by the government.-TRIPS

Article 31並應尊重以下規定：

此類使用必須基於個案考量；

此類使用僅在使用前，意圖使用之人已經努力向權利持有人要求依合理之商業條款及條件獲得許可，但在合理期限內未獲成功，方可允許。如會員處於國家緊急情況或其他極為緊急情況，或基於非營利之公共使用，則可捨棄前述之要件。但在國家緊急情況或其他極為緊急情況下，應合理可行地盡快通知權利持有人，對基於非營利之公共使用，如政府或政府授權之合約人，未經專利檢索而知或有明顯理由應知政府將使用或將為政府而使用某有效專利，則應立即通知權利持有人。

此類使用之範圍及期間應限於所許可之目的；如為半導體技術應僅以非營利之公共使用，或作為經司法或行政程式認定為反競爭行為之救濟為限；

此類使用無專屬性；

此類使用不得讓與。但與此類使用有關之企業或商譽一併移轉者，不在此限。

此類使用應主要為供應該授權會員國內市場之需要；

在適當保護被授權使用人之合法利益前提下，一旦導致授權的情況不復存在，且很難再發生，則有義務予以終止授權。主管機關應有權主動要求審查該情況是否繼續存在。

在考慮有關授權之經濟價值下，應針對個別情況給付相當補償金予權利持有人。

此類使用處分之法律有效性，應由會員之司法機關審查，或由一個不同且屬上級之機關為獨立之審查。

任何與補償金相關之處分，均應由會員之司法機關審查，或由一個不同且屬上級之機關為獨立之審查。

會員依據司法或行政程式認定行為具有反競爭性，而以此類使用作為救濟時，得不受（B）項與（F）項之拘束。此種案件，在決定補償金額度時得考量改正反競爭行為之需要。如導致此類授權的情況可能再發生，主管機關應有權拒絕終止該授權。

某一專利（第二專利）必須侵害另一專利（第一專利），始得實施時，得允許此類使用。但必須符合下列要件：

第二專利之發明，相對於第一專利權申請專利範圍，應具相當的經濟上意義之重要技術改良；

第一專利所有權人應有權在合理條件下以交互授權之方式，使用第二專利權。

就第一專利權之使用授權，除與第二專利權一併移轉外，不得移轉。

二、2017年起可供出口之強制授權

2017年1月23日，TRIPS第三十一條之一修正案（Article 31bis），因有2／3的WTO會員國接受該修正案而生效。TRIPS第三十一條修正案之修法模式是在第三十一條後插入「第三十一條之一」，規定如執行杜哈公共健康宣言第6段決議第2、3、6（i）、10、9段內容，包括為了製造及出口至合格進口國為目的授予強制授權時不適用TRIPS協定第三十一條（f）款之義務、第三十一條（h）款補償金應考慮對於進口國的經濟價值，

並無須雙重補償、為區域貿易協定的特別規定等相關內容。在TRIPS協定第73條之後插入「TRIPS協定的附件」（the Annex to the TRIPS Agreement），內容包含其餘決議各段內容。在「TRIPS協定的附件」後再增加「TRIPS協定的附件的附錄」（Appendix to the Annex to the TRIPS Agreement），說明醫藥產業製造能力的評估（Assessment of Manufacturing Capacities in the Pharmaceutical Sector），此部分與決議附錄（Annex）內容相同。[178]

在過去強制授權的產品並無法外銷，新修正的第三十一條之一，准予各國將其國內專利法的強制授權範圍由「國內使用」新增至「出口使用」，其用意在鼓勵將控制傳染病，影響公共健康的專利藥物出口至缺乏製藥能力的開發中國家或低度發展國家。

2017年1月23日通過的第三十一條新修正內容如下：

TRIPS第三十一條之一（Article 31bis）

1. 針對TRIPS協定第三十一條（f）款的修改——允許將強制授權所製造的藥品出口至生產能力不足的會員

   出口成員國在為了製造及出口至合格進口國為目的授予強制授權時不適用TRIPS協定第三十一條（f）款之義務，並在符合本協定附件第2段所列的條件下，授予之強制授權。

   本款豁免了原第三十一條（f）款規定的主要供應「國

---

[178] 張宏節，〈後杜哈時代開發中國家公共健康問題與TRIPS協定彈性機制之研究-兼論我國修法方向〉，碩士論文，國立交通大學管理學院碩士在職專班科技法律組（2007.7），頁34。

內市場」的義務，允許成員國實施強制授權生產藥品出口到合格的進口國家。

The obligations of an exporting Member under Article 31 (f) shall not apply with respect to the grant by it of a compulsory licence to the extent necessary for the purposes of production of a pharmaceutical product (s) and its export to an eligible importing Member (s) in accordance with the terms set out in paragraph 2 of the Annex to this Agreement.

2. 對TRIPS協定第三十一條（h）款的修改——避免專利權人獲得雙重補償金

若一出口成員國根據該修正案及附件確立的規定，授予一強制授權，則該接收之成員國須依據第三十一條（h）款之規定，支付適當報酬，補償金應考慮對於進口國的經濟價值。若該有資格進口的成員國對同一產品授予一項強制授權，則免除向專利人支付報酬的義務。

此外，第三十一條修正案就TRIPS協定第三十一條（f）款中「國內市場」的定義作出了有利於開發中國家的擴大解釋。

Where a compulsory licence is granted by an exporting Member under the system set out in this Article and the Annex to this Agreement, adequate remuneration pursuant to Article 31 (h) shall be paid in that Member taking into account the economic value to the importing Member of the use that has been authorized in the exporting Member. Where a compulsory licence is granted for the same products in the eligible importing Member, the obligation of that Member under Article 31 (h) shall not apply in respect of those products for which remuneration in accordance with the first sentence of this paragraph is paid in the exporting Member.

3. 涉及低度開發國家的區域貿易協定

為了利用規模經濟以增加藥品的購買力，並促進藥品的國內生產：若開發中國家或者最不發達國家之WTO成員為GATT 1994第24條以及1979年11月28日《關於開發中國家的差別和更優惠待遇、互惠和更充分參與的協定》（L／4903）下的區域貿易協定會員國，且該區域貿易協定至少一半以上的現有成員國屬於聯合國最不發達國家名單上的國家，則在確保該成員國的一項強制授權項下生產或者進口的一種藥品能夠出口到有關區域貿易協定下其他遭受共同公共健康問題的開發中或者最不發達成員國家的市場內，該成員不須遵守第三十一條（f）款下的義務。同時理解此規定將不影響有關專利權的地域屬性。

With a view to harnessing economies of scale for the purposes of enhancing purchasing power for, and facilitating the local production of, pharmaceutical products: where a developing or least-developed country WTO Member is a party to a regional trade agreement within the meaning of Article XXIV of the GATT 1994 and the Decision of 28 November 1979 on Differential and

More Favourable Treatment Reciprocity and Fuller Participation of Developing Countries (L/4903), at least half of the current membership of which is made up of countries presently on the United Nations list of least-developed countries, the obligation of that Member under Article 31 (f) shall not apply to the extent necessary to enable a pharmaceutical product produced or imported under a compulsory licence in that Member to be exported to the markets of those other developing or least-developed country parties to the regional trade agreement that share the health problem in question. It is understood that this will not prejudice the territorial nature of the patent rights in question.

4. 不違反協定

各成員國不得根據GATT 1994第23條第1款（b）項及（c）項，對任何與本條修正及本協定附件的規定相一致的措施有異議。

Members shall not challenge any measures taken in conformity with the provisions of this Article and the Annex to this Agreement under subparagraphs 1 (b) and 1 (c) of Article XXIII of GATT 1994.

5. TRIPS協定下全部的彈性條款規範

本條修正及本協定附件不影響成員在本協定享有之第三十一條（f）款和（h）款之外的，包括經《關於TRIPS

協定與公共健康宣言》〔WT／MIN（01）／DEC／2〕重申的權利、義務和彈性，以及對其的解釋。本條修正及本協定附件也並不影響依照第三十一條（f）款規定在強制授權下所生產的藥品能夠出口的額度。

This Article and the Annex to this Agreement are without prejudice to the rights, obligations and flexibilities that Members have under the provisions of this Agreement other than paragraphs (f) and (h) of Article 31, including those reaffirmed by the Declaration on the TRIPS Agreement and Public Health (WT/MIN(01)/DEC/2), and to their interpretation. They are also without prejudice to the extent to which pharmaceutical products produced under a compulsory licence can be exported under the provisions of Article 31 (f).

第三十一條之一的運作，必須由專利藥物的「出口國家」和「進口國家」同時提出申請，雙方應向WTO呈報被授權藥物的相關資訊。進口國家必須報告進口之藥物名稱與數量、以及缺乏生產藥物的能力、及說明相關專利已在該國有強制授權；出口國家應報告被授權人的身分、藥品名稱、生產數量、及進口到何國。

此外，出口國家必需要由被授權人給予藥物的仿單或標示、劑型的形狀或顏色、或產品包裝等有特殊設計，以凸顯該藥品是依據TRIPS第三十一條之一的強制授權制度所產生的藥品，和一般藥品有所不同。再者，強制授權的權利金由出口國方的被授權

人支付，但其計算應考慮進口國家的市場因素。至於進口國家則應盡力做好相關措施，以防止該項藥物再出口至其他國家。[179]

三、修正案的正向成果

　　TRIPS協定第三十一條之一修正案雖然在落實上還有需要跨越的障礙，但也帶來正向成果的希望，這些成果呈現在以下三方面：

（一）關於價值取捨——讓TRIPS協定更加注重國際人權的保護

　　TRIPS協定被公認為是國際智慧財產權領域中最高標準、最嚴格要求的一個協議。一方面，它為智慧財產權保護設置了很高的保障，從而滿足了已開發國家對智慧財產權保護的需要；另一方面，它忽視了人權的保護，在人權保障和智慧財產權保護的抉擇中依然選擇了後者，對於製藥水準較低的國家，甚至是最不發達國家面臨公共健康危機時，其國民的生命權、健康權幾乎得不到任何保障。從人權角度來說，是不應該以人的生命作為保護智慧財產權的代價，而修改前的TRIPS協定之規定極不利於人權保護。第三十一條修正案通過後，放寬了對傳染病藥品的專利保護，允許在一定條件下出口經強制授權生產的學名藥，從而大大

---

[179] 陳秉訓，〈TRIPS協定第31條之1修正案生效之後呢？〉，《北美智權報》，第179期（2017年2月22日），*http://www.naipo.com/Portals/1/web_tw/ Knowledge_Center/Industry_Economy/IPNC_170222_0704.htm*。

降低相關藥品的市場價格，這有利於更迅速、有效地控制緩解公共健康危機，保證基本人權得到尊重和保護。

（二）關於法律本身——讓TRIPS和WTO法律體制的同步更臻完善

1.完善了原本的TRIPS立法

TRIPS協定具有很明顯的私權法性質，在國際貿易領域對國際智慧財產權保護起了不可忽視的作用，特別是在醫藥領域，透過對智慧財產權的保護，逐步打開開發中國家的國內市場。而聯合國《經濟社會文化權利國際公約》第十二條（二款）規定，各締約國政府有義務保護作為健康權的人權，治療和控制嚴重危及公共健康的傳染病，創造保證人人在患病時能得到醫療照顧的條件。

（1）本公約締約各國承認人人有權享有能達到的最高的身體和心理康的標準。

（2）本公約締約各國為充分實現這一權利而採取的步驟應包括為達到下列目標所需的步驟：

（a）減低死胎率和嬰兒死亡率，和使兒童得到健康的發育；

（b）改善環境衛生和工業衛生的各個方面；

（c）預防、治療和控制傳染病以及其他的疾病；

（d）創造保證人人在生病時能得到醫療照顧的條件。

2. 在面臨公共健康危機時，有關國家或地區政府應盡一切努力，包括實施有關藥品的強制授權生產和銷售

　　顯然TRIPS協定修改前的規定與該公約牴觸，而WTO有責任解決該牴觸問題。第三十一條修正案的通過，一方面兼顧專利權利人與公眾的利益，另一方面表明：在WTO架構下，國際社會負有集體的責任，保證最不發達國家或某些開發中國家的公眾享有健康權，已開發國家政府有義務給予有關藥品專利權利人足夠報酬，促進其研發動力。由於涉及到公共健康藥品的進出口，因此TRIPS制度理論上說明在一定條件下的貿易與人權關係，並在實踐中進一步與國際人權法律規範相統一。[180]

3. 完善了WTO體制

　　TRIPS協定第三十一條修正案的通過是WTO成員方第一次行使《建立世界貿易組織協定》第10條第1款的修正該協定及其附件一權力的就結果,並依照該協定第4條第2款賦予總理事會職權,由總理事會通過的修正案，WTO於2005年12月6日通過修改TRIPS協定的決議，將2003年8月通過的執行杜哈宣言第六段TRIPS協定與公共衛生決議轉化為TRIPS協定的永久性規範，也創下WTO成立以來第一次修改核心協定的紀錄。對TRIPS協定以及整個WTO體制發展產生了深遠而重大的影響。

---

[180] 馮潔涵，〈全球公共健康危機：智慧財產權國際保護與WTO杜哈宣言〉，《法學評論》，第2期（2003），頁56。

（三）將「發展問題」納入有關智慧財產權保護的決策中

TRIPS第三十一條修正案使有關智慧財產權標準的政策目標與在促進國際發展和減少貧困方面的廣泛目標更加一致。發展問題應當由開發中國家和已開發國家共同面對，爭取使已開發國家的談判者考慮到開發中國家實施更高的智慧財產權標準要付出的代價。才能提高有利於開發中國家利益的公平的條款，使TRIPS協定更完善，同時也使整個法律系統更為平衡。

第五節　TRIPS-plus對開發中國家的影響

後TRIPS時期，智慧財產權最積極的談判是在大量（區域／自由）貿易協定中制訂的詳細條款，以推行較TRIPS協定更為嚴格的藥品智慧財產權保護措施（TRIPS-plus）和執法標準。FTA中的智慧財產權執法條款使已開發國家避開WTO多邊貿易體制，而透過與特定國家之間的談判，鞏固和強化該國智慧財產權協定的主要內容。

WTO架構下TRIPS協定在制定的初始對智財權保護已有相當程度的規範。當各國執行TRIPS協定規範的時候，自由貿易協定又同時併行存在。「區域貿易協定」（Regional Trade Agreement, RTA）及「自由貿易協定」（Free Trade Agreement, FTA）是兩國或多國、及與區域貿易國家間所簽訂的具有法律約束力的協定，目的在於促進經濟一體化，消除貿易壁壘（例如關稅、貿易配額和優先順序別），允許貨品與服務在國家間自由流動。

FTA的智慧財產權執法標準首先是擴大解釋TRIPS協定規定的智慧財產權範圍至新的領域。二是改變TRIPS協定中有關智慧財產權執法的彈性條款，使其成為強制性義務；三是擴大智慧財產權執法範圍，要求更廣泛地適用各種司法體制以對將來的侵權有所懲處機制；四是在FTA條款中規定有關爭端解決的確立與違法之訴訟；五是在FTA條款有關投資的章節中規定投資財產應增設包括智慧財產權。

　　事實上，FTA協定中的智慧財產權條款僅僅代表以美國歐洲為主的已開發國家政策，其長期目標是將這些類似的更高智慧財產權標準納入到WTO協定中。美國認為即使自由貿易在全球受阻，美國仍可以區域和多邊的形式前進，並通過與個別國家和區域簽訂自由貿易協定，在全世界進行自由貿易。因此，美國樂見其所簽訂的FTA能標準化。例如，美國與約旦簽訂的自由貿易協定就作為美國與智利和新加坡自由貿易協定談判的範本。[181]

　　TRIPS協定所引發的智慧財產權國際保護機制發展對開發中國家的挑戰是巨大的和多面向的。雖然TRIPS協定名為智慧財產權的「最低標準」，但實際上主要是依照已開發國家尤其是美國的現行智慧財產權保護標準設計的。開發中國家要解決的問題就是按照TRIPS協定的標準，補充其國內的立法，提高商品發明的保護。開發中國家不僅要完善專利，商標和版權等傳統智慧財產權領域中的立法，還必須因應科技與經濟發展的趨勢，提供藥品專利，服務商標，植物新品種保護等方面的智慧財產權保護。

---

[181] 廖麗，〈後TRIPS時期國際智慧財產權執法新動向〉，《暨南學報（哲學社會科學版）》，第9期（2014），頁45-52。

一、年數量持續攀升的（區域／自由）貿易協定

圖6-3代表1948年-2019年6月止WTO受理各區域貿易協定申請的資料：

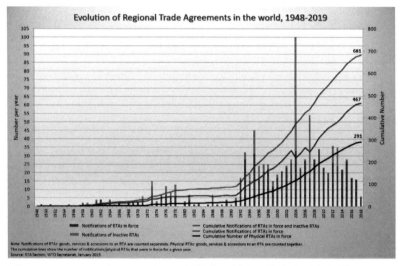

圖6-3 1948-2019向GATT／WTO提報的區域貿易協定申請資料[182]

　　WTO體系的基本前提是透過非歧視以及透明化的原則，藉由貿易自由化來促進經濟成長。WTO本身為多邊貿易協定，但各WTO會員國也可自由簽訂雙邊投資條約（bilateral investment treaties）、雙邊自由貿易協定（bilateral free trade agreements），以及區域貿易協定（regional trade agreements），這些協定會讓開發中國家在執行TRIPS協定時更加受到衝擊。

---

[182] WTO, "REGIONAL TRADE AGREEMENTS: FACTS AND FIGURES," *https://www.wto.org/english/tratop_e/region_e/regfac_e.htm*, Browse date: 2019.05.21.

WTO的會員國在加入各項區域貿易協定，或是簽訂雙邊貿易條約時皆需向WTO呈報。幾乎所有的WTO會員國都有參加一個或多個區域貿易協定（有些成員國參加了二十個以上的協定、組織）。在1948年至1994年期間，GATT收到了124個區域貿易協定（關於貨物貿易）的申請通知，自1995年WTO成立以來，截至2019年6月，有472個區域貿易協定生效，貿易內容涵蓋物品、服務，以及加工品等項目。

The following table shows all RTAs in force, sorted by Notification:

	Accessions	New RTAs	Grand total
GATT Art. XXIV (FTA)	3	240	243
GATT Art. XXIV (CU)	10	11	21
Enabling Clause	5	45	50
GATS Art. V	7	151	158
Grand total	25	447	**472**

The following table shows all RTAs in force, sorted by Type of Agreement:

	Enabling clause	GATS Art. V	GATT Art. XXIV	Grand total
Customs Union	7		11	18
Customs Union - Accession	2		10	12
Economic Integration Agreement		151		151
Economic Integration Agreement - Accession		7		7
Free Trade Agreement	16		240	256
Free Trade Agreement - Accession	1		3	4
Partial Scope Agreement	22			22
Partial Scope Agreement - Accession	2			2
Grand total	50	158	264	**472**

The following table shows all RTAs in force, sorted by Status in the WTO Consideration Process:

	Enabling Clause	GATS Art. V	GATT Art. XXIV	Grand total
Factual Presentation not distributed	19	10	47	76
Factual Presentation on hold	0	4	0	4
Factual Presentation distributed	11	123	160	294
Factual Abstract not distributed	0	0	0	0
Factual Abstract distributed	10	21	40	71
Report adopted	2	0	17	19
No report	8	0	0	8
Grand total	50	158	264	**472**

圖6-4　2019年向GATT/WTO申請並生效的區域貿易協定一覽表[183]

---

[183] WTO, "REGIONAL TRADE AGREEMENTS: FACTS AND FIGURES," https://www.wto.org/english/tratop_e/region_e/regfac_e.htm, Browse date: 2019.06.14.

目前許多WTO會員國都持續參與新的RTA談判。像現有的協定一樣，大多數新的貿易談判都是雙邊的。不過最近的一些發展也出現了幾個WTO成員之間的談判。包括2016年2月4日由亞太地區由澳洲、汶萊、加拿大、智利、日本、馬來西亞、墨西哥、紐西蘭、祕魯、新加坡、越南、日本（已批准）等12個國家簽署的跨太平洋戰略經濟夥伴關係協議（英語：Trans-Pacific Strategic Economic Partnership Agreement，TPP）協議進行磋商。

2017年5月進入第17輪談判的區域全面經濟夥伴關係協定（Regional Comprehensive Economic Partnership，RCEP），是由東南亞國家協會10國發起，加入日本、中華人民共和國、韓國、印度、澳大利亞、紐西蘭這些和東協有自由貿易協定（FTA）的6國共同參加，共計16個國家所構成的自由貿易協定，RCEP自2013年啟動談判，至2019年仍未能完成。

從世界各國加入區域貿易協定的分布來看，申請加入顏色最深的區域是歐盟區，其次是美國，非洲地區加入任何雙邊貿易或區域貿易組織的數量非常稀少。

由WTO主導的多邊貿易自由化之進展充滿許多不確定性。因為參與談判的會員國太多（截至2016年7月29日，WTO共有164個會員國）。各國家的經濟發展程度不同，自然會因其自身的利益而持有不同的立場，故各項區域貿易協定、雙邊貿易協定又在WTO架構下逐漸增加。開發中國家不易成為這些協定的成員，因而產生被邊緣化的危機。各國家之間的自由貿易協定通常都有不同的性質，可能是真正的經濟利益、抑或是政治效益，也很大因素是地緣政治的考量。

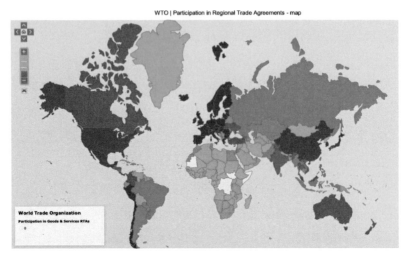

圖6-5　2019年WTO會員國參與區域貿易協定國家分布[184]

Note: WTO statistics on RTAs are based on notification requirements rather than on physical numbers of RTAs. Thus, for an RTA that includes both goods and services, we count two notifications (one for goods and the other services), even though it is physically one RTA.

二、FTA對TRIPS在開發中國家實施的衝擊

各項FTA是針對特定國與國間簽訂，因此具有濃厚的排他性質，成了WTO「非歧視原則」的一項例外，因為基本上雙邊自由貿易協定只將貿易好處優惠給予成員國。

---

[184] WTO, "Participation in Regional Trade Agreements," *https://www.wto.org/english/tratop_e/region_e/rta_participation_map_e.htm*, Browse date: 2019.05.21.

FTA給予成員國的優惠可以比WTO高而不受規範，其中有些對於藥品智慧財產權的規定更甚於TRIPS原本的協定，可分以下幾部分探討：

（一）藥品專利期的延長

在TRIPS協定中，藥品的專利保護期限是自申請日起20年。而在彼此簽訂自由貿易協定的國家中，可要求締約的夥伴國延長專利期限，最多可延長期限並沒有上限規定。專利藥擁有者認為這項協議可以彌補其在申請新藥上市前臨床試驗以及申請專利時程的損失，但其結果卻是更加延遲學名藥的上市，也延後開發中國家取得所需藥品的時間。

（二）強制授權的終止

有些國家間彼此簽署的自由貿易協定中凍結了強制授權的執行，強制授權原本就只能用於會員國處於國家緊急情況或其他極為緊急情況，或基於非營利之公共使用。強制授權一向被認為是促進藥品之合理價格與可近性的重要方式之一，如果此標準再被提高，對許多開發中國家之公共健康領域的衝擊將是相當大的，也對TRIPS第三十一條修正案的實施帶來相當大的負面成果。

（三）對TRIPS法規的單方面終止

2017年1月23日，美國總統川普剛上任便簽署行政命令正式退出TPP。但在此之前美國曾以TPP的彈性條款空間對TRIPS第四十四條「禁制令」做出不合理的取消，美國曾取消由政府使用於專

利，版權，商標等智慧財產權，以及核能技術、生物藥物專利等若干領域的禁令，也包括28 USC 1498所涵蓋的禁令，且未將此資訊告知同產品競爭對手。加拿大則使用此政策彈性來終止某些侵權建築作品的禁令，而這些停止禁令的操作是非常有問題的。[185]

　　改善全球衛生和藥物獲取本應是TRIPS協定的最大目標，TRIPS第三十一條之一修正案希望將強制授權藥品外銷至疾病蔓延的開發中國家，可能遇到的瓶頸如下：

　　各FTA簽署時紛紛制定專利延期政策。

　　各FTA簽署時未將「TRIPS協定和公共衛生宣言」的條款放在該FTA協議的案文中明確說明時，未有國際強制力能令其改善。

　　FTA通常具有地緣政治關係，由鄰近的經濟發達地區的國家彼此簽訂，所以無法反映已開發國家和開發中國家各種經濟和公共衛生體系差異，[186]以及不同的需求。（EX.無法取得專利藥品，傳染性疾病蔓延的非洲地區國家不會和美國簽訂RTA，也無法取得優惠價格的藥品）

　　TRIPS協定第三十九條（3）規定，「會員為核准新化學原料之醫藥品或農藥品上市，而要求提供業經相當努力完成且尚未公佈之測試或其他相關資料，應防止該項資料被不公平的使用於商業之上。此外，除基於保護公眾之必要，或已採取措施以確實防止該項資料被不公平商業使用外，會員應保護該項資料以防止

---

[185] Knowledge Ecology International, "TPP provisions on Injunctions, are the TRIPS exceptions in or out? ," *http://keionline.org/node/1831*, Browse date: 2017.05.29.

[186] Letter from Reps. Lewis, Stark, Rangel, Blumenauer, and Doggett asking that the May 10th agreement serve as a "non-negotiable starting point" for access to medicines. 8 September 2011. Retrieved 30 January 2012.

266　智慧財產權與公平貿易之探討

洩露。」但各國在簽署FTA時，卻可規定不同的專屬專利年限給藥廠，無論此產品是否有專利，或是否未曾揭露。而此規定就形成了一道障礙來規避學名藥廠的競爭，因為即使一項藥品之專利保護已經到期了，學名藥廠的產品也不被允許上市。[187]

現階段的國際關係是新古典現實主義的世界經濟與外交關係，FTA就是透過貿易手段的外交關係延伸，但是「弱國無外交」，開發中國家幾乎在全球的FTA中缺席也是當今的現實情況。

TRIPS協定中智慧財產權保護水準的要求顯然有利於已開發國家，而對開發中國家影響重大的是，TRIPS協定強化了各成員國為智慧財產權保護提供民事，行政和刑事救濟的國際義務。在各國國內制定相應的補充立法以後，國內行政與司法機關就必須依法加強對智慧財產權的保護，否則就很有可能使國內的涉外智慧財產權保護行政糾紛轉化為智慧財產權保護的國際爭端，而須啟動WTO的爭端解決程式。

---

[187] 江素慧，〈自由貿易協定之潮流及其對公共衛生與健康之影響〉，《台灣國際研究季刊》，第5卷，第2期（2009.夏季號），頁105-138。

第七章
結論

第一節　第三十一條修正案的正向成果

　　TRIPS協定確立之初，開發中國家對此標準產生了不滿。對開發中國家而言，TRIPS標準明顯超出了與其各自經濟和科技水準發展程度相適應的保護水準；對已開發國家而言，TRIPS協議對開發中國家和最不發達國家規定了諸多特殊待遇和安排，給開發中國家國家在進行智慧財產權保護上有了阻礙。於是出現了第三十一條之一修正案將更合理的智慧財產權保護標準的TRIPS條款納入到區域或雙邊貿易談判中的智慧財產權議題中。因此，TRIPS協定本身的局限性是第三十一條修正案產生的重要動力。TRIPS第三十一條修正案的產生和開發中國家尋求自身經濟發展的選擇密不可分，有以下兩點原因。

　　首先，開發中國家和最不發達國家出於本國經濟利益的考量，容易被動的接受含有不合理的智慧財產權協定。因為開發中國家急需眼前發展所需的外資和技術的獲取，對他們改善國內經濟狀況似乎更為迫切。經過利弊的權衡，與美、歐等已開發國家

簽訂自由貿易協定也成為一種迫於現實的趨勢。

其次，政治和外交因素也是這些開發中國家接受TRIPS第三十一條之一修正案標準的重要原因。作為當今世界的兩大經濟體，美國和歐盟的政治力量也不容小覷，因此開發中國家鑒於自身的發展都希望加強與美、歐的聯繫，雖然TRIPS第三十一條之一修正案尚有不足及難以落實的缺失存在，但接受此案不失為歐、美國家對自身的認可；開發中國家也大都將簽署TRIPS第三十一條之一修正案看作與美國建立政治、外交關係的重要途徑，越來越多的發展中國為了避免在全球化發展中被邊緣化而紛紛接受TRIPS協定條款，開發中國家和最不發達國家在修正案中進行了經濟和政治利益的綜合考量後，雖然犧牲了智慧財產權方面的不完整利益，但（可能）換取了經濟發展的其他條件。

TRIPS協定第三十一條之一修正案的達成是開發中國家的一次（象徵性）重大勝利。繼2001年《杜哈宣言》，2003年總理事會《決議》之後，2005年底達成修改TRIPS協定第三十一條之一的最終定案，都是源於開發中國家一直以來不斷的推動，其目的在於平衡TRIPS協定對藥品專利的高標準保護，緩解和解決開發中國家面臨的日益嚴重的公共健康問題。最終達成的修正案的內容與2003年《決議》的內容基本上是一致的。

對比談判中各方的法律爭論，可以發現，開發中國家的一些主要法律觀點是得到肯定的，如關於疾病範圍的確定、合格進口方的界定標準、國內市場的定義、TRIPS協定第三十一條（h）款義務的豁免等問題，都基本採用了開發中國家的建議。應當說修正案的達成是開發中國家在WTO體制中維護自身利益的一次

重大邁進。[188]這一成果很大程度上源自開發中國家有效的談判策略：

（1）開發中國家在談判中明確說明其在公共健康問題上的共同利益，形成共同的政策立場，並協調其談判策略，形成一股強大的合作的力量。

（2）開發中國家充分利用了美國和歐盟之間的政策空隙。歐盟在對TRIPS協定第三十一條修改上，有一些問題與美國的立場並不一致，而與開發中國家比較相近，因此，爭取歐盟的合作使美國在談判中進一步陷於孤立。這些談判經驗都是值得開發中國家在WTO今後的談判中靈活運用的。

（3）對開發中國家今後在國際政治上外交的啟示：雖然TRIPS出現在WTO中並不符合開發中國家的意願，但作為一個已經存在的事實，開發中國家只能盡最大的努力爭取TRIPS協定朝更有利於自身利益的方向發展，如主張對公共健康人權的關注，保護傳統知識文化資源等。開發中國家應利用自身優勢彼此，通力合作，提高自身的談判能力，開發中國家在《杜哈宣言》上取得的成功已經充分證明瞭這一點，長久下來，TRIPS協定完全有可能對其條款作出更有利於開發中國家利益的修改。「綠屋會議（GreenRoom）」[189]

---

[188] 江林 編譯，《智慧財產權與烏拉圭回合》（北京：國際商務譯叢，1989），頁121。

[189]「綠屋會議（GreenRoom）」是WTO非正式談判的一種方式，是指由少數主要國家組成的小型部長會議和決策機制，是為了在更大範圍內奠定談判基礎而召開

不但使WTO背離了其應有的民主和透明原則，也使被排除在「屋外」的開發中國家對這種談判程式產生嚴重的不滿。[190]如若不從根本上改變這種機制，開發中國家很難充分的表達自身的要求，在談判中始終處於被動的局面。WTO應尋求一種更加民主可行的方式以盡快彌補這種缺陷，使談判朝著更好的方向發展。

第二節　國際智慧財產權制度未來的建議發展

2019年聯合國有193個會員國，而世界智慧財產權組織有192個會員國加入，[191]證明智慧財產權制度是全球性的法律制度。從全球的角度來看，已開發國家數量與開發中國家和落後國家數量相比仍占少數。國際智慧財產權制度應同時處理上述事實的平衡點，從而能夠同時維護技術創新者，技術領導者的基本準則，同時也要考慮到基礎發展中國家和落後國家的利益，才能建立公平和諧的國際貿易環境，獲得更多的進步空間。

TRIPS協定在未來發展中的正確方向是「效益和相容性」的結合，須持續考慮到全球經濟發展水準不同的不同國家和地區的社會制度實力和所有國家的切身利益，已開發國家應避免將其意志強加於經濟發展相對落後的世界。唯有如此才能充分發

的。"綠屋"會議出現於烏拉圭回合談判中，由於WTO議事採取的是協商一致原則，任何提議只要遭到一個成員的反對就無法通過。

[190] 曹世華，《後TRIPS時代智慧財產權前沿問題研究》（北京：中國科學技術大學出社，2006年6月第1版），頁266。

[191] https://www.wipo.int/members/en/, Browse date: 2019.06.14.

揮TRIPS協定第三十一條之一修正案在智慧財產權領域的積極作用，更有利地促進全球創新發展。

　　國際智慧財產權的管理還要高度重視對世界各國，尤其是開發中國家和已開發國家在專利權技術資訊的搜集與整理，將國際所應用的各項技術資訊整合起來形成不同的分類，方便各個成員國開發產品時的應用。國際智慧財產權建立自主的管理系統需要資訊技術的支援，如大型資料庫、智慧財產權知識庫、電子學習網等知識管理工具的使用，技術是實施自主智慧財產權管理的有效工具，同時大力鼓勵開發中國家進行技術的創新，如此才能在全球經濟一體化的推動下，加強世界各國在智慧財產權方面的溝通，促進開發中國家經濟的進步及技術的提升，讓TRIPS成為一個更穩固的平臺。

第三節　未來延伸之研究方向

　　開發中國家自簽署了TRIPS協定以來，努力遵守協定中的有關智慧財產權保護的國際最低保護標準的要求，隨著時代的發展，國際投資環境的日新月異的變化，開發中國家現今所要面對的問題更加複雜化，不斷要面對來自以美國為首的已開發國家的智慧財產權貿易壁壘的壓力。

　　在新的歷史條件下，開發中國家已經進入了國際智慧財產權保護的後 TRIPS時代，所以要以TRIPS協定為基本依據，積極主動的參與到新的國際智慧財產權規則的修改和制定當中，努力爭取更多的利益，這也正是在後TRIPS時代，世界各國紛紛的開展

加強智慧財產權保護的工作。

開發中國家必須做的就是利用現有的TRIPS協定規定，在TRIPS協定體制下尋求智慧財產權保護的最佳途徑。TRIPS對於開發中國還是存在著許多不合理的限制條件，這也是未來針對TRIPS的研究可以關注的延伸議題。

首先，強制授權符合TRIPS協定的精神，但是藥品專利強制授權本身，不一定能解決開發中國家藥品獲取問題。現階段強制授權產生的學名藥出口門檻極高，藥品種類有限制，申請資格審核的時程冗長，且過程繁雜，以加拿大強制授權愛滋病藥物輸往盧安達為例，從藥廠取得授權、生產、並將藥品輸往盧安達，耗時超過一年。未來是否能將此制度修正為「單一授權制」（one-license solution），允許單一藥廠製造該款單一學名藥並出口至所有藥品需求國家，簡化申請流程是值得關注的方向。

第二、有關強制授權「國內生產」的可行性如何提升？國內生產可免除授權之學名藥從他國進口的冗長時程，但目前迫切需要實施藥品強制授權的國家，通常經濟發展水準不高，製藥能力有限，支付不起學名藥生產的前期投入成本，同時，學名藥生產能力本身也不足。未來WTO是否能規劃輔導機制？提高該國家「國內生產」的比例也相當值得期待。

第三、TRIPS協定要求通過強制授權投入生產的藥品要出於維護公共健康的需要，但如何檢視國家的動機是未解的難題。以泰國為例，泰國國內藥品強制授權的實施是出於商業目的。泰國強制授權藥品售價與專利藥相差無幾，甚至更貴。但是泰國頒發強制授權有著確切的國內法和國際法的依據，這使得其強制授

權本身很難被否定。如何在TRIPS協定的現實運用中避免這種情況，是國際法所需要進一步完善的。

　　第四、強制授權一直有一個本質上的問題：它削弱了專利藥品研發的動機。我們不應將強制授權視為政策上的失敗，但是也看到其中存在的問題，強制授權未能給學名藥廠商提供足夠經濟動力，也對專利藥廠造成研發經費訂價的壓力，這在2017年後急待各國政府針對強制授權的實施制定更完善的補貼政策才能緩解此一問題。

▌參考書目

壹、中文部分

一、書籍

王逸舟，1998，《西方國際政治學：歷史與理論》（上海：上海人民出版社）。

王欽 譯；David Harvey著，2016，《新自由主義簡史》（上海：譯文出版社）。

孔祥俊、武建英、劉澤宇，2006，《WTO規則與中國智慧財產權法：原理規則案例》（北京：清華大學出版社）。

田曼莉，2012，《開發中國家實施TRIPS協定研究》（北京：法律出版社）。

江林 編譯，1989，《智慧財產權與烏拉圭回合》（北京：國際商務譯叢）。

江素慧、黃文鴻 編，2006，《全球化與公共衛生》（臺北：巨流）。

李少軍，2003，《國際政治學概論》（上海：上海人民出版社）。

吳嘉生，2001，《美國貿易法三〇一條款評析：智慧財產權保護之帝王條款》（臺北：元照）。

沈國兵，2011，《與貿易有關智慧財產權協定下強化中國智慧財產權保護的經濟分析》（北京：中國財政經濟出版社）。

金應忠，倪世雄，1992，《國際關係理論比較研究》（北京：中國社會科

學出版社）。

郝名瑋、張凡 譯；伊曼努爾・華勒斯坦 著，2002，《自由主義的終結》
（北京：社會科學文獻出版社）。

胡代光，2003，《凱因斯主義的發展和演變》（北京：清華大學出版社）。

哈耶克，1989，《個人主義與經濟秩序》（北京：北京經濟學院出版社）。

俞正樑，2007，《國際關係與全球政治》（上海：復旦大學出版社）。

洪德欽，2011，《歐盟與美國生物科技政策》（臺北：中央研究院）。

倪世雄，2001，《當代西方國際關係理論》（上海：復旦大學出版社）。

陳義彥、陳景堯 譯；David Marsh, Gerry Stoker 著，2009，《政治學方法論
與途徑（2009年革新修正版）》（臺北：韋伯）。

陳潔、趙倩，2001，《WTO與知識產權法律實務》（長春：吉林人民）。

曹世華，2006，《後TRIPS時代智慧財產權前沿問題研究》（北京：中國
科學技術大學出社）。

張才國，2007，《新自由主義意識形態》（北京：中央編譯出版社）。

張亞中，2003，《國際關係總論》（臺北：揚智文化）。

黃立、李貴英、林彩瑜，2002，《WTO：國際貿易法論》（台北：元照出
版社）。

傅學良、恒黎莉 編，2017，《當代世界經濟與政治》（新北：崧博出版事
業有限公司）。

馮特君 主編，2000，《當代世界政治經濟與國際關係》（北京：中國人民
大學）。

馮震宇，2003，《智慧財產權發展趨勢與重要問題研究》（臺北：元照）。

楊光華，2003，《WTO新議題與新挑戰》（臺北：元照出版）。

鄭保國，2009，《美國霸權探析》（台北：秀威資訊）。

歐信宏、胡祖慶 譯；Joshua S. Goldstein著，2003，《國際關係》（臺北：雙
葉）。

薛絢 譯；The Group of Lisbon著，2001，《競爭的極限》（臺北：正中）。

賴源河，1991，《貿易保護下之智慧財產權》（台北：黎明）頁34-37。

盧現祥，1996，《西方新制度經濟學》（北京：中國發展出版社）。

顏慶章，1989，《揭開GATT的面紗：全球貿易的秩序與趨勢》（台北：時

報文化）。

二、期刊

王公龍，2006.7，〈新古典現實主義理論的貢獻與缺失〉，《國際論壇》，
　　第8卷第4期，頁36-41。

王立達，2004.4，〈從TRIPS協定與公眾健康爭議論專利強制授權之功能與
　　侷限〉，《科技法律評論》，第1卷第1期，頁215-245。

王琇慧，2010.10，〈世界貿易組織「智慧財產權爭端解決」之法律與政治
　　策略探討〉，《智慧財產季刊》，第142期，頁36-40。

古祖雪，2000.5，〈國際智慧財產權法：一個新的國際法部門〉，《國際
　　法學》，第3期，頁25。

成師華、倪世雄，2001，〈必要的選擇：TRIPS與開發中國家〉，《世界
　　經濟》，第9期，頁61-64。

江素慧，2009，〈自由貿易協定之潮流及其對公共衛生與健康之影響〉，
　　《台灣國際研究季刊》，第5卷第2期（夏季號），頁105-138。

李素華，2003.9.15，〈歐洲製藥大廠阻礙學名藥上市行為被控優勢地位濫
　　用〉，《科技法律透析》，第15卷第9期，頁4-6。

吳易風，2004，〈略論新自由主義及其影響〉，《當代社會主義》，第2
　　期，頁79。

邱永仁，2006.1，〈醫藥品專利強制授權之分析〉，《台灣醫界》，第49
　　卷第1期。

林秀芹，2003，〈專利當地實施要求的法律思考〉，《法學研究》，第5
　　期，頁124-138。

林俊宏，2005.12，〈由開發中國家之經濟發展角度探討「服務貿易總協
　　定」之新局〉，《貿易政策論叢》，第4期，頁205-228。

林俊宏，2006.6，〈概論多邊投資協定-以開發中國家為中心之省思〉，
　　《經社法制論叢》，第38期，頁141-182。

林俊宏，2009.8，〈WTO架構下開發中國家與發展議題之回顧〉，《貿易
　　政策論叢》，第11期，頁133-168。

林富傑，2007.10，〈中美智財權貿易爭端與解決機制〉，《智慧財產季刊》，第63期，頁38-42。

袁易，2000.3，〈對於有關國家身分與利益分析之批判：以國際防擴散建制為例〉，《美歐季刊》，第15卷第2期，頁268。

夏傳位，2014.6，〈新自由主義是什麼？三種理論觀點的比較研究〉，《台灣社會學》，第27期，頁157-159。

倪貴榮，2003.1，〈WTO智慧財產權保護與公共健康議題之發展趨勢〉，《經社法制論叢》，第16卷第31期，頁129-158。

徐揮彥，2003.6，〈與貿易有關之智慧財產權協定下有關藥品專利與健康權問題之研究〉，《貿易調查專刊》，第9卷，頁275-334。

郭樹勇，2004，〈試論建構主義及其在中國的前途〉，《世界經濟與政治》，第7期，頁21-28。

陳志瑞、劉豐，2014，〈國際體系、國內政治與外交政策理論——新古典現實主義的理論構建與經驗拓展〉，《世界經濟與政治》，第3期，頁111-127。

孫皓琛，2002，〈WTO與WIPO：TRIPS協定框架中的衝突性因素與合作契機之探討〉，《比較法研究》，第2期，頁48。

黃慧嫻，2004.3，〈簡介美國學名藥競爭規範及新近鼓勵學名藥近用之措施〉，《技術尖兵》，第111期，頁1-3。

喬建中，2006.1，〈TRIPS協定與公共衛生之相關問題分析〉，《智慧財產權》，第85期，頁5-33。

馮潔涵，2003，〈全球公共健康危機：智慧財產權國際保護與WTO杜哈宣言〉，《法學評論》，第2期，頁56。

蔡明誠，1999.12，〈從WTO貿易智慧權協定觀點看國際智慧權保護標準之發展〉，《律師雜誌》，第243期，頁19-30。

廖舜右、蔡松伯，2013.9，〈新古典現實主義與外交政策分析的再連結〉，《問題與研究》，第65期，頁49-52。

廖麗，2014，〈後TRIPS時期國際智慧財產權執法新動向〉，《暨南學報（哲學社會科學版）》，第9期，頁45-52。

鄭端耀，2005.1、2，〈國際關係新古典現實主義理論〉，《問題與研

究》，第44卷第1期，頁115-140。

劉豐左、希迎，2009，〈新古典現實主義：一個獨立的研究綱領？〉，《外交評論》，第4期，頁127-137。

藍慶新，2009，〈新自由主義的失敗與美國金融危機的啟示〉，《南京社會科學》，第1期，頁23。

謝欣晏、陳俐伶，2015.01.23，〈藥品近用有關彈性條款落實之相關發展與爭議——以低度開發國家為中心〉，《經貿法訊》，第172期，頁7-16。

三、學術論文

張宏節，2007.7，〈後杜哈時代開發中國家公共健康問題與TRIPS協定彈性機制之研究——兼論我國修法方向〉，碩士論文，國立交通大學管理學院碩士在職專班科技法律組。

四、網路

BBC中文網，2017.06.09，〈去年一夜漲價55倍的愛滋病藥物，被幾個澳洲高中生複製出來了〉，*https://theinitium.com/article/20161202-dailynews-hiv-drug/*。

中國知識產權局，2018.05.25.，〈2016年世界五大知識產權局統計報告〉，http://www.sipo.gov.cn/gjhz/hzxm/1121222.htm。

中華民國經濟部國貿局，2019.06.08.，〈1947關稅及貿易總協定〉，https://www.trade.gov.tw/cwto/Pages/Detail.aspx?nodeID=363&pid=332173。

資訊工業策進會科技法律研究所，2019.06.08.，〈巴西政府針對Merck愛滋治療藥品實施強制授權〉，https://stli.iii.org.tw/article-detail.aspx?no=64&tp=1&i=40&d=2247

汪惠慈，2019.06.08.，〈美韓自由貿易協定談判簡析〉，*file:///C:/Users/Homeuser/Desktop/WTO%255C87774%255C%E5%B0%88%E9%A1%8C%E5%88%86%E6%9E%90_%E7%BE%8E%E9%9F%93%E8%87%AA%E7%94%B1%E8%B2%BF%E6%98%93%E5%8D%94%E5%AE%9A%E8%AB%87%E5%88%A4%E7%B0%A1%E6%9E%90.pdf*。

林孟萱，2017.06.18，〈各國專利強制授權簡介（一）〉，*http://www.zoomlaw.net/files/16-1138-43484.php*。

科技日報，2017.05.09，〈加拿大的智慧財產權政策〉，*http://www.cutech.edu.cn/cn/zscq/webinfo/2005/12/1180951188222557.htm*。

科技與法律，2017.05.08，〈解讀專利制度的緣起〉，*https://www.douban.com/group/topic/3156864/*。

郝明輝，2017.05.18，〈談各國強制授權制度－以我國專利新法為核心〉，*file:///C:/Users/Homeuser/Downloads/201204vol802%20[Unlocked%20by%20www.freemypdf.com].pdf*。

國外智慧財產權環境報告，2017.05.09，〈印度智慧財產權環境研究報告〉，*http://211.157.104.106:8080/detail.asp?id=1052*。

國家實驗研究院科技政策研究與資訊中心，2016.8.16，〈專利過期藥物及美國HWA專利藥與學名藥競爭規範〉，*cdnet.stpi.narl.org.tw/techroom/market/bio/bio016.htm*。

國家網路醫藥，2017.06.11，〈pulmonary tuberculosis〉，*http://hospital.kingnet.com.tw/library/diagnose.html?lid=6162*。

陳秉訓，〈TRIPS協定第三十一條之一修正案生效之後呢？〉，《北美智權報》，第179期（2017年2月22日），*http://www.naipo.com/Portals/1/web_tw/Knowledge_Center/Industry_Economy/IPNC_170222_0704.htm*。

經濟部國際貿易局，2017.07.03，〈WTO新回合談判進展暨坎昆部長會議有關多邊談判與檢討議題資料簡介〉，*http://www.trade.gov.tw/cwto/Pages/Detail.aspx?nodeID=1283&pid=510468&dl_DateRange=all&txt_SD=&txt_ED=&txt_Keyword=&Pageid=0*。

經濟部智慧財產局，2017.03.20，〈與貿易有關之智慧財產權協定〉，*https://www.tipo.gov.tw/site/UipTipo/public/Attachment/321714254141*。

經濟部智慧財產局，2017.05.11，〈巴黎公約（Paris Convention）〉，*https://www.tipo.gov.tw/ct.asp?xItem=207098&ctNode=6780&mp=1*。

劉向妹、袁立志，2017.05.08，〈俄羅斯智慧財產權制度的變革和現狀〉，*http://www.chinaruslaw.com/CN/InvestRu/Law/20059294556_5787012.htm*。

衛生福利部食品藥物管理署，2017.05.30，〈新藥審查〉，*http://www.fda.*

gov.tw/upload/133/Content/2014033109011129474.pdf。

簡敏丞，2017.05.08，〈淺談法國智慧財產權法〉，*http://www.zoomlaw.net/files/15-1138-14401,c1132-1.php*。

五、文件

一九四七關稅及貿易總協定（20190327新修版）。

2017年世界五大知識產權局統計報告。

司法院釋字第六九四號解釋協同意見書。

貳、西文部分

（1）Books

Alex Nicholls & Charlotte Opal, 2005, "*Fair Trade: Market-Driven Ethical Consumption*," London, Thousand Oaks, CA and New Delhi: Sage Publications.

Alexander wendt, 1995 "*identity and structural change in international politics*", in Yosef Lapid and Friedrich Kratochwil .eds, The Return of Culture and Identity in IR (London: Boulder Press).

Alexander Gerschenkron, 1966, *Economic Backwardness in Historical Perspective: A Book of Essays*. Cambridge: Harvard University Press.

Alexander Wendt, 1999, *Social Theory of International Politics*. (Cabridge: Cambridge University Press).

Andrew, Hurrell, Fawcett, Louise L. Estrange, 1995, *Regionalism in world politics: Regional organization and international order*. New York: Oxford University Press.

Anthony Alblaster, 1984, *The Rise and Decline of Western Liberalism*. (New York: Basil Blackwell Press).

David P. Stewart, November 1, 1993, *The Gatt Uruguay Round: A Negotiating History 1986-1992*(New York: Kluwer Law International Press).

Edited by Simon Springer, Kean Birch, Julie MacLeavy, 2016, *The Handbook of Neoliberalism*. (London: Routledge).

Frederick Copleston, 1953, 1993, *A History of Philosophy* (New York: Doubleday), 3:325.

Gérard Duménil and Dominique Lévy, 2011, *The Crisis of Neoliberalism*. (London, England: Harvard University Press Cambridge, Massachusetts press).

Hans Morgenthau, 1973, *Politics among Nations:The Struggle for Power and Peace ,5th ed.* (New York: Knopf Press).

Hedley Bull, 2002, *The Anarchical Society: A Study of Order in World Politics* (New York: Columbia University Press).

Intellectual Property Committee, Keizai Dantai Rengōkai, UNICE., June 1988, *Basic Framework of GATT Provisions on Intellectual Property: Statement of Views of the European, Japanese and United States Business Communities.* Intellectual Property Committee/Keidanren/UNICE.

J., Ruger, Jamison D., and Bloom D., 2001, *Health and the economy*, quoted in M., Merson, R., black and A., Mills, *International Public Health, Diseases, Programs, Systems and Policies.* Gaithersburg, MD: Aspen Publishers.

Joseph E Stiglitz & Andrew Charlton, 2005, "*Fair Trade for All: How Trade Can Promote Development* ,"Oxford: Oxford University Press, pp.43-45.

Kenneth N. Waltz, 1979, *Theory of International Politics* (New York: McGraw Hill).

Martha Finnemore, 1996, *National Interests inInternational Society* (New York: Cornell University Press).

Michael Blakeney, November 28, 1996, *Trade Related Aspects of Intellectual Property Rights: A Concise Guide to the TRIPS Agreement (Intellectual Property in Practice)* (London: Sweet & Maxwell Press).

P. Armstrong, A. Glynn, and J. Harrison, 1991, *Capitalism Since World War II: The Making and Breaking of the Long Boom.* (Oxford: Basil Blackwell).

R. Dahl and C. Lindblom, 1953, *Politics, Economy and Welfare: Planning and Politico-Economic Systems Resolved into Basic Social Processes* (New York: Harper).

Richard Cox, *Hugo Grotius*, in Leo Strauss and Joseph Cropsey, eds., 1963, *History of*

Political Philosophy (University of Chicago Press).

Robert O. Keohane., 1984, *After Hegemony: Cooperation and Discord in the World Political Economy.* (Princeton: Princeton University Press).

Robert O. Keohane; Joseph S. Nye, Jr., 2001, *Power and Interdependence*, 3rd ed. (Boston: Longman): 38.

Ruth L Okediji, 2003, "*The International Relations of Intellectual Property: Narratives of Developing Country Participation in the Global Intellectual System,*" Singapore Journal of International & Comparative Law , Pp.320-325.

S. Krasner (ed.), 1983, *International Regimes* (Ithaca, NY: Cornell University Press); M. Blyth, 2002, *Great Transformations: Economic Ideas and Institutional Change in the Twentieth Century* (Cambridge: Cambridge University Press).

Terence P. Stewart, 1993, *GATT Uruguay Round: A Negotiating History 1986-1994* (Berlin: Springer Netherlands Press).

Thailand. Krasūang Sāthāranasuk, Thailand. National Health Security Office, 2008, *The 10 Burning Questions Regarding the Government Use of Patents on the Four Anti-cancer Drugs in Thailand* (The Ministry).

Waltz, Kenneth N., 1979, *Theory of international politics.* Reading, Mass: Addison-Wesley Pub. Co.

（II）Periodicals

Amy Kapczynski, Samantha Chaifetz, Zachary Katz & Yochai Benkler, 2005, "Addressing Global Health Inequities: An Open Licensing Approach For University Innovations," *Berkeley Tech.*, Vol. 20, pp. 1031-1032.

Bong-min Yang, Eun-young Bae and Jinhyun Kim, 2008, "Economic Evaluation And Pharmaceutical Reimbursement Reform In South Korea's National Health Insurance," *HEALTH AFFAIRS*, Vol. 27, No. 1 ,p. 183.

Chun Hung Lin, 2004, "Developing Countries and the Practicality of Multilateral Investment Agreements on Telecommunications," *Acta Juridica Hungarica*, Vol. 45, No. 1-2 ,pp. 1-23.

Edwini Kessie, 2000, "Enforceability of the Legal Provisions Relating to Special and Differential Treatment under the WTO Agreements," *Journal of World Intellectual Property*, Vol. 3, No. 6 ,pp. 962.

Elizabeth K. King, 1991, "The Omnibus Trade Bill of 1988: Super 301 and its Effects on the Multilateral Trade System under the GATT," *University of Pennsylvania Journal of International Law*, Vol. 12, pp.268-274.

Emran Ahmed, Sharmin Islam & Priyanka Das Dona, 2015 , "The Effectiveness Of The GATT Through Its Major Achievements And Failures As Well As The Performance Of The Creation Of WTO,"*International Journal of Economics, Commerce and Management*, Vol. 3, Issue 5, pp.1323-1324.

Frederick M. Abbott, Jerome H. Reichman, 2007, "The Doha Round'S Public Health Legacy: Strategies For The Production And Diffusion Of Patented Medicines Under The Amended TRIPS Provisions," *Journal of International Economic Law*, Vol. 10, No. 4, pp. 921-987.

Gideon Rose, 1998.10, "Neoclassical Realism and Theories of Foreign Policy," *World Politics*, Vol. 51, No. 1, pp. 144-172.

Irwin, Douglas A., (May, 1995), "The GATT in Historical Perspective," *American Economic Review*, Vol. 85, No. 2, pp. 323-28 in JSTOR.

Jillian C Cohen-KohlerEmail author, Laura C Esmail and Andre Perez Cosio, 2007, "Canada's implementation of the Paragraph 6 Decision: is it sustainable public policy?," *Globalization and Health*, Vol. 3, No. 12, pp. 533-539.

Joseph M. Grieco, 1988, "Anarchy and the Limits of Cooperation: A Realist Critique of the Newest Liberal Institutionalism" *International Organization*, Vol. 42, No. 3, p.499.

Juan Carlos Linares, 2003, "The Development Dilemma: Reconciling U.S. Foreign Direct Investment in Latin America with Laborers' Rights: A Study of Mexico, The Dominicanre Public and Costa Rica," *North Carolina Journal of Int'l L. & Commercial Regulation*, Vol. 29, No. 1,pp. 249-281.

Kristen Douglas, 2008, Célia Jutras, "Patent Protection for Pharmaceutical Products in Canada -Chronology of Significant Events," *Law and Government Division*, Vol. 6, pp. 1-12.

Michiel Foulon, 2015, "Neoclassical Realism: Challengers and Bridging Identities," *International Studies Review*, Vol. 17, pp. 635-661.

Robert Gilpin, spring 1988, "The Theory of Hegemonic War," *Journal of Interdisciplinary History*, Vol. 18, No. 4, pp. 591-613.

Sampson, Gary, and Richard Snape, 1985, "Identifying the Issues in Trade in Services," *The World Economy*, Vol. 8, pp. 172-175.

Shamnad Basheer, 2005, "INDIA'S TRYST WITH TRIPS: THE PATENTS (AMENDMENT) ACT, 2005," THE INDIAN JOURNAL OF LAW AND TECHNOLOGY, Vol. 1, pp. 15-45.

Susan Strange, 1994, " Wake up, Krasner! The World has Changed", *Review of International Political Economy*. Vol. 1, no. 2, pp. 209-219.

Thomas R. Graham, 1979 ," Results Of The Tokyo Round,"*Georgia Journal of International and Comparative Law*, Vol.9, No.2 .pp.159-160.

（III）Documents

Communication from the European Communities and Their Member States, 12 June 2001, IP/C/W/280, (01-2903).

DECLARATION ON THE TRIPS AGREEMENT AND PUBLIC, Adopted on 14 November 2001, HEALTH, WT/MIN(01)/DEC/2.

Doha Ministerial Declaration, Nov. 20, 2001, WTO Document WT/MIN(01)/DEC/1.

Draft Ministerial Declaration, 4 October 2001, Contribution from Australia, Canada, Japan, Switzerland and the United States, IP/C/W/313, (01-4779).

Draft Ministerial Declaration, 4 October 2001, Proposal from a group of developing countries. IP/C/W/312, WT/GC/W/450, (01-4803).

European Social Charter, Feb. 26, 1965, 529 U.N.T.S. 89, entered into force."Facts and Evidences on the 10 Burning Issues Related to the Government Use of Patents on Three Patented Essential Drugs in Thailand. " , 2007, Document to Support

Strengthening of Social Wisdom on the Issue of Drug Patent, p. 6.

GATT Article XVIII, 7 October 1957, "Government Assistance to Economic Development."

General Council, Amendment of the TRIPS Agreement, Dec. 12, 2008, WTO Doc. WT/L/641.

General Council, Implementation of Paragraph 6 of the Doha Declaration on the TRIPS Agreement and Public Health, Sep. 1, 2003, WTO Doc. WT/L/540 and Corr.1.

Global tuberculosis report 2018.

Least-Developed Country Members - Obligations Under Article 70.9 Of The TRIPS Agreement With Respect To Pharmaceutical Products, 12 July 2002, WT/L/478.

Letter from Reps. Lewis, Stark, Rangel, Blumenauer, and Doggett, 30 January 2012, asking that the May 10th agreement serve as a "non-negotiable starting point" for access to medicines.

Minister Conference, Nov. 11, 2001, Declaration on the TRIPS Agreement and Public Health, WTO Doc. WT/MIN(01)/DEC/2.

Office of the United States Trade Representative, 2017 Trade Policy Agenda and 2016 Annual Report -of the President of the United States on the Trade Agreements Program, March 2017.

Program on Information Justice and Intellectual Property (PIJIP), March 2008, Timeline for Thailand's Compulsory Licenses, p. 4, Version 2.

South Centre, 2014.11, The African Regional Intellectual Property Organization (Aripo) Protocol On Patents: Implications For Access To Medicines, Research Paper NO. 56.

The Official Report, House of Commons (5th Series), 11 November 1947, vol. 444, cc. 206-07.

UNAIDS/JC2684, 01 JANUARY 2017, "90-90-90 An ambitious treatment target to help end the AIDS epidemic."

UNAIDS data 2018.

United Nations Development Program, Human Development Report 1999 chapter 2.

WHO, February 19-21, 2001, Meeting Report: Network for Monitoring the Impact of Globalization and TRIPS on Access to Medicines, 20, WHO/EDM/PAR/2002.1.

World Intellectual Property Indicators 2018.

World malaria report 2018.

WTO, 1998, MINISTERIAL CONFERENCE Second Session, WT/MIN(98)/DEC/2.

WTO, 2013, MINISTERIAL CONFERENCE Ninth Session, WT/MIN(13)/DEC.

WTO, 2015, MINISTERIAL CONFERENCE Tenth Session, WT/MIN(15)/DEC.

WTO-Ministeral Conference, 1996, Statement by HE. Felipe Jaramillo, Vice Minister of Foreign Trade, Colombia, 9 December, document number: WT/MIN (96)/ST/23.

WTO-Ministerial Conference Second Session, 1998, Statement by the Honourable K.G. Kgoroba,Minister of Commerce and Industry, Botswana, 20 May, document number: WT/MIN (98)/ST/110.

WTO-Ministerial Conference Second Session, 1998, Statement Circulated by Mr. Tofali Ahmed, Minister for Commerce and Industry, Bangladesh, 18 May, document number: WT/MIN(98)/ST/60.

WTO-Ministerial Conference Second Session, 1998, Statement Circulated by the Honourable JJ. Kamotho, Minister for Trade, Kenya, l8 May, document number: WT/MIN(98)/ST/43.

WTO-Ministerial Conference Second Session, 1998, Statement Circulated by His Excellency Mr. Luis Manual Bonetti Veras, Secretary of State for Industry and Trade, Dominican Republic, 20 May, document number: WT/MIN(98)/ST/117.

WTO-Ministerial Conference Third Session, 1999, Statement by H. E. Mr. Alami Tazi, Minister of Commerce, Industry and Handicrafts, Morocco, 1 December, document number: WT/MIN(99)/ST/29.

WTO-Ministerial Conference Third Session, 1999, Statement by H.E. Mr. Abdul Razak Dawood, Minister of Commerce, Industry and Production, Pakistan, 30 November, document number: WT / MIN (99)/ST/9.

WTO-Ministerial Conference Third Session, 1999, Statement by H.E. Mr. Tofali Ahmad, M.P. Minister for Commerce and Industry, Bangladesh, 30 November, document number: WT/MIN(99)/ST/17.

WTO-Ministerial Conference Third Session, 1999, Statement by H.E. Mr. Khalifa Ababacar Sall, Minister of Commerce and Handicrafts Senegal, 1 December, document number: WT/MIN(99)/ST/61.

WTO-Ministerial Conference Third Session, 1999, Statement by H.E. Mr. Malgari Bello Bouba, Minister for Industrial and Trade and Development, Cameroon, 2 December, document number: WT/MIN(99)/ST/88.

WTO-Ministerial Conference, 1996, Statement by Mr. Ruben Melgarejo Lanzoni, Minister of Foreign Relations, Paraguay, 11 December, document number: WTO/MIN (96)/ST/75.

WTO-Ministerial Conference, 1996, Statement by the Honourable KG. Kgoroba, Minister of Commerce and Industry,Botswana,11 December document number: WT/MIN (96)/ST76.

（IV）Internet

AAAS, 2017.06.11, "Scientific Responsibility, Human Rights & Law Program," *https://www.aaas.org/program/scientific-responsibility-human-rights-law*.

African Commission on Human and Peoples' Rights, 2017.06.11, "African Charter on Human and Peoples' Rights," *http://www.achpr.org/instruments/achpr/*.

APOTEX, 2017.06.12, "Canadian Company Receives Final Tender Approval From Rwanda For Vital AIDS Drug," *https://www.apotex.com/ca/en/about/press/20080507.asp*.

CITES,2017.05.14 "Member countries- List of Parties in alphabetical or chronological order," *https://cites.org/eng/disc/parties/index.php*.

Dennis Bueckert, 2017.06.12, "Drug Aid for Africa Political Illusion," *https://www.theglobeandmail.com/news/national/drug-aid-for-africa-political-illusion/article1118283/*.

Peter Drahos and Braithwaite John, 2003.7. "Three tests of US trade policy on intellectual property rights," *http://www.nthposition.com/threetestsofustrade.*

Knowledge Ecology International, 2017.05.09, "TPP provisions on Injunctions, are the TRIPS exceptions in or out?, " *http://keionline.org/node/1831.*

Peter Drahos and Braithwaite John, 2016.07.01, "Three tests of US trade policy on intellectual property rights," *http://www.nthposition.com/threetestsofustrade.php.*

Office of the United States Trade Representativs, 1989.05.25, "The U.S. Special 301," *Reports.https://ustr.gov/sites/default/files/1989%20Special%20301%20Report.pdf*

Reference Room, 2017.05.05, "Part I General Provisions and Basic Principles,"*http://www.jpo.go.jp/shiryou_e/s_sonota_e/fips_e/TRIPS/ta/chap2.htm.*

South Centre, 2017.06.14, "About the South Centre," *http://www.southcentre.int/about-the-south-centre/.*

SUNS South-North Development Monitor, 1990.04.07, Third world countries spurn EEC trips proposals.*http://www.sunsonline.org/trade/areas/intellec/04070090.htm*

TEN KATE Daniel, 2017.06.12, "Safe at Any Cost ?," *https://www.europe-solidaire.org/spip.php?article5632.*

Washingtonpost, 2004.06.09,Reagan Policies Gave Green Light to Red Ink, *http://www.washintiongtonpost.com/wp-dyn/articles/A26402-2004Jun8.*

WHO, 2017.06.10, "Health and human rights," *http://www.who.int/mediacentre/factsheets/fs323/en/.*

WHO, 2019.06.13, "Malaria Fact sheet Updated 27 March 2019," *https://www.who.int/news-room/fact-sheets/detail/malaria.*

WHO, 2017.06.11, "Malaria Fact sheet Updated April 2017," *http://www.who.int/mediacentre/factsheets/fs094/en/.*

WHO, 2017.06.11, "Malaria: 2017 update," *http://www.who.int/ith/en/#.*

WIPO, 2017.05.13, "Berne Convention for the Protection of Literary and Artistic Works - Contracting parties," *http://www.wipo.int/treaties/en/ip/berne/summary_berne.html.*

WIPO, 2017.05.13, "Paris Convention for the Protection of Industrial Property-Contracting parties," *http://www.wipo.int/treaties/en/ip/paris/index.html.*

WIPO, 2017.05.13, "Rome Convention for the Protection of Performers, Producers of

Phonograms and Broadcasting Organizations- Contracting parties," *http://www.
wipo.int/treaties/en/ip/rome/index.html.*

WIPO, 2017.05.13, "Summary of the Berne Convention for the Protection of Literary
and Artistic Works (1886)," *http://www.wipo.int/treaties/en/ip/berne/summary_
berne.html.*

WIPO, 2017.05.14, "Convention establishing the World Intellectual Property
Organization- Contracting parties," *http://www.wipo.int/treaties/en/convention/
index.html.*

WIPO, 2019.06.14, "Member States," *https://www.wipo.int/members/en/.*

WIPO, 2017.07.01, "World Intellectual Property Indicators - 2016," *http://www.wipo.
int/publications/en/details.jsp?id=4138.*

WIPO, 2017.07.01, "World Intellectual Property Indicators 2016," *http://www.wipo.
int/publications/en/details.jsp?id=4138.*

WTO, 2019.05.21, "Participation in Regional Trade Agreements," *https://www.wto.
org/english/tratop_e/region_e/rta_participation_map_e.htm.*

WTO, 2019.05.21, "REGIONAL TRADE AGREEMENTS: FACTS AND FIGURES,"
https://www.wto.org/english/tratop_e/region_e/regfac_e.htm.

WTO, 2017.3.5, "A more detailed overview of the TRIPS Agreement," *http://www.
wto.org/english/tratop_e/TRIPS_e/intel2_e.htm.*

WTO, 2017.3.7, "Intellectual property: protection and enforcement," *http://www.wto.
org/english/thewto_e/whatis_e/tif_e/agrm7_e.htm*

社會科學類　PF0243　Viewpoint 45

智慧財產權與公平貿易之探討
——TRIPS第三十一條修正案研析

作　　者／王孟筠
責任編輯／鄭夏華
圖文排版／莊皓云
封面設計／蔡瑋筠

發 行 人／宋政坤
法律顧問／毛國樑　律師
出版發行／秀威資訊科技股份有限公司
　　　　　114台北市內湖區瑞光路76巷65號1樓
　　　　　電話：+886-2-2796-3638　傳真：+886-2-2796-1377
　　　　　http://www.showwe.com.tw
劃撥帳號／19563868　戶名：秀威資訊科技股份有限公司
　　　　　讀者服務信箱：service@showwe.com.tw
展售門市／國家書店（松江門市）
　　　　　104台北市中山區松江路209號1樓
　　　　　電話：+886-2-2518-0207　傳真：+886-2-2518-0778
網路訂購／秀威網路書店：https://store.showwe.tw
　　　　　國家網路書店：https://www.govbooks.com.tw

2019年8月　BOD一版
定價：400元
版權所有　翻印必究
本書如有缺頁、破損或裝訂錯誤，請寄回更換

國家圖書館出版品預行編目

智慧財產權與公平貿易之探討 : TRIPS第三十一條
修正案研析 / 王孟筠著. -- 一版. -- 臺北市 :
秀威資訊科技, 2019.08
　　面 ；　公分. -- (社會科學類 ; PF0243)
(Viewpoint ; 45)
　BOD版
　ISBN 978-986-326-703-4(平裝)

　1. 貿易協定　2. 智慧財產權　3. 專利

558.6　　　　　　　　　　　　　108010039

讀者回函卡

感謝您購買本書，為提升服務品質，請填妥以下資料，將讀者回函卡直接寄回或傳真本公司，收到您的寶貴意見後，我們會收藏記錄及檢討，謝謝！如您需要了解本公司最新出版書目、購書優惠或企劃活動，歡迎您上網查詢或下載相關資料：http:// www.showwe.com.tw

您購買的書名：＿＿＿＿＿＿＿＿＿＿＿＿＿＿＿＿＿＿＿＿＿＿

出生日期：＿＿＿＿＿年＿＿＿＿＿月＿＿＿＿＿日

學歷：□高中 (含) 以下　　□大專　　□研究所 (含) 以上

職業：□製造業　□金融業　□資訊業　□軍警　□傳播業　□自由業

　　　□服務業　□公務員　□教職　　□學生　□家管　　□其它＿＿＿＿

購書地點：□網路書店　□實體書店　□書展　□郵購　□贈閱　□其他

您從何得知本書的消息？

　　□網路書店　□實體書店　□網路搜尋　□電子報　□書訊　□雜誌

　　□傳播媒體　□親友推薦　□網站推薦　□部落格　□其他＿＿＿＿＿＿

您對本書的評價：(請填代號　1.非常滿意　2.滿意　3.尚可　4.再改進)

　　封面設計＿＿＿　版面編排＿＿＿　內容＿＿＿　文／譯筆＿＿＿＿　價格＿＿＿

讀完書後您覺得：

　　□很有收穫　□有收穫　□收穫不多　□沒收穫

對我們的建議：＿＿＿＿＿＿＿＿＿＿＿＿＿＿＿＿＿＿＿＿＿＿

＿＿＿＿＿＿＿＿＿＿＿＿＿＿＿＿＿＿＿＿＿＿＿＿＿＿＿＿＿＿＿

＿＿＿＿＿＿＿＿＿＿＿＿＿＿＿＿＿＿＿＿＿＿＿＿＿＿＿＿＿＿＿

＿＿＿＿＿＿＿＿＿＿＿＿＿＿＿＿＿＿＿＿＿＿＿＿＿＿＿＿＿＿＿

11466
台北市內湖區瑞光路 76 巷 65 號 1 樓

秀威資訊科技股份有限公司　　　收

BOD 數位出版事業部

∙∙∙

（請沿線對折寄回，謝謝！）

姓　　名：＿＿＿＿＿＿＿＿＿　　年齡：＿＿＿＿　　性別：□女　□男

郵遞區號：□□□□□

地　　址：＿＿＿＿＿＿＿＿＿＿＿＿＿＿＿＿＿＿＿＿＿＿＿＿＿＿＿

聯絡電話：(日) ＿＿＿＿＿＿＿＿＿＿＿　(夜) ＿＿＿＿＿＿＿＿＿＿＿

E-mail：＿＿＿＿＿＿＿＿＿＿＿＿＿＿＿＿＿＿＿＿＿＿＿＿＿＿＿